近世瀬戸内海地域の労働社会

森下　徹

溪水社

近世瀬戸内海地域の労働社会　目　次

近世瀬戸内海地域の労働社会

序章　身分的周縁論と労働史研究

一　近世身分論の確立

近年の近世史研究のなかでの注目すべき動向の一つに、身分制研究の隆盛があろう。身分的周縁論という新しい方法を提起するにいたったそれは、近世の社会像全体の問い直しにまで進みつつある。一方筆者は、近世の労働史研究を近代賃労働の前史としてではなく、近世社会の固有性と結びつけて進めることを前著以来の課題としてきた。そこで労働の問題を近世社会に位置づけるための方法を、近年の身分制研究のなかから探ることで本書の序に代えたいと思う。

最初に、身分的周縁論の提起に至るまでの身分論の動向を確認することから始めよう。もっともこの点に関しては小野将によるものを始め、(1)すぐれた整理がすでにある。屋上屋を架す内容となることは承知しながらも、この議論の研究史上の位置を確認しておくために、あえて振り返っておきたい。

身分制が、近世社会の特質を考えるうえで不可欠の枠組みであることを示したという点で、高木昭作が提起した役論の重要性はいまさらいうまでもない。(2)つぎの引用はその要点となる箇所である。

以上においては、国役と石高制との関連を検討した結果、領主的土地所有からは一応別個の国家的支配の体系である国役の制度が、近世社会においては、領主的土地所有の体系である石高制に組み込まれて、領主制維持を本質とする近世国家の制度としての役割を果たしていることを述べた。いいかえれば、領主的土地所有が、社会的な体制となる過程において、既成の伝統的な国家の枠組を利用し、自己に適合的なものに作り替える過程が不可欠であり、その過程を経て、封建領主は年貢負担農民の中核的部分を百姓として支配し得たのではないかということである。

この議論が以降の研究に及ぼした影響については、つぎの二点にまとめることができるだろう。

第一に、近世社会にあって、国役の制度すなわち身分制が封建的な領有関係とは独自な国家的支配の体系として存在することを指摘し、その意義に関心を向けたことである。身分制研究を「部落問題」に閉じこめる方法からの脱却はこのしばらく前に訴えられていたが[3]、その点を近世国家の支配全体から位置づけ、検討の必要を明示したことの意味は大きい。

第二に、そのさい注意すべきは、石高制を媒介にして領主的土地所有の体系とセットで機能したとすることで、あくまで近世社会の本質を封建的領有関係にみている点である。これよりやや遅れて出されて注目された尾藤正英の役論が[4]、「農民にとっては貢租と夫役という『役』の負担」とする表現に示されるように、年貢も百姓の役だとして結果的に近世社会を非・封建社会とする理解に導いていることとは大きく隔たったものというべきだろう。であれば、国役の体系、身分制度と封建制との関係が問題となる。この点について、少なくとも提起された時点での高木説は封建的領有関係が確立する「過程」の問題、そのための手段に過ぎないとしている。そしてそう考えることとは、封建的領有関係が一旦確立すれば身分制度は歴史的な役割を終えるという理解に結びつく。中後期にかけての展開をどう理解するかということが、やがて課題として浮上してくることになる。

こうして身分の問題を国家的支配の体系として提示したことは、「国家や法による総括体系から出発する立場は逆転している」[5]とする朝尾直弘の批判をただちに招くことになった。朝尾は国家による身分編成は、律令国家による編成の遺制、あくまで外被なのであって、近世の身分を考える場合には町や村など身分集団における決定をまずは重視すべきだとした。[6]そのごの研究史も、上からの編成をいう高木に対して下での決定をみる朝尾というように、二項的な図式で両者の論争を把握していった。そして憶測すれば政治的起源説への反対という意図も込められていたのだろう、下での決定という面を重視するなかで社会集団の分析が取り組まれることになった。

そのさい特徴的なことは、国家に対してどれだけ主体的か、もしくは自律的かを確定しようとする議論が関心を集めたことである。たとえば初期村方騒動に関する業績をあげ、庄屋・年寄層と対抗しながら自立する小百姓の動向を描いてきた水本邦彦は、八〇年代に入ると『村惣中』を分析対象とするようになる。そこでの関心は「社会を国家に収斂させて捉えるのではなく、社会の広がりのなかで国家をも相対化したい」というものであり、[7]国家支配の相対化をいうために村の自律性を評価していた。逆に中世における自律的な集団が国家のライトゥルギー的需要充足体に転化するとして、自律性が制限されたことに近世の特質をみようとする見解も現れるなか、[8]中近世移行期論を活発化させながら、集団の自律性論がこの時期には盛行した。

またこの視角は組合村論にも共有されてゆく。その提唱者である久留島浩は、直接には佐々木潤之介の豪農――半プロ論に対して、豪農が政治的中間層として果たした役割を再評価すべく組合村の存在に注目していたが、そこに村請制下の村の自律性を評価しようとする視角は当然影響していたはずである。しかものちには組合村をもって領主支配を相対化する下からの重層的な行政組織と評価するまでになってゆく。[9]村や町の自治を基盤にした重層的な積み上げが存在することに注目し、それをもって国家支配の相対化とここでも評価されるようになった。

これらに対し、同じく高木と朝尾との論争を受け止めながらも、塚田孝はつぎのような視点で集団の問題をとらえようとした(10)。

①近代社会のような人と市民との二重化がまだみられない前近代社会にあっては、特殊利害の担い手としての人間がその特殊性において公的な世界に位置づけられており、個人は国家・社会全体と即自的に関係づけられていた。こうした人間の存在様式こそが身分にほかならない。そのさい両者は集団によって媒介されていた。したがって役による社会編成をいう高木説は集団に注意が払われていない点で不十分だし、逆に身分集団の存在への注意を喚起した朝尾も、そこで身分が決定されるとする点には問題がある。

②前近代の集団は、共同体段階と共同組織段階の二段階で区分しうる。前者はすべての機能が小宇宙としての個々の共同体に閉じこめられた段階であり、対して分業の展開に基づく機能別分化によって有機的に結び合い、相互に依存しあうようになったのが共同組織段階である。ただし生活共同体としての性格を有している点で、近代の機能集団とは異なるものである。そして朝尾が先の身分論で「農業と商工業とが分離し、都市が農村から分離したような段階の社会的分業の程度が一つの前提」だとした指摘をふまえれば、近世こそが共同組織段階にふさわしい。

③そうした集団が相互に依存しあって構成している社会をとらえるためには、集団に視座をすえて、その取り結ぶ関係を全体としてみる必要がある。そのさい、一つには集団が二次的・三次的に形成する関係（＝重層関係）で把握する必要があるが、それ以上に異なる集団どうしが取り結ぶ関係（＝複合関係）が重要である。そのためには異種の集団同志が関係しあう「場」（それは身分集団が所有対象として空間分割し、集団内を自己編成するものでもあった）に注目すべきである。

この提起が持つ意味をつぎの点にまとめておきたい。

第一に、①にいうように、身分を前近代における「人間の存在様式」としてとらえ、個人が集団を介して国家と結びついているという関係を摘出することによって、国家編成が先か集団による決定が先かという問いを卵か鶏かの問題としたことである。もっとも上からの編成をいう国役＝身分論と、身分編成の前提となる社会集団との構造的関連こそが課題だとする視角は、これより早く横田冬彦によって提示されていた。(11) この視角の延長にある「人間の存在様式」論によって、両者の対抗は理論的に止揚されたといえよう。

第二に、近世社会がさまざまな身分集団から構成されているという認識を前提に、諸集団の関係の総和として全体社会をとらえる方法を提示したことである。いま高木と朝尾の統一だといったが、その意味では支配の論理や編成する国家の側にではなく、あくまで社会の側に視座を置くものだったことになる。そして具体的には③のように、組合村研究などですでに取り組まれていた重層関係に加えて、異種の集団間の複合関係の分析をこそ進めるべきだとした。しかもその集団を身分集団とすることで、上からか下からかという二項図式に陥るのではなく、国家によって編成されているという事実そのものを含みこんだ理論化に努めたものといえる。社会集団を分析するうえでも、村落共同体や町共同体などのそれぞれを独自に取り上げ、国家からの自立の度合いを測定するのにかわる、あらたな視角が与えられたのである。

第三に、分業論を前提に置くことで、歴史的な段階が説明されていることである。②にあるように、社会的分業の一定の進展を経た段階において「相互に依存する全体社会」が形成されるとし、「人間の存在様式」論が前近代一般ではなく、とりわけ近世にこそふさわしいあり方であると見通している。高木が身分制を支配の論理ととらえることで近世国家の成立とセットで説明していたことを想起すれば、その説明を経済的な面から前進させたものといえよう。

身分制を支配の体系とすることで近世社会を考えるうえでの必須の問題であることを示したのが高木だとした

ら、そこからさらに進んで、社会構造そのものに関わる問題として提起しなおしたのが塚田の議論だったといえよう。以上を要するに、国役論としての身分論から「人間の存在様式」論への発展と概括することができる。

二　身分制の変容説と身分的周縁論

ところで提起された時点での高木説は、幕藩制が確立して以降における、支配体系のなかでの身分制の位置に解釈の余地を残すものだった。すでに早い時期から「役による職能別の身分規定が社会編成の原理としては役割を低下」させるという見通しを述べていた横田は、やがて近世の「戸籍制度」を取り上げ、「職業に関わりなく、村の帳に登録された者が『百姓』であり、町の帳に登録された者が『町人』であった、しかも……『百姓』と『町人』の間は流動的であり、全体として一つの『平人』社会をなしていた」とするまでになる。[13] 百姓身分、町人身分という区別が事実上消滅するというのである。国役の制度＝身分制が早くから意味を失うことに注目しようとする点は、先にあげた高木の理解を継承したものといえるだろう。

しかも横田は、「こうした背景に、近世国家とその経済の関係に変化があった」ともする。すなわち「国家による直接的分業編成」にかわって、『役』は米や銀で代納され、国家はそれによって日用や職人を雇用したり、あるいはできあがった物を商品として購入したり、自らの資本でもって職人や日用を組織している商人に事業を請け負わせたりするようになる。いわば国家の事業が経済社会の成熟に依拠する形になる」という。[14]「経済社会」の内実が明示されているわけではないが、市場経済あるいは商品経済と置き換えて理解しておこう。するとその成熟は国家支配から自由に進んだことで、むしろ国家の側がそれに依存したというのだから、政治と経済の分離、事実上の近代社会の成立をみいだしていることになろう。このことは武士と一般民衆との間を移動する「身分的中間層」が一八世紀には生じたとして、そこに「日本における『市民階級』の起源」をみてとることとも共通の視角であった。[15] 九〇年代になると、身分制の変容に注目し、そのことをもって近世社会の非・封建的＝近代的性格とする議論が登場することになった。

こうして身分制の埒外にあるもの、もしくは身分制そのものの変容に注目しようとする動向があるなかで、塚田はつぎの形で異なる見解を示すようになる。[16]

①実態としては同じ集団・存在であるのに、一方は公認され他方は公認されていない事例、すなわち「政治社会レベル」での分岐がみられる場合がある。たとえば一八世紀初めに起きた芝居興行をめぐる穢多身分のものと役者との争論では、江戸では弾左衛門の興行に関する権限は否定されたのに、京都にあっては穢多村年寄の主張が認められた。こういった類いの事例である。

②そうであれば現に公認されているものを身分制社会、されていないものを非・身分制社会＝近代社会と振り分けることは到底できなくなる。むしろ身分制社会というものが、後者のような集団・存在を不可分のものとして随伴すると理解するべきである。したがって近代につながるか否かよりも、身分制の枠組に浮上しないレベルでの社会関係をまずは把握することが要請される。

③そうした観点からみいだせたのは、ある地位・役職を株化して自分たちの私的利害を実現しようとする集団＝利害集団である。また非人の勧進場のように、相手方の集団のための機能を果たしながら私的な利害を実現するものも同様に利害集団とよぶことができる。「株」や「場」の権利を実現する利害集団の「複層」によって近世の全体社会が構成されていたというべきである。

①の事実に着目した塚田は、役編成の埒外にある状態的存在を「生成しつつある市民社会」としていた評価[17]に修正を加え、近代につながるつながらないということよりも、ひっくるめて社会の現実としてとるための方法を模

索することになった。その結果として③にいう、現に公認されている諸身分と、公認を得ていない多様な集団を利害集団という範疇で括り、両者あわせて同じ社会の実態としてとらえるというあたらしい見地を獲得した。こうした方法を塚田はこのとき「軟らかい身分理解」と呼んだが、「雑種賤民」、公家家職と結びつく芸能者や宗教者、都市下層民衆と、それぞれ賤民研究、幕藩制国家論（朝幕関係論）、都市社会論のあたらしい展開によって光が当てられた対象を統一的に把握しようとした身分的周縁研究会の理論的な背景ともなっていった。(18)

ちなみに近代史の側からする複層的市民社会論も、塚田の見解を支持するもののように思える。ここでは近世社会を諸集団の「複層」としてとらえることに影響を与えている東条由紀彦の議論を参照しておきたい。以下にその概略を紹介しておこう。(19)

①近世前期の社会は、「複層的共同体」として存立していた。そこでは⑴第一次的所有の主体は共同体であり、共同体に無断で売ったり買ったりできない、⑵「上位の包括的共同体による根元的所有の簒奪」すなわち経済外強制が存在した、⑶各共同体は役を通して相互依存の体系を保っていた。

②ところが一九世紀第二四半世紀になると、⑴所有の第一次的主体は共同体ではなく「個人」に転変、⑵経済外強制に関わる移動・職業・所有売払の禁令も事実上形骸化、⑶役も商品市場に代替されていた。もっとも「形骸化しているとはいえ法制度と、幕藩権力の『身分』的性格の問題がある」けれども、この時期をもって「複層的市民社会」の成立とみなしうる。

③そこでは⑴村や「同職集団」などの集団が構成員個々の所有の相互認知に立脚した第二次的構成として存在した、⑵自己の第一次的所有を勝手に売り払えたし、⑶経済外強制によって所有が取られることもなかった。こうした個々の集団は「市民社会」と呼べるのであって、これら無数の多元的な「市民社会」の複層によって成り立つのが「複層的市民社会」にほかならない。

④「複層的市民社会」は一九二〇年代中葉まで存続し、そのあと「単一な市民社会」が形成されることになる。

ここにいう「複層的共同体」が、「人間の存在様式」論をふまえていることは明らかであろう。逆にまた近世史の側から諸集団の複層として全体社会をとらえようとする視角は、東条の「複層的市民社会」論に影響されたものにほかならず、お互い意識しあって進められていたことがあらためて確認できる。身分制が解体したからといって、ただちに理念的な近代＝単一の市民社会が形成されたのではなく、いわば日本型近代とでもいうべき独特の社会が現出したことを押さえておく必要がある。その点において、たとえば公共性であるとか市民社会などといった理念的な近代社会像を遡行させて、近世社会の変質を主張する見解には問題があろう。塚田の議論は日本近代の特質をも射程に収めたものと理解できる。

以上のように、一見すると身分制から逸脱しているかのような現象も、実は身分制の原理に深くとらわれていたとするのが塚田の眼目にほかならない。それは近世社会の特質をより構造的に把握しようとするなかで生み出された方法であり、その点が変容を積極的にみいだそうとする論者との違いともなっていた。

ただしこの理解については小野将からつぎの批判が寄せられている。すなわち塚田の議論には社会編成の総体的な転換がなぜ起きたかの説明が欠落しており、その点が近世社会の解体要因をポジティブに設定する吉田伸之との違いだというのである[20]。この小野の批判をふまえるならば、塚田の「軟らかい身分理解」は押さえたうえで、他方で身分制社会の解体の問題もやはり議論に組み込む必要があるだろう。構造的理解を優先させるか変容の側面を重視するかの選択ではなく、両者を統一する問題のとらえ方はないのだろうか。つぎにこのことを吉田による解体要因の説明から学んでおきたい。

三　異端論としての身分的周縁論

塚田が身分制社会全体をとらえる方法としてまず提起したのは身分集団＝共同組織の「重層と複合」論であり、そのご身分に編成されていないものも含めて利害集団とし、その「複層」として全体をとらえるようになっていた。これに対して都市の社会構造を考える立場から吉田はつぎの批判を加えた。すなわち個々の利害集団は直接に都市全体と結びつくものではなく、それより下位のレベルにある固有な社会構造を第一義的には構成している。[21]異種や同種の集団同志は平面的に関係しあっていたのではなく、部分社会の秩序構造に規定されつつ存在している。そして部分社会も同様にして全体社会と関係しあう。こうした全体と部分との相補的な構造によって、すなわち分節化された構造によって近世社会が成り立っていたという理解である。「重層と複合」もまずは分節構造を解析するうえでの手段とされたことになる。この視角はさらに在地社会の構造分析にも影響を与え、地域社会論を村々連合論から脱却させるきっかけにもなっていった。

そしてその分節構造の内容については、それぞれが磁極となる要素によって秩序付けられた、明示的な社会＝空間構造からなる都市-内-社会（藩邸社会や寺院社会など）と、必ずしも明示的ではない、町人地社会に独自な単位社会構造（大店・市場社会）とに区別されていた。つまり社会＝空間構造論と結びついた分節構造論といえるものであろう。ところが吉田はさらに、即自的な分節構造と対自的な分節構造に整理しなおすことになる。[22]すなわち町人地・武家地・寺社地など、「本源的には城郭を中心とする身分的な社会＝空間構造が、所与のものとして都市の分節構造を構成している」ものが前者であり、それとは異なる位相において、「とくに町人地における社会構造が変容していくなかで」形成される大店社会・市場社会、対抗的社会構造といった後者があるとした。とくに対自的分節構造とされたうちの大店社会は、城下町の武家地をはじめ周辺農村や遠隔地にも広がりを形成してゆくし、若者組・通り者を核として形成された対抗的社会構造は、町人地社会全体もしくは武家地にも浸透していった。これらはともに即自的な分節構造の変容に与っていたのである。

このあたらしい整理には身分的周縁論の視角が関係しているように思える。吉田は従来から身分的周縁を近世の異端の問題としてとらえていたが、最近ではその理論的な根拠として所有の問題を取り上げている。[23] すなわち封建制下＝近世社会の所有形態には、α土地所有と用具所有という〝正統〞なる二形態のほかに、β貨幣所有・労働力所有という〝異端〞的形態、γ非人身分・「雑種賤民」など疎外された労働力所有による勧進場・テリトリー所有が存在したという。なおこれらと共同組織との関係はかつてつぎのように指摘されていた。まず労働力所有についていえば、事実上の労働力販売者層である「日用」層は、「固有の共同組織を有さない」点に存在形態の特徴があるとされ、「媒介的位相」を介して初めて権力や社会的権力と関係付けられるとみなされていた。[24] また動産所有に関しては、町の共同性を考えるなかでの、個別性を越えた共同所有の内実は売場所有に求められるのであって、動産所有ではないとする指摘がある。[25] ただし同じく〝異端〞的存在である非人や芸能民など、疎外された労働力所有の部分については、かえって「所有」の核を強固にし、排他的な集団を形作ることがありうるという。[26]

このうち非人や芸能民の「所有」の対象を勧進場やテリトリーという空間＝二次的な土地所有と理解すれば、結局は労働力や動産所有はあくまで個別で実現されるものなのであって、共同で認知しあい保証しあう必然性が低かったことをこれらの指摘は物語るのではないか。であれば集団を形成するどうかという社会的な存在形態からいっても、α土地所有・用具所有などに基づく小経営の系列という近世から近代にかけて継続してゆくもの[27]とβとを区別できることになる。したがって身分的周縁論の視座を取り入れて即自的・対自的分節構造を設定することは、身分制が社会編成の枠組みとして存続しつづけ、それに基づいた社会体制が存在しつづけることと、他方で近世社会の変質＝「近代」社会への転変が進んでゆく事態とを統一的に把握するうえで有効な方法となろう。今後は近世社会の変容を引き起こす異端的な要素を取り上げ、それと身分制社会との「相剋あるいは〝共生〟」の局面を描いてゆくことが課題となるように思われる。[28]

また吉田の分節構造論は、近世社会を均質なものとしてとらえるのではなく、それぞれに個性的な地域社会の集積として把握することを要請するものでもある。この点にはすでに塚田が敏感に反応しており、地域差に「固有の絶対的な意味」を見出し、共時的な関係性と地域社会の固有性とをあわせて《歴史社会の構造》を考えるべきだとして、共時的な関係性のみから歴史を考えるシステム論的な方法への批判を導きだしている。[29]近世社会＝全体社会との関係性に留意しつつ、個性的な地域のあり方を構造的に明らかにしてゆく、こういった問題を自覚化させたという意義もあろう。

四　近世労働史研究の課題

それでは以上の動向を近世労働史研究に引き付けて考えるとき、一体どういった視座が獲得できるだろうか。ここでは前著[30]に対する松本良太からの批判[31]を手がかりにして考えてみよう。

前著で意識したのは近代の賃労働に対する独自性をいかにしてみいだすかという問題だった。そして究極的には「労働と所有との即自的結合」という点に、すなわち労働力が個々人の人格や能力と分かちがたく結びつき、そのことが労働過程を律する条件となっていることに求めようとした。それを武家奉公人を主な素材として検証しようとしたのである。

これについては松本からいくつかの角度から批判を受けた。まず労働力を集団との関係においてとらえていないという点である。

しかしまず問題とすべきは、かれら個々人の能力や人格ということ以上に、かれらをその内に包摂している労働諸組織（諸集団）とその性格――彼らにそれらへの依存を強いると同時に労働過程の在り方をも制約するような――であり、「労働と所有との即時的結合」という点も、一般に近世社会の諸身分にとって経営（労働）と所有との不可分性が地縁的・職縁的な共同諸組織の存在を前提とするように、第一義的にはこうした労働諸組織（諸集団）との関わりで検討されるべきなのではあるまいか。

個々人のレベルではなく集団との関係が先決だという批判である。そもそも筆者は、先にも述べたように「固有の共同組織を有さない」点に日用存在としての特徴をみようとしたのであって、「一般に近世社会の諸身分にとって経営（労働）と所有との不可分性が地縁的・職縁的な共同諸組織の存在を前提」とすることとは異質なあり方に注意を向けようとしていた。だから集団化の動向を幕末において検出しようともしており、集団との関係を考えなかったわけではない。しかし他方で、自前の集団は形成しなくても斡旋業者や親方的存在を頂く組織に属するのはたしかなことである。松本がいうような「労働諸組織」の存在を認めたうえで、なおかつそこに近世社会の諸身分にとっての集団と異なる特質をみいだすべきであった。いいかえれば（狭い意味での）集団化するか否かの二項的な把握で終わっていたことになる。

また「労働と所有との即自的結合」からして、労働力個々人には多かれ少なかれ専門性が求められたことにも特徴をみいだそうとした。下級吏僚化する加賀藩の直属奉公人のあり方に注目したのも、そうした労働力としての特質を摘出しようと思ったからである。これに対しては「才許足軽集団による割場の機能を媒介とするヘゲモニー行使を通じて、藩庁側の介入を容易に許さない《独自の職階制》」が形成されているのであって、「小者の職務の性格も、小者個々人レベルの問題ではなく、こうした足軽・小者総体が事実上作り上げた固有の組織との関わりで検討されるべき事柄ではないか」と批判された。役所専従の奉公人と平の奉公人との間に対立関係をみいだそうとした筆者に対して、藩庁と奉公人総体との対抗を重視すべきとする批判であり、前提には藩に抱えられた奉公人をあくまで「日用」層の一環として把握すべきだとする見地があると思われる。しかしながら萩藩の手子をみても一部の奉公人の吏僚化は明瞭である。かれらは役所の地位を独占して蓄財、ほかの中間の株を集積する動きを示していた。吏僚化した上級奉公人と平の奉公人との間にはたしかに対立があった、そのこと自体はまちがいのないことである。

とはいえ萩藩で手子を独占するものは定員の精々一割程度と思われ、それ以外のあり方が問題になってくる。そして残りのものもまた「御家人」として地位を世襲していたわけで、その限りでは下級武士化したともいえる。松本の批判に応えるうえで、これら残された大多数の直属奉公人の動向が問題だろう。しかも手子を独占する部分も、完全に吏僚化もしくは武士化したものといえるのか。利権と結びついた役職を所有の対象とするに至ったかれらではあったが、そもそも知行を所有するわけではなく、家中のなかでは周縁的な地位をしか占めえなかった。ここでも、下級武士化しつつも他方で日用存在としての本質から全く自由ではありえない、そうした両義的な存在形態をそのものとして明らかにする必要があったと思う[32]。

さらに労働力の専門性については普請現場での労働編成からも検出しようとした。これにも松本は批判を加え、「単純労働における専門性とは、これら小集団の構成員各人の能力というよりは、この集団が一個の労働組織として現場において発揮する組織的な協働性にこそある」と述べる。職人の場合、熟練が発揮される用具を所有し、かつ得意場を有するのがふつうであって、そうした意味では個々が自立した小経営にほかならない。これに対して用具や得意先が個人としてではなく集団や組織全体として所有される、そういった局面を述べたものであろう。つまり、そもそもが熟練や専門性の度合いが一義的な問題なのではなくて、所有やそれと結びついた労働組織のあり方こそが問題だとする批判として受け止めることができる。

総じていえば前著では近代賃労働との対比を念頭に置くあまり、近世社会を構成する諸集団や諸要素との関係を十分に論じなかったと反省させられる。もしくは近世の雇用労働の固有性を非常に抽象的なレベルでしか問題にできなかった。それにかわって、日用存在やあるいは一部の職人も含めて雇用関係に置かれるものに社会のなかでの異端的、ないしは対抗的要素としての位置づけを与えること、しかもそれにとどまるのではなくて、それらが雇用先にいかにして構造化されているかを、緊張関係も含めて実態的に明らかにすること、こういった視点が要請される。要するに身分的周縁論の見地から、身分制社会との「相剋あるいは〝共生〟」の局面を叙述するという課題である。

本書ではこのことを念頭において武家奉公人論、出稼ぎ職人論の二つの問題群を取り上げる。まず第一編は対象を萩藩に絞って、主として直属奉公人のあり方を考察してゆく。そこでは身分編成のなかでの地位、藩庁機構への取り込まれ方、領内の労働力供給源の構造など、前著で取り上げた問題を再度考え直そうとしている。また対象が外様大藩であることからして諸藩に共通する側面と、他方でたとえば同じ中国筋でも岡山藩などと異なる地域性が存在することにも注目したい。第二編の出稼ぎ職人は、瀬戸内海地域における島嶼部の特質と結びつけて考えてこられた素材である。しかし近世後期になって急増する理由が十分に説明されてこなかったし、それを受け入れる地元の動向、そこでの雇用環境とセットにした議論も不十分だった。本書では小経営としての職人にとって対抗的な存在であり、かつ資材の獲得から労働編成にいたるまでの組織性を有したことに広域を移動する職人の特徴をみいだそうとしている。これは熟練の度合いだけではみえてこない問題であって、所有や労働組織のあり方を通して浮き彫りになることである。出稼ぎ労働力の広汎な存在は近世後期の瀬戸内海地域に特有にみられることだろうが、それを社会のなかに構造的に位置づけることで、この地域の特性を解明するための階梯の一つとすることも狙っている。

註(1)　小野将「身分制社会論という視角」『歴史評論』五六四号、一九九七年。
(2)　高木昭作「幕藩初期の身分と国役」『歴史学研究別冊（一九七六年度歴史学研究会大会報告）』、一九七六年（のち同『近世日本国家史の研究』岩波書店、一九九〇年所収）。
(3)　脇田修「近世封建制と部落の成立」『部落問題研究』三三輯、一九七二年（のち同『近世身分制と被差別部落』部落問題研究所、二〇〇一年所収）。
(4)　尾藤正英「江戸時代の社会と政治思想の特質」『思想』一九八一年七号（のち同『江戸時代とはなにか』岩波書店、一九九二年所収）。
(5)　朝尾直弘「一九八〇年度歴史学研究会大会報告批判」『歴史学研究』四八八号、一九八一年。
(6)　朝尾直弘「近世の身分制と賤民」『部落問題研究』六八輯、一九八一年（のち同『都市と近世社会を考える』朝日新聞社、一九九五所収）。
(7)　水本邦彦『近世の村共同体と国家』東京大学出版会、一九八七年。
(8)　水林彪「近世的秩序と規範意識」『講座日本思想三　秩序』東京大学出版会、一九八三年。
(9)　久留島浩「直轄県における組合村――惣代庄屋制について」『歴史学研究別冊（一九八二年度歴史学研究会大会報告）』一九八二年。同「百姓と村の変質」『岩波講座日本通史　第一五巻　近世五』岩波書店、一九九五年。
(10)　塚田孝「近世の身分制支配と身分」『講座日本歴史五　近世一』東京大学出版会、一九八五年。同「社会集団をめぐって」『歴史学研究』五四八、一九八五年（のちともに同『近世日本身分制の研究』兵庫部落問題研究所、一九八七年所収）。

(11)(12) 横田冬彦「幕藩制前期における職人編成と身分」『日本史研究』二三五号、一九八二年。

(13)(14) 横田冬彦「近世的身分制度の成立」『日本の近世七　身分と格式』中央公論社、一九九二年。

(15) 朝尾直弘「十八世紀の社会変動と身分的中間層」『日本の近世一〇　近代への胎動』中央公論社、一九九三年。

(16) 塚田孝「下層民の世界――「身分的周縁」の視点から」『日本の近世七　身分と格式』中央公論社、一九九二年（のち同『近世身分制と周縁社会』東京大学出版会、一九九七年所収）。

(17) 塚田孝「身分と差別」歴史科学協議会『現代を生きる歴史科学II　過去への照射』大月書店、一九八七年（のち同『身分制社会と市民社会――近世日本の社会と法』柏書房、一九九二年所収）。

(18) 塚田孝・吉田伸之・脇田修『身分的周縁』部落問題研究所、一九九四年。

(19) 東条由紀彦「産業革命と労働者」『近代日本の軌跡八　産業革命』吉川弘文館、一九九四年。

(20) 註1小野論文。

(21) 吉田伸之「巨大城下町――江戸」『岩波講座日本通史一五　近世五』岩波書店、一九九五年（のち同『巨大城下町江戸の分節構造』山川出版社、一九九九年所収）。

(22) 吉田伸之「城下町の構造と展開」吉田伸之・佐藤信編『新体系日本史三　都市社会史』山川出版社、二〇〇一年。

(23) 吉田伸之「所有と身分的周縁」久留島他編『シリーズ近世の身分的周縁六　身分を問い直す』吉川弘文館、二〇〇〇年。

(24) 吉田伸之「日本近世都市下層社会の存立構造」『歴史学研究』五三四号、一九八四年（のち同『近世都市社会の身分構造』東京大学出版会、一九九八年所収）。

(25) 吉田伸之「都市と農村、社会と権力――前近代日本の都市性と城下町」溝口雄三他編『アジアから考える一　交錯するアジア』東京大学出版会、一九九三年（のち吉田『巨大城下町江戸の分節構造』所収）。

(26) 註23吉田論文。

(27) 塚田孝「身分的周縁と歴史社会の構造」久留島他編『シリーズ近世の身分的周縁六　身分を問い直す』吉川弘文館、二〇〇〇年。

(28) 吉田伸之『近世都市社会の身分構造』東京大学出版会、一九九八年。

(29) 塚田孝「歴史学の方法をめぐる断章――アメリカでの経験にふれて――」『市大日本史』二（のち同『身分論から

歴史学を考える』校倉書房、二〇〇〇年所収)。
(30) 拙著『日本近世雇用労働史の研究』東京大学出版会、一九九五年。
(31) 松本良太「書評」『史学雑誌』一〇五編三号、一九九六年。
(32) この点にかかわっては磯田道史から、「森下氏は藩の直属奉公人の編成を特定の家筋による世襲から実質的な非世襲(雇用労働)への流れで捉える。これに比べて、本稿は近世前期から本人資質による非世襲的な編成が存在した点を評価する」と批判されている(磯田道史「近世大名家における足軽の召抱と相続」『日本歴史』六二八号、二〇〇〇年)。また木越隆三からは、「近世後期の割場附小者は初期の小者よりもはるかに安定的に小者職を家職として相続できるようになっていた。つまり小者家は幕末期にはより安定し、世襲を標榜できるまでになっていた」とされた(木越隆三「武家奉公人の社会的位置」J・F・モリス他編『近世社会と知行制』思文閣出版、一九九九年)。要するに世襲化=下級武士化したか否かについてはそれを限定的にみようとする立場の磯田と、その方向性が強まるとする木越とでは全く逆方向から批判を受けたことになる。しかし世襲か否かだけを問題にするのでは形態論、二者択一論の地平にとどまることになる。家中にいかなる形で構造化されたか、その実体的なあり方が問題である。

第一編　武家奉公人論

第一章　武家奉公人の身分意識

はじめに

最初に、萩藩領の瀬戸内海沿岸部の村についてふれたつぎの史料をみてみよう。(1)

小郡御宰判岐波村之内前々より百姓二三男之者御代官所御聞届之上、新六尺其外代役ト〆江戸罷出候者少々宛御座候所、近来悪癖ニ相成、農業挊を嫌ひ、百姓軒本人又ハ嫡子・二三男ハ不及申ニ、一向御断無シ江戸罷登り、三五年も帰郷不仕、折々罷帰り候得は御家人之風躰ニ〆年始、或ハ氏神祭事等之節ハ上下帯刀ニ而徘徊仕者間々有之、第一農家本人職之者罷出候故、耕作之道付然と疎敷相成、折節罷帰り候者ハ御家人之風躰ニ而色々自満ケ間敷申聞せ候故、近辺若輩之者共羨敷見真似仕、農業挊を嫌らひ、専ら代役として江戸行キ計心懸ケ、只今ニ而ハ其人数夥敷相成…

この史料を残す塩田家は近世後期に各地の勘場の地下役人を勤めた家で、一九世紀半ばに萩の郡用方に勤務している。作成者は明記されないのだが、引用を略した箇所では、問題の実態に対して庄屋・畔頭は一向に規制を加えないと述べており、岐波村の村役人とは別の人物だと思われる。いずれにせよ現地から郡用方に善処を求めて提出されたものであろう。ここでは萩藩の直属奉公人のなかでも最下層の新六尺やあるいは代役として雇用されたものが、一旦在所に帰ると「御家人之風躰」で自慢がましく振舞う事態が問題視されている。しかも村のなかにはそれを羨んで代役に応募するものまでいるという。関連する史料をほかに得ていないので、引用した内容がいかほどの事実を反映したものなのかは確定しようがない。しかしこれに従えば勤め上げたあと帰郷して、「御家人」意識を振りかざすもの、あるいはそれがために奉公に向かうものが存在したことになる。

あらためて振り返っておけば、かつては封建的雇用関係のもとにあるなどとして特殊視されていた武家奉公人の問題も、一九八〇年代に入ってからの高木昭作やそれを承けた吉田伸之などの研究によって近世の雇用労働の一つとして考察する視点が切り開かれたという経緯がある。また別の章で取り上げるように、引用史料にいう代役とは、領内や場合によっては他国者も含めて労働力販売をめざすものの恰好の稼ぎ先にほかならなかった。しかしそのことと、「御家人」意識と結びつけて奉公がなされているという事態とをどのように整合すればよいのだろうか。筆者はかつて近世後期になっても特定の家筋によって世襲される直属奉公人の事例に注目したことがある。そうしたいわば下級武士化する方向性と、他方で武家奉公人を近世の雇用労働の問題として取り上げようとする動向との統一を、身分意識という観点から試みることが本章のねらいである。こうした関心から萩藩直属奉公人の性格を考察してみようと思う。

一　萩藩直属奉公人の概要

（1）足軽以下の編成

あらかじめ萩藩の直属奉公人の構成を概観することから始めよう。表1は給録帳によって一七世紀末までの主要な直属奉公人の組織や人数の変遷をまとめたものである。もっともこれ以外にも厩之者や雑色、諸所の門番、時打、御鳥飼など多様なものが給録帳には登場するが、それらは組編成はされていないし人数もさほど多くはない。表示のものをほぼ中心的なものとみなしてさしつかえない。なお足軽はもちろん物頭に統轄されるが、中間・六尺の各組にも無給通という最下級の士分のものが中間頭・六尺頭としておかれており、それに統轄されていた。

この表をみると、一七世紀初頭には足軽や中間に系譜がつながるものとして弓衆・鉄炮衆・小道具衆がいたことがわかる。表示しなかったが別に御のぼり衆も存在しており、明らかに軍事的な用途で設置されたものといえよう。したがって戦争体制の終焉とともに一六三〇年頃には大幅に減少し半分ないし三分の二程度になって、弓と鉄炮についてはほぼその人数、弓で一五〇名弱、鉄炮で五〇〇名強のままそのごも推移している。ところが中間については一七世紀半ばからあたらしい組織が設置され、人数も増加に転じている。このことは足軽が門番のような番方の勤務を主要には担当するものだったのに対し、中間はさまざまな用途に使役されるもので、とくに一七世紀末からは諸役所での勤務が増えていったことを反映するものと思われる。

もっともそれまで一般の家中が記載される「分限帳」に一括されていたのが、一七世紀半ば以降は「無給帳」という別の帳簿が作られるようになった。そして中間の組織もこの時期にはほぼ固定し、藩主に近似する小人・道具・挟箱・駕籠之者からなる四役、十三組中間から新中間までの中間、六尺といった構成が確立している。また足軽についても、のちの時期の弓足軽からの報告で、「御弓之者之儀は万治三年足軽惣名被仰付候」とするものがあって、[2]このころから足軽という名称が定着したようである。

この点に関わってはつぎの史料も参照しよう。[3]

表1　萩藩直属奉公人組織の推移

1611年			1629年		1641年		1645年		1661年		1685年		
「給録」10「分限帳」			「給録」17「分限帳」		「給録」18「分限帳」		「給録」19「分限牒」		「給録」73「無給帳」		「給録」76「無給帳」		
名称	組織	人数	名称	人数	名称	人数	名称	人数	名称	人数	名称	人数	切米
御弓衆	14組	230	御手廻道具之者	12	江戸組御弓衆 2組	44	御弓衆 7組	140	御弓衆 7組	144	御弓之者7組 7組	147	8.4～10.5石
御鉄炮衆	31組	730	御駕籠廻	9	江戸組御鉄炮衆 4組	99	御鉄炮衆 23組	483	御鉄炮衆 25組	525	御鉄炮之者 25組	525	9.5石
小道具衆	23組	382	御小人	17	御普請中間	100	御手廻小道具	12	御小人	22	御表御小人	14	1～5石
御小人		20	御弓之者	120	御中間	450	御小人	14	御駕籠廻し	13	御隠居小人	12	4～6石
			御鉄炮之者	500	地方中間	90	千代熊様御駕籠廻り共ニ	12	御中間 13組	400	御表御道具御挟箱之者	17	4～5石
			(中間カ)	246	御手廻小道具	12	千代熊様御小人	2	地方御中間	102	御隠居御道具御挟箱之者	19	4～5石
			御譜代六尺	48	御小人	14	御中間	400	百人中間 2組	100	御表駕籠之者	13	4～5石
					御弓衆	100	地方御中間	99	新百人中間 2組	100	御駕籠之者	18	4～5石
					御鉄炮衆	477	御普請中間	100	新中間 1組	73	御隠居御駕籠之者	13	4～5石
					六尺夫	110	御譜代六尺	100	六尺 1組	105	御中間 13組	400	5石
									蔵元付ノ	5	地方御中間	94	2.5～5石
											百人御中間 2組	100	4.7石
											新百人御中間 2組	93	
											新御中間 2組	171	2.4～3.1石
											六尺 1組	186	3石
											御蔵元付中間	109	5石

典拠：各年次の下に記載。
凡例：史料の記載順に従って表記した。また切米は1685年だけを表示した。

覚

一御弓足軽　御手廻・大組
一御鉄炮足軽　右同
一御城代付足軽
一検断組之者
一御小人之者・御蔵元付中間并十三組、其外惣御中間并御中間通り之者六尺等迄
　付、諸所支配之定手子等右ニ準候もの共不残
一梶取并御手舸子之者　萩・三田尻
一御手大工・御船大工
一御手職人中

右之者共木履はき候儀慶安四年一切停止ニ被仰付候処、万治弐年年寄中相談之上高木履は不被差免、宥免之品有之候へとも、偏御了簡之筋ニ候得ハ、御家来大小身侍江対し慮外仕間敷之由堅申渡有之候処、年来其作法令混乱、不心得之者共段々有之事候、御家来大小身之面々ゟ末々段々之階級有之といへとも侍一等之儀、且又右之者共之内少々品替りたるやうに相見候ものも有之候得共、足軽已下いつれも匹夫一等之儀、御手職人之儀は御扶持被下置候ても元其工職一等之儀、聊侍之列ニ可準儀ニて無之候、侍・匹夫等之差別令混乱、礼儀相乱候ては大法不相立儀ニ付而、旁被任慶安之例、向後右之者共木履はき候義一切停止被仰付候条、此段可被申渡候、
以上

享保三年閏十月十五日　　　山　縫殿（当役）（他四名）

足軽通・中間通・六尺通が「侍一等」とは区別された「匹夫一等」であるとして木履の使用を禁止している。足軽以下が身分的には家中の諸士と明確に区別されていたことが明らかだが、その原則が一六五一年（慶安四）に確定されたと述べる点にも注意を払っておきたい。このころ家中での身分的な地位が明確になったことがやはりわかる。

こうして確立した一七世紀後半の給録帳における記載順は幕末にいたるまで変更がなく、この順番、「筆並」は同時に足軽以下内部での格の違いを表明するものとしてその後も機能しつづけることとなった。

（2）奉公の収支

ところで表示した一六八五年（貞享二）の切米の額をみると足軽で八〜一〇石程度、中間・六尺で三〜五石程度である。これに日別一升程度の扶持を加えたものが奉公にともなう給付だった。ではこの額は家中奉公人と比較するとどうだったのだろうか。たとえば一六八九年（元禄二）に定められた家中奉公人の給銀規定では上の若党一五〇目、上の中間一四〇目とある。[4]もちろんこれは奉公人給の高騰を問題にするなかでの上限額であって、現実にはこれより多く給付されたのだろう。ともあれこれを基準にして一六九六年（元禄九）時点での和市、銀一〇〇目＝二・五石で考えると、[5]十三組中間は二〇〇目となり家中奉公人よりやや上、六尺だと一二〇目でほぼ等しくなる。

しかもこれら足軽以下には江戸番手を役として勤めるものがあった。足軽にはすべてに順番で江戸番手が当たっており、中間のなかでは十三組中間と新中間が六尺とともに江戸番手を担当している。とりわけこの番手負担は経済的な負担を強いるものだったようである。

いまその一例として一七二七年（享保十二）に萩で起こった大組鉄炮井上清右衛門組とその組の問屋尾崎三郎左衛門との間の出入を取り上げてみよう。なお鉄炮組は二一名から構成されており、組頭の下に組代・肝煎が置かれていた。出入の内容は「組之借銀」をめぐるものであり、尾崎と「諸問屋中」が町奉行に訴え出たものだった。その経緯を藩側の記録によってまとめておこう。[6]

①清右衛門組の「暮之越借銀」は一七二一年（享保六）までは銀五貫目程度だったのに、江戸番手が当たったため一七二三年（享保八）には銀一二貫目にふくれあがっていた。にもかかわらず「仕組」に取り組まず、都合の借銀は銀一六貫目にもなっていた。

②ところが清右衛門が要請してきたのは、借用証文に一〇貫目分は奥判するものの、残りは組代・肝煎の判形だけにしてくれということだった。これは承引しがたいので証文を出さないままになっている。

③にもかかわらず今年になって、さらに銀八〇〇目の借銀を要請してきた。これに対し尾崎は、今後借銀整理をしないかぎりは一切貸与しないことを組代・肝煎に墨付で誓約させ、十一月切の約束で貸してやった。そのため以降は尾崎からではなく「脇借」で対応しているようである。

④こうした状況のなか、いまのままでは「組中難儀」だとして、問屋の要請に従って証文をきちんと作成するよう組代・肝煎から清右衛門に訴えたが聞き入れなかった。おそらく清右衛門は内心では尾崎から「組之問屋」を取り上げようと思っているのだろう。

⑤また「組中切米之初穂」として三石の切手を持参してきたが、尾崎は受け取らなかった。そのご例年のように切手を渡すよう尾崎から要求したのに、三石の切手を受け取らないことを理由に切手を渡そうとしなかった。

尾崎は「八拾年以来之問屋」だと述べており、組ごとに切米・扶持の切手を換金する問屋が存在したこと、そこから組が切手を抵当に借銀を重ねていたことがわかる。とくに江戸番手をきっかけに借銀が一挙にふくらみ結果的に銀一六貫目になっている。なお組員一人当りの切米に一升扶持を足すと一〇石程度、この年の和市[7]で換算すると約四〇〇目となる。組員は二一名だから、結局この組が年間に受け取る給付は銀一〇貫目に満たないはずであっ

表2　1696年、六尺組の収支報告（1人当たり）

銀57.5匁	当子春江戸御番手遣銀（問屋銀、元50目）
銀40目	当暮江戸仕登銀
銀15匁	当暮江戸御納戸銀借銀
小計	
122.5匁	
3石	切米
内	
2斗2升8合	御馳走米
1石2斗9升	暮ニ手取仕せ、越年之分
残1石4斗8升2合＝59匁2分余	
差引	
53匁2分	問屋借
外	
2280目余	1人別問屋借、年々かりかえ滞之分

典拠：毛利家文庫「法令」19「元禄年中御書付」。

て、それを上回る借額をしていたことになる。そしてここまで借銀を放置した責任を問われて清右衛門は役を罷免されている。

足軽でさえそうなのだから、ましてや給付の少ない中間・六尺が番手を勤める場合には負担はより増えたものであろう。今度は六尺の事例をみてみよう。一六九六年、六尺頭が表2のような組員一人ごとに均した収支を報告している。このとき組員は一六三名いた。これによると、今年春の番手にさいし問屋から銀五〇目を借入れ、さらに暮の江戸への仕登銀と江戸御納戸借銀を加えて、掛かる経費が一二二匁余と計算されている。一方切米は三石であり、そこから馳走米と「越年」に必要な経費を差し引くと五九匁余が残る計算となる。しかし先の借銀などを差し引くと結局さらに五三匁余の借銀が必要となっていると述べている。もちろんこの他に扶持米があるとはいえ、番手を担当するたびに借銀が増えてゆく実状を訴えるのである。もっともこちらの場合には番手の負担軽減を求めてのものであり、上申の内容自体に一定の誇張が含まれる可能性はある。また組としての借銀を組員に均して計算しているが、六尺頭自身が一部でも負担した可能性はあろう。ともあれ番手を勤める限り収入は相当に減額され、場合によっては赤字になることさえありえたことがわかる。

（3）足軽以下の召抱え

このように番手負担を考慮に入れると、足軽以下の勤務は必ずしも安定的な収入を保証するものとは限らなかったように思われる。ではかれらが奉公を見限ってただちに欠落してしまう存在だったかというと、実はそうでもない。一七世紀末から一八世紀初めの時期にかけての江戸藩邸からの奉公人の欠落状況については、すでに松本良太の研究がある。(8) そこではつぎのことが指摘される。

①欠落するのは「御国者」ばかりであり、萩藩は奉公人を国許から江戸へ供給していたことがわかる。そして年間四〇名弱が欠落している。藩もこの事態を重視し、欠落者には捕縛のうえ死罪で臨むなど規制を厳しくしていた。

②なおその大半は家中奉公人であって、直属奉公人は例外的である。

③もっとも一七世紀初めには直属奉公人も増加傾向にあった。

ただし③で述べることは、掲出された事例で一一名中代役が七名を占めているように、中間や六尺当人ではなく代役の欠落だったとみなしうる。むしろ江戸番手が代役によって代替される傾向にあったこと自体が問題であるように思われるが、これについては章をあらためて論じることにしよう。ちなみに松本が掲げる一八世紀半ばの在府人数のデータでは、足軽一六八名、中間八二〇名、対して家中の陪臣と奉公人をあわせて八七五名であって、人数自体は足軽・中間の方が多かった。この点を考慮に入れても、江戸藩邸で欠落してしまうのはほとんど家中奉公人であって、直属奉公人がそうした行動を取ることは例外的だったとするべきであろう。

そもそも家中奉公人は萩城下で随時雇用される年季奉公人に他ならなかった。この点は松本が指摘するとおりである。では足軽以下の直属奉公人はどうか。たとえば一六九三年（元禄六）に出された十三組中間の補充について

のつぎの規定をみてみよう。(9)

覚

一大組御中間之者其身ニ勝たる苦労有之而立身被仰付、或ハ大組を被抜取、並能組江被相加候時、右跡役之儀時々令差図、他与より抜取、抱入可申付事

一其身ニ何そ様子有之歟、惣而不慮之儀ニ付被召放候跡役之儀は、其頭々校了を以其組々之二男・三男、并十三組之内を以人柄令僉儀可抱入候、万一右之内相応之人柄於無之は、いつれのものたりとも御中間役堅固ニ可相勤扣慥なる者を可抱事

右之通候条、自今以後此辻を以可有沙汰候、以上

酉五月朔日

十三組（大組）中間は四〇〇人に定数が固定しており、欠員が出たときに跡補充された。ここでは①前任者が「並能組」へ「立身」したために出た欠員は、「他与より抜取」ること、②前任者が問題を起こして解雇された場合は、十三組やそれ以外の中間の二、三男を抱え入れるのを原則とする、の二点を定めている。ではこの規定は中間のいかなる実態を反映していたのか。

そこで一七一一年（正徳元）一年間における中間・六尺の異動をまとめた表3をみてみよう。ここからはつぎのことがわかる。まず十三組および百人中間から転出するものは、ほぼ御小人・御挟箱・御道具持などの四役に限られている。つまり史料で十三組中間の「立身」とあったのは四役への異動を意味したことになる。またその欠員は新中間からの転出で対応する場合がほとんどである。四役——十三組中間・百人中間——新中間という序列が存在

表３　1711年（正徳３）における中間・六尺の異動

種　別	組	員数	切米 5石	4.7石	4石	3.9石	3.6石	3.1石	3石	2.5石	2石	転出・召放ち	転入・召抱え
十三組中間	小川長左衛門組	31	31										
	中川嘉右衛門組	31	31										
	田原庄右衛門組	31	31										
	御簱九郎右衛門組	31	31									四郎兵衛、御道具へ抜取	新中間八右衛門組入
	飯田勝左衛門組	31	31										
	後藤正左衛門組	31	31										
	栖崎与右衛門組	31	31									七郎兵衛、御挟箱へ抜取	新中間吉右衛門組入
	入江作兵衛組	31	31										
	蔵田治兵衛組	31	31									彦右衛門、御挟箱へ抜取	新中間より組入
	河村文右衛門組	31	31										
	岡与左衛門組	30	30										
	原田治兵衛組	30	30										新中間小右衛門組入
	福井五郎兵衛組	30	30										
地方中間		109	11	2	83		6		6	1		文内、不調儀につき召放ち	
百人中間	天野安左衛門組	50		50								九郎兵衛、御挟箱へ抜取	新百人中間摺上り
新百人中間	天野安左衛門組	30			24				3		1		地下雇市之助組入
百人中間	井上弥右衛門組	50		50								安兵衛、御挟箱へ抜取	新百人中間摺上り
新百人中間	井上弥右衛門組	29			29							伝蔵、御道具之者へ抜取 源介、御小人に召出し 古組へ摺上り	地下雇治右衛門組入
新中間	近藤源右衛門組	81	1		1	16		5	58			吉右衛門、十三組へ加入 二郎左衛門、十三組へ加入	地方組安兵衛加入
新中間	梶山武右衛門組	81			2	1		3	75			八右衛門、十三組へ加入	
六尺	佐々木四郎右衛門組	168							168				

典拠：毛利家文庫「給録」79（2）「無給帳」。

したことになる。とはいえその件数はあまり多くはなく、四役への転出は七例、新中間から十三組への異動は四例でしかない。したがって多くは召抱えられたままそれぞれの組にとどまったことになる。そもそも一六九三年の規定には病気などで退職した場合の補充の仕方が記されないが、その場合は子弟が継ぐのを前提としていたからだと思われる。たしかに「立身」の道はあって、一級上の格に上昇するものは存在した。しかしそれは例外的なことであり、多くは抱えられた地位にとどまっていたというべきだろう。なお表には組ごとに切米の額も示しておいたが、組内では均質な場合が多く、切米の昇給が行われたようにもみえない。

萩市中の雇用労働から随時供給されていた家中奉公人とちがって、足軽以下の直属奉公人は少なくとも一七世紀末においては特定の家筋から供給されていた。こうしたあり方は、たとえば以前検討した加賀藩の場合でも同様だったし、あるいは支藩の徳山藩でもそうだった。すなわち諸藩において広くみいだせることだったように思われる。もっともその背景については藩庁機構での用途の増大から説明を加えたことがあるが、雇用し管理する側からではなく、奉公人の側からみたらどうなるか。足軽や中間にとって家として奉公を継続する動機は何だったのだろうか。そのさい給付の額に家中奉公人とさして差がないのであれば、経済的な利害以外の動機をみいださねばならないだろう。あらためてかれらの労働観に注目すべき所以となる。

二　直属奉公人の労働観と身分意識

この問題を考える手掛かりとなるものに藩庁史料のなかに残された判例集がある。これは足軽以下の直属奉公人や家中奉公人など士分以外のものの処罰例をまとめたもので、現在一七世紀末以降のものが利用できる。奉公人の行動様式や意識をうかがうことのできる恰好の史料のはずである。果たして頁を繰ると、とくに一八世紀半ばまでのものにはかれらの独特な労働観をうかがわせる事例を多くみいだすことができる。以下これに基づいて分析を進めてゆこう。

一六九七年（元禄十）江戸藩邸で新六尺が職務の遂行をめぐって問題を起こしたことがあった。つぎの引用はその件についての新六尺頭からの報告を記録したものである。(10)

一麻布御屋敷相詰候御陣僧来島祖慶・内藤慶弥両人間へ新六尺壱人被付置候、下人同前ニ召仕筈ニ付、草履・木履をも取候様ニと右両人申聞候処、前々ゟ左様之義仕たる儀無御座之由申ニ付、新六尺支配矢島作右衛門方へ内証ニ而其段申達、作右衛門ゟ肝煎共へ趣相尋候へハ、肝煎申様ニも前々ゟ終ニ左様之義仕たる儀無御座之由申ニ付、古六尺さへ御役ニ付而ハ草履・木履をも取申事ニ候へハ、新六尺之義ハ猶以不及沙汰、尤新六尺共先年被召抱候節之請状之辻有之、其上御家来へ下人同前ニ賃銀を以雇ひ候へハ、いか様之義候ても違背不仕事、何と心得候て御陣僧之草履・木履は取申間敷と申候哉、能々吟味仕候様ニと作右衛門申聞候へハ、承引不仕、たとへ及御沙汰、身上つふし候ても不苦、そうり・木履迄御取せ候てハ迷惑ニ奉存候間、いか様共御沙汰候様ニと申候、然は内証挨拶を以ハそうり・木履取之ものも有之由相聞候間、其通ニ仕候様ニとて人柄をも入替、色々沙汰仕候へ共、上向ハ納得仕たるふりニて、底意請不申故歟、終ニ落着不仕、挨拶つくを以も其役勤候事不相成由申故、内証ニ而難閣、右之段々六月八日矢島作右衛門ゟ書付を以申出候事

この事件の発端は麻布屋敷（下屋敷）の陣僧に配属されたある新六尺が草履・木履を取ることを拒否したことにあった。その旨陣僧から新六尺頭矢島作右衛門に苦情が出されたので、矢島が組の肝煎に確認したところ、たしかにそうした先例はないとの返答だった。そこで「下人」同前に配属された以上、何でも勤めるべきだと再度説得し

たが、肝煎は「身上つふし候ても不苦」とまでいって、肯んじようとしなかったというのである。

ここからはつぎの諸点に注目したい。まず第一は、新六尺という、直属奉公人のなかでも最下層の部分でさえ、家中に雇用される「下人」とは異なる「御家人」だとする身分意識を保持していたことである（新六尺とは一七世紀末にあらたに設置されたもので、六尺のさらに下位に位置づけられるものだった）。この点について事例を補足しておけば、江戸藩邸では同じ年の六月にもつぎの事件が起こっている。[11] このとき問題を起こしたのは十三組中間久之丞だった。記録所から竹本左太郎を呼びにゆくよう命じられたかれは、小使所で様付けではなく殿付けでよいと確認したうえで出向いた。ところがそのように声を掛けると、「我ハ誰か組か」といわれてしまい、そのことを「下人同様之御挨拶」と感じて、組頭も知らぬ、自分の名前も知らぬと言い放ったため問題化したのである。ここでも「下人」とは異なる「御家人」としての意識を有していたことがうかがえる。また一六八九年（元禄二）、やはり江戸での事件だが、藩主の供として向かった先で足軽以下にも料理が出されたことがあった。ところが足軽・中間通には朱の椀・折敷で供されたのに、新中間・六尺の八名へは黒い椀・折敷でだった。それを不満に思った八名は食事に手を付けず、替えてもらって初めて箸を付けたというのである。この行為が翌日目付から報告され、詮議の結果、頭取だった一名は籠舎、残りの七名は国退に処罰された。[12] ここからは中間が内部の序列にもこだわっていたことが知られる。

第二に、しかもそうした主張は個人としてのものではなく、組をあげてのものだったことである。引用史料では、陣僧が中間頭に訴えてきたので肝煎を糺したところ、肝煎は、たしかに草履・木履を取るものではないと回答し、あまつさえ「身上つふし候ても不苦」とまで言い切って新六尺と一緒になって主張していた。このときの行動が新六尺個人の考えに基づくものではなく、組としての慣行に他ならなかったことを物語るものであろう。また同じ年に十三組中間久之丞が起こした先の事件でも、詮議のなかでほかの中間は久之丞を擁護する内容を述べ立てている。こうした事態に藩は「此度之義御中間半間一同ニ申合、結徒党、何かと申たる様ニ相聞、太以不謂義候」と不快感を示すのである。肝煎のようなリーダー的存在を先頭にしながら、こうした身分意識は組として共有されていたものと思われる。

第三に、それが労働内容と結びついて主張されていた点である。引用した新六尺の場合だと、草履・木履を取るかどうかが身分意識の実現にとって重要だった。すなわち身分意識の発現は労働の内容を通してであったと思われる。これについても事例を補足しておこう。つぎの引用は京都屋敷で一七一八年（享保三）に起こった事件の記録である。[13]

一銀壱両充　佐々木組（六尺）六之丞・二郎右衛門
一同弐匁充　同小屋年寄　源左衛門・半兵衛
右之者共京都御屋敷相勤候処、享保三年七月廿七日養心院様ゟ鷹司様江女中御使被進、御半下并乗物添之御中間弐人付参候、俄ニ大雨降候付佐々木与六之丞跡ゟ差笠持参候様申付候処、六之丞申候ハ、御半下之差笠持参可仕候、足軽已下之差候笠持たる儀無之付而、右御中間之笠持参不相成由候、御中間之者自分之笠持参不相成と申候ハヽ、御用笠持せ候様にと及沙汰、御用笠相渡候処ニ、六之丞請取居小屋江罷下、小屋年寄両人江相談仕、御用笠と候ても於先様御中間着用之笠持参不相成由申候而持参不仕候、依之右雨具ハ間ニ合不申、御先様ニて借用罷帰候…

供立ての中間用の笠を持参するよう命じられたある六尺が、半下の笠ならともかく、足軽以下の笠を持参するわけにはいかないといって拒否している。直接の動機は記されないが、先の草履・木履と同様、それでは中間の「下人」になってしまうと考えたからではないか。ここからは同じ所作をするのでも、その意味にこだわる姿をみてとれる。

また足軽についてはつぎの事例がある。一六七九年（延宝七）三月、江戸の辻番代わりとして参府させる足軽に「御荷物」の才料もあわせて行わせたことがあった。それには八名の弓足軽も含まれていたが、かれらは荷物才料は鉄炮足軽だけがやるべきであって、自分たちは「道中船中心添・上見」だけをすると主張、それでは弓足軽の手子になってしまうと反発する鉄炮足軽との間で争論を引き起こすこととなった。そして弓足軽も荷物を受け取るべきだとする物頭の判断もあって、一旦はそれに従っている。ところがかれらは現実には日用を同行し荷物を取り扱わせていた。そのため結局は召し放ちになってしまっている。(14)なお一六五三年（承応二）に江戸番手の再編が目論まれたとき、弓足軽に鉄炮足軽と同様に門番を担当させようとしたときも、「御門之明たて」をするかどうかで問題となり、結局は六尺を付けそれに明け立てを行わせることで落着したことがあった。(15)足軽のなかでも弓と鉄炮とでは明確に格の差が意識されていたことがわかるとともに、奉公人のなかでは最も上級に位置する弓足軽は、そもそも単純労働には携わろうとしなかったことが知られる。

足軽以下の奉公人は、「御家人」として「下人」とは区別されたものとする意識を持ち、かつ内部の階層差にもこだわりをもっていた。そうした身分意識は直接には単純労働に従事するか否か、するにしても内容を区別して、ある種のものには携わらないことによって表現されていたのである。身分意識と結びついた労働観を保持していたことを特徴として指摘できよう。

考えてみれば自身の肉体の他には所持するものの何もない、かといって格段の熟練を有するわけでもない、その意味では日用となんら変わらない中間であれば、いくら意識のうえで区別しようともその地位を主張するのは労働を通してしかなかったはずである。熟練もなければ所有の主体でもなかったがゆえに、労働の個々の所作を通して差異化を表現しようとしていたのであろう。ちなみに、近世の奉公人の労働が身分意識と結びついていることをつとに指摘したのは高木昭作である。すなわち「道具を運ばないという点が若党の特性であった」としたうえで、「若党が何故にこのような待遇を受けたのかというと、それは若党が戦闘員だったことに関連していると思われる」と評価していた。[16] もっともここでみた事例をふまえるならば、単純労働そのものが貶められているというよりは、むしろ個々の所作に意味を与え、差異化している点を特徴とみるべきであろう。そのことが結果的にある種の単純労働を務めないことになっていたのである。

以上、一七世紀末から一八世紀初めの時期の判例集を通して、足軽以下の直属奉公人が身分意識と結びついた独特な労働観を保持していたことをみてきた。対価の獲得を目的にするのとは独自な意識がたしかに存在していたことになる。

三　藩との対抗

(1)　仕役の規定

ところがこういった労働観は藩との間に対立を引き起こすことになる。

一六八二年（天和二）、足軽や中間の「仕役品定」が出され、それぞれから請書を提出させている。このときは新藩主の襲封の年にあたっていた。そのうち十三組（大組）中間のものはつぎのようである。[17]

覚

一大組御中間前々ハ女中乗物を廻シ、諸所へ之御進物入候長持・御樽、又は船等持廻り、尤御屋敷内ニても持下ケ仕、御普請役をもいたし候、於御国も持さけ仕事候処ニ、いつれの時よりか諸事持下ケをハ不仕、何角申ニて御用欠候儀時々有之、如此ニてハたん〳〵ニ御中間被召仕様ニ有之、大与御中間に持下ケ被指免候儀奉書なと被遣置慥成つまり有之哉御尋ニて、つまり無之儀候ハ、前々之通ニ持下ケ仕候様ニ可被仰付候、其上ニて持下ケ不相成と申候ハヽ、此中之御中間悉被召放、持さけ仕候者を可被召抱、右之通御中間頭中へ請状被仰付、江戸へ可被指越候事

右覚書を以被仰渡候旨奉得其意候、向後御書付之通御役目可奉遂其節候、以上

天和弐ノ　　　　　　　　　　　　　　　　矢島半右衛門組肝煎

十二月二日　　　　　　　　　　　　　　　少右衛門（他一二名略）

米田平介殿（中間頭・他一二名略）

右御書出之通面々組中へ申渡、御請状申付差出候、以上

同日　　　　　　　　　　　　　　　　　　御中間頭不残

高橋弥右衛門殿（蔵元両人役）

赤川八郎兵衛殿（同）

各組の肝煎から中間頭を介して蔵元役所に提出させたものであり、そこから在府中の藩主のもとにもたらされたのであろう。ここで誓約させている内容は、以前は江戸でも国元でも「持下ケ」を勤めていたのに最近は勤めなくなっているとして、あらためて「持下ケ」をするというものである。ただしこれにつづいては、つぎのような「御中間仕役之内被指免候かと〳〵」が規定されている。

覚

一御台所賄手子ニ御付候共、諸所之役所へ水をかつき廻り候事、諸所之役所へ御番めしをかつき廻り候儀共ハ被仰付間敷候事

一諸手子ニ御付候時、為木屋番食焼役なとハ被仰付間敷候事

一御馬や手子ニ被指出候共、御馬飼料煮之役なとハ被仰付間敷事

以上

右本御中間之儀ハ御目見をも被仰付者之儀ニ候へは、六尺同前ニハ難被仰付儀ニ候故、右之かと〳〵被指免之通書付を以頭々迄申渡之由ニて御留守居中ゟ申来候事

諸役所への水や番飯の「かつき廻り」、食焼・馬の飼料煮などである。こうした仕役を免除した理由について、目見をするものだから、と説明している。目見をするか否かで、「かつき廻り」などを勤めるかどうかが決まっていたのである。

これにつづくのが地方中間のつぎの請書である。

覚

一地方御中間之者共近年持下ケ不仕、御事被欠之由不謂儀候、向後ハ諸事持下ケ・かつき荷共被仰付候、若否之者候ハヽ、悉被召放、入替被仰付儀候間此段手かたく申渡、請状可被取候事

戌

十二月七日

右御書出を以被仰渡候辻奉得其意候、此已後持下ケ・かつき荷共被仰掛次第可奉遂其節候、仍御うけ状如件

天和弐ノ
十二月七日
肝いり　九兵衛
其外与中連判

安田九郎右衛門殿

「近年持下ケ」をしなくなったと十三組中間と同じ傾向の指摘があったうえで、今後は「持下ケ・かつき荷共」勤めるとしている。なおかれらは「御目見ニハ不被召出」ものであり、そのことが「かつき荷」が免除されない理由だったのだろう。このあと厩之者の請書がつづき、また百人中間・新百人中間のものが規定されるが、これは「被指除候役儀も本御中間同前ニ沙汰仕之由」とあるから、「持下ケ」だけを求めたものと思われる。

さらに足軽の請状はこれらのあとに記録されている。その一つは手廻り足軽のうち弓之者のものであって、これまで惣門の門番は鉄炮之者だけが勤め、弓之者は夜廻りだけだったが、今後は夜廻りを止めて惣門の門番を鉄炮之者と一緒に勤めるようにするという内容のもの、いま一つは大組の弓・鉄炮のもので、普請役のさい日用に代替することはやめて自身が従事する、というものだった。

以上を整理すればつぎのように仕役が定まったことになろう。

a手廻り弓足軽……惣門の門番（従来は夜廻りのみ）
b手廻り鉄炮足軽……惣門の門番（従来どおり）
c大組弓・鉄炮足軽……普請役に自身で従事（これまでは日用に代替）
d十三組中間……「持下ケ」を勤める、「かつき荷」は免除（これまでは両方勤めず）

e百人中間・新百人中間……十三組中間に同じ

f地方中間……「持下ケ」・「かつき荷」両方を勤める（これまでは両方勤めず）

このように、定まった仕役とは職務の具体的な内容ではなくて、労働の仕方に関するものであることが特徴だった。足軽には自身が単純労働に従事しない傾向があったことを禁止し、中間については「持下ケ」ないし「かつき荷」という、物を持ったり担いだりすること自体を忌避する傾向を是正しようとしていた。身分意識と結びついてある種の労働、ないし労働そのものを忌避する傾向が足軽以下のなかにあったことは先に確認したとおりである。その排除をこのとき藩はめざしたことになる。藩主の代替りにあたっていたとはいえ、ではなぜ藩がこの時期こうした規制を打ち出すようになったのだろうか。

（2）仕役規定の背景

そこでこんどは一七三九年（元文四）に新中間が江戸で起こした「仕役難渋」の事件を取り上げてみよう。[18]つぎの引用は新中間両組の肝煎二名が提出した願書である。

中上候御願之事

一私共両組之儀ハ古来ゟ為御中間御取立被仰付候御時節旅役之儀不被仰付、其已後旅役被仰付候節、地方御中間同様之御手形下シ被置候得は、御中間之名目を以唯今迄上役・下役無撰、堅固ニ御奉公申上候処ニ、此度御仕組被為御改、諸組一同御役儀御差別、縦重役たり共謹而御役儀相勤可申之由被仰渡、奉得其旨候、此御時節之儀御座候間、偏ニ御為をはけミ、無内外随分御役儀相勤仕申上度奉存候得共、御中間之名目御捨被成、其上御六尺同様之割方を以御供之合羽箱を両組を限而被仰渡候、尤其御役義とても御中間一同ニ奉得其旨御

役儀ニて御座候ハ、毛頭御断立ハ無御座候得共、限而被仰付候得而ハ何共御請難申上奉存候、猶又此段被仰渡候節、御中間通之一座をは不被仰付、御六尺通・郡夫等迄御加被成、別座ニ御立分ケニ而被仰候間、此趣之儀ハ弥段下ケ被仰付候と下と〆相心得申候…何とそ此段被聞召分、古来之通ニ被仰付可被遣候、難被為御了簡御事ニ御座候ハヽ、寔之御慈悲ニ御座候間、恐多御座候得共、御暇之願をも申出度之由惣中ゟ私共迄申出候間、此儀宜様御取成被成、御沙汰可被下候、以上

そもそも新中間は一七世紀半ばに「御国御普請方」に従事させるため設置されたものだった。[19]その後一六六七年（寛文七）の「仕役改」でも普請役をはじめ城内や蔵元の台所役などに従事することがあげられており、[20]当所は専ら国元で使役されたものと思われる。ところが一七世紀末には十三組や六尺とともに江戸番手を担当していることが確認できるから、[21]引用中で旅役を担当するようになったというのも、この時期のことをさすものと思われる。そのさい地方中間と同様にして召し使うとする「手形」を交付され、六尺とは区別された中間としての処遇を受けてきたという。にもかかわらず今回あらたに御供之合羽箱持参を命じられることとなった。しかもその通達が中間とは別座で、六尺・郡夫と同席の場でだったことをふまえても「段下」の措置に他ならず、このままでは暇をとるしかないと「惣中」も訴えている、というのである。合羽箱を持つという所作に対して、「段下」に相当するとして強硬に反対していたわけで、ここでも身分意識が労働の仕方を通して表明されている。

これに対する藩の裁決はつぎのようだった。①今回の「仕組」で、両組がこれまで担当してきた諸役所の手子を引かせ「物持計」のようなったのは、諸役所付の中間・六尺を減らして「手明」を増やすための処置である。不足の場合にはこれまでのように「御中間通上組之者」と一緒に役所に配属する。②中間通のなかで両組にだけ合羽籠を持たせることに不満のようだが、「仕役之儀常々は組々之流例ニ而召仕」ってきたはずである。両組だけが違う仕

役を勤めるのは何も新規なことではない。③六尺や郡夫と同席で申し渡したことは決して「物通り」にかかわることではない。④地方中間と同様に召し使うとする「手形」も、番手のときの心付銀や借銀納方などに関するものであって勤め方に触れたものではない。以上の裁決の結果、組代・肝煎は遠流に処されてしまい、結局訴えは聞き入れられなかった。

この裁決によって、藩が新中間にあらたに合羽箱を持たせるようにした経緯をつぎのように理解できよう。すなわち手子のような諸役所専属のものは極力減らし、かわって「手明」という必要に応じて随所に配置できるものを増やすためのものであって、藩の目からみて効率よく中間を使役するための措置だったのではなかろうか。

なおこのときには足軽以下の定数を固定しようともしていた。一七三八年（元文三）十二月、一七二一年（享保六）時点での人数二二八三名を「定人数」とし、今後の召抱えはその「明跡」補充としてしか行わないと命じていたのだった。[22]このうち表1に登場する足軽、中間、六尺が八割を占めている。足軽の人数がほぼ一定しているのに中間・六尺が大幅に増えつづけていたことは述べたとおりである。この時点でも足軽以下への切米・扶持米の給付額が一万八千石を越えていると計算されていた。そうして財政圧迫の一要因になっていた足軽以下の給付削減をめざして人数を制限し、とくに中間については限られた人数をより効率よく使うため、諸所へ配属できる「手明」の部分を拡大しようと目論んでいたのである。新中間にあらたに合羽箱を持たせるようにしたのも、一連の「仕組」の一貫だったと理解できる。

そのさい、随時諸所へ配属できる部分を増やすということは、かれらが配属先でさまざまな労働に従事することを同時に要請するものでもあった。したがって一七世紀末から請状をとってとりわけ単純な労働に従事させようとするのも、結局は藩庁諸役所での使役がますます増加するという要請と、同時に足軽以下の人数は極力制限せざるをえないという財政的な観点との折り合いのなかでの対応だったと理解できよう。こうして労働の仕方を通して差異化を表現しようとする足軽以下の要求は、体制的に認められるものではなくなっていったことになる。たしかに先にあげた事例は処罰例からのものであって、足軽以下の要求は基本的には認められることのないものばかりだった。一七世紀末以降述べたような労働観はたしかに衰退の傾向にあったようにみうけられる。この点に関して事例を追加しておこう。

つぎの引用は一七一八年（享保三）、国元での処罰例である。[23]

覚

井上弥右衛門組　伝右衛門

右伝右衛門事、御奥御庭定掃除相勤居候処ニ、先頃朝顔植置シ桶輪替仕せ候様ニと蔵田随友申付候所ニ、得其意候由相答候へとも即時ニ不取下ケ、御作事方ゟ日用夫取ニ遣候、此義ハ物を持候事を除可申心得と相見江候段甚不謂事候、彼等式御中間通之儀ハ、諸事持下ケ・担荷共被仰懸次第可奉遂其節之通、御代替之節は毎々請状被仰付置候へハ其所作仕筈之事候、且又右之桶ニ朝顔輪替調候桶計を又日用夫を以持せ差出、剰自分ハ付添も不参之由ニ候、尤右之趣相尋させ候節、手を痛候故取下ケ候儀不相成之由申出候へとも、其訳随友江不申断候

…

御殿の庭掃除に配属されていた百人中間弥右衛門が朝顔桶の輪替えを命じられた。そのさい自身では行わず作事方の日用に代行させていた。そのことが物を持つことを拒否しようとする行動であり、指示次第に「持下ケ・担荷共」行うと誓約した請状への違反行為とみなされて、かれは召し放ちになっている。しかしこの場合は手が痛く勤められなかったと弁明していて、「御家人」としての身分意識に基づく行為では必ずしもなかったようにみうけら

れる。むしろ藩の方が先回りしてそれと結びつけ、処罰していたのではないだろうか。

　またこの年七月には京都屋敷で六尺が中間の笠を持参することを拒否する事件が起きていた。ところが国元でも同じ年の九月につぎのように同様な事件が発生していた。[24]

　　　　　　　　　　　　　佐々木清右衛門組（六尺）角左衛門
右九月四日御歩行被成御出候節、坊主衆菅笠を合羽籠入候様ニ申付候所ニ承引不仕、其後記録所ゟ差図を以持参候様ニ申付候へ共弥承引不仕候、いか様之儀ニ而も申付候処一通り可遂其節事候、其上段々倦怠之申方、彼等式之儀別而不謂事候、依之組を召放候事
一銀五匁充　　　佐々木清右衛門組　正兵衛（他四名）
右同断ニ付、角左衛門同意之由其節相答候、無筋儀致同意不謂仕候

供廻りに赴く坊主衆の菅笠持参を命じられたところ、六尺角左衛門が頑として聞き入れず、しかも同組のものもそれに同意したとしてあわせて処罰を受けている。先の京都屋敷と全く同じ構図である。だとすれば、それまでは六尺組の慣行として行われ、藩の側も容認していたことを、京都屋敷の事件をきっかけにして制止に転じたという事情をみてとることができよう。

　こうして一七世紀末から一八世紀初めの時期に、藩は足軽以下の身分意識と結びついた労働観を敵対視し、その制圧をめざしていたことになる。ここで依拠した判例集がこの時期に集中するのも藩のそうした政策によるのだろう。そして一六八二年を初回としてそのごも藩主の代替りごとに提出されていた請状だが、一七三二年（享保十七）七月のものが確認できる最後である。[25]その次の代替りは一七五一年（宝暦十一）のことだが、一八世紀半ば

になると請状で職務を規定し、独自な労働観を抑止する必要がそもそもなくなっていくのではなかろうか。ここで注目したような労働観はやがて衰退に向かったものであろう。

おわりに

藩に抱えられた直属奉公人は、自身を家中などに私的に雇用された「下人」とは異なる「御家人」とし、しかもそのなかでの身分序列にもこだわっていた。ただしそうした身分意識を現実に発現し認知させるうえでは労働の仕方にこだわるしかなく、ある種の労働や所作、ないしは単純労働そのものを勤めないことをもって矜持としていた。しかしそれは財政悪化のなかで、足軽以下の人数増加を抑え、その限られた人数で主として藩庁のさまざまな用途に効率よく使役しようとする藩の管理策と正面から対立することになった。ために一七世紀初めから一八世紀半ばまでの時期にそうした労働観は個別に摘発され、やがては圧伏されていったと考えられる。

しかも以下の章でみるように、一八世紀半ばになると諸役所に配属された手子が地位を利権化する動向が顕在化していった。他方で借銀を重ねるなかで地位を維持できなくなる足軽・中間も増加するが、その地位は株化され手子を勤めるものに集積されていった。同時に、掛ってくる役負担への対応から代役への依存も進展することとなる。足軽や中間の地位は経済的な利権や収入と結びつくようになるわけで、以上にみてきた独特な労働観はその意味からも後退を余儀なくされたはずである。冒頭にあげた史料が語るように、社会のなかでいわば周縁化してしか存続できなくなるのだろう。

以上の経緯を通してあらためて確認できることは、身分制のなかに積極的に位置付こうとする武家奉公人の動きがたしかにあったことである。しかし熟練や所有から疎外された本質的には日用存在に他ならない奉公人が、家中のなかで安定的な地位を占めることはもともと困難なことでもあった。かれらが身分的な地位を主張することは、抱えている藩との軋轢を生じずにはおかないもので、結局は藩にとっての対抗的要素として浮上することになってしまった。下級武士化しようとすることが、結果的には対抗的な性格を強めたことになる。その意味で異端的な存在が身分制社会のなかで占めた位置を示す事例と概括することが可能だろう。

註(1) 山口県文書館塩田家文書二九七「内演説」。
(2) 山口県文書館毛利家文庫「諸省」二三九「御弓組代申上物」。
(3) 毛利家文庫「少々控」八（七）「諸事少々控」。
(4) 毛利家文庫「少々控」五（七）「諸事少々控」。
(5) 毛利家文庫「法令」一九「元禄年中御書付」。後掲する六尺頭が提出した借銀の付立より。
(6) 毛利家文庫「少々控」八（二六）「諸事少々控」。
(7) 山口県地方史学会『佐藤寛作手控』、一六一頁。
(8) 松本良太「長州藩江戸屋敷と「御国者」奉公人」『歴史評論』五三七号、一九九五年。
(9) 註5史料。
(10)(11) 毛利家文庫「少々控」五（一〇）「諸事少々控」。
(12) 毛利家文庫「少々控」四（一）「諸事少々控」。
(13) 毛利家文庫「少々控」八（七）「諸事少々控」。
(14) 毛利家文庫「罪科」一四五（一）「足軽陪臣以下御仕置帳」。
(15) 東京大学史料編纂所益田家文書四二―三八「物頭衆役目之次第ニ付江戸国元間之書状並控」。
(16) 高木昭作「所謂「身分法令」と「一季居」禁令」尾藤正英先生還暦記念会編『日本近世史論叢』上、吉川弘文館、一九八四年（のち高木『日本近世国家史の研究』岩波書店、一九九〇年に所収）。

(17) 毛利家文庫「少々控」三（二）「諸事少々控」。
(18) 毛利家文庫「罪科」一五一（一）「足軽陪臣以下御仕置帳」。
(19) 益田家文書三〇―一四「他国并江戸京大坂其外御国中御奉書控」。
(20) 毛利家文庫「法令」一二「寛文年中御書付」。
(21) 毛利家文庫「状控類」二「御用状控」。
(22) 毛利家文庫「法令」四五「足軽以下人数定」。
(23)(24) 毛利家文庫「罪科」一四五（五）「足軽陪臣以下御仕置帳」。
(25) 毛利家文庫「諸省」七七「足軽以下御代替ニ付御請状之事」。

第二章　萩藩庁の手子と中間

はじめに

近年、武家奉公人の問題について、「身分的中間層」という観点から意味付けがなされることがある。そこでは「公儀軍役の負担が軽減されたことによって、武士団の下層部分である足軽・中間等の民衆への還流現象が起き」、それが引き金となって、「身分的中間層」という「ひとつの新しい身分的実態が形成されるにいたった」ことが指摘される。しかもこうした階層に諸藩の「藩財政の実務」が委ねられていったともされている。[1] 要するに「兵農分離によってかたちづくられた」身分制の変容のあり方を問題にするなかで、支配と被支配との「境界領域」として武家奉公人の存在が注目されるのである。

ただしこの議論に対してはつぎのような疑問が浮かぶ。すなわちひとつは、武家奉公人もしくは「身分的中間層」が「藩財政の実務」を担ったとか、あるいは「家と村、家と町と結びついてきた『職分』の観念」が変質し、「より広い社会の場で役立たせることのできる条件が醸成されてきた」といった評価に関してであり、そこにはかれらの私的利害の存在、もしくは「利害集団の成熟」[2] といったことが説明として欠落しているのではないか、という疑問である。あわせて、そのことの別の言い方になるが、そうして「武家奉公人の士分への上昇」に注目することは、社会の変化に支配の側が「柔軟に」対応し、あらたに身分制のなかへの取込みを図った事例というべきであり、その意味で身分制の変容の説明ではあっても、その解体や矛盾の説明にはならないのではないか、という疑問である。

本章は武家奉公人を士分ではなく、「日用」層としてとらえる研究史の流れ[3]に依拠しながら、近世後期の武家奉公人がそうした「身分的中間層」に収斂する存在だったのか否かを考察することをめざすものである。そのため対象とする萩藩の武家奉公人一般ではなく、近世後期に藩庁機構の末端で実務を担った部分に焦点を絞って、第一にかれらにとっての私的利害がどのように存在したのか、第二にかれらの身分制のなかでの地位をどのように考えればよいのか、この二点について分析をすすめてゆきたい。

一　藩庁機構における手子の位置

（1）勘場の構成員

萩藩の領内の支配は、当職のもと、萩城下の堀内におかれた蔵元という一画にまとめられた諸役所によって行なわれていた。ただし萩の町方支配にあたる御客屋や作事を担当する御木屋はこれとは別の場所に役所があった（後掲図1を参照）。また地方支配に関しては、蔵元諸役所のひとつ郡奉行所（郡用方）のもとで、領内が一八の宰判とよばれる行政区に分けられ、それぞれ現地に勘場という役所がおかれていた。

こういったたくさんの役所によって領内の支配が分担されていたわけだが、ここでは関連する史料が比較的豊富に残されているという理由から、そのなかでも地方支配にあたる勘場をとりあげ、そこでの構成員をみてゆくことにしたい。

表4　山口宰判「役人」の勤務年数

役人名	期間	のべ人数 人	平均年数 年
山口代官	1802 ～ 38	14	2.6
山口下代役	1805 ～ 32	11	2.5
山口町方両人役	1801 ～ 38	20	1.9
山口作事方　a	1805 ～ 31	11	2.4
b	1803 ～ 20	10	1.7
山口筆者寺社方	1801 ～ 31	10	3
山方	1802 ～ 30	14	2

典拠：山口県文書館多賀社文庫27「山口御役人名前」。

表4は、一九世紀前期の山口宰判の「役人」の勤務年数をまとめたものである。これによれば、勘場の責任者である代官は二年強の任期で交代していたことがわかる。代官は大組という士分の勤める役職であり、いくつかの宰判を転任するケースが多かった。ただしふだんは在萩しており、したがって勘場の日常的な業務には下代以下の「役人」があたったことになる。

そこでその下代以下の「役人」についてであるが、これらは下代のもと、町方・作事方・寺社方・山方などの担当に分かれていた。そしてやはり二〜三年程度で交代していたといえる。そこでこの表のうち下代になったものの経歴をまとめた表5をみよう。これによれば筆者や作事方という「役人」から始まって下代に至るまでが昇進ルートを成しており、しかもいくつかの宰判を渡り歩きながら昇進してゆくものだったことがはっきりするだろう。そしてなかには、塩田彦左衛門のように最終的に郡奉行所の本〆という「役人」に昇進するものもあるわけである。同時にこうした下代以下は、三十人通や無給通と呼ばれる最下級の士分がつとめる役職だったのだが、近世後期になると豪農層からの登用も多かったといわれている。[4]

さらにこの下には手子と呼ばれるものがあった。今度は表6をみよう。これは一八世紀末、地方支配機構の合理化が進められた天明改革のさい、山口宰判が申請した手子の必要数をまとめたものである。これによれば「役人」と同様、町方・地方・作事方・寺社方・山方・所務方などの担当があって、それぞれについて手子が置かれているといえ、同時に「定勤」のものと、臨時に増員されたり「助勤」するものもあったことがわかる。

表5　山口下代の経歴（主として山口宰判における）

名　前	経　歴
藤井治兵衛	山口筆者→1786～88山口作事方→…→上関→1805山口下代
末国又左衛門	1786～88山口作事方→…→上関→1791～94山口下代→…1808～11山口下代→当島
中村忠右衛門	1793～9六山口作事方→…三田尻→1817～20山口下代→1802～吉田
長屋小右衛門	1786町方両人役→…→船木→1820山口下代
塩田彦左衛門	1817山口作事方→…→～23山口作事方→23山口町方両人役→1824三田尻→27～30山口下代→31～三田尻→39郡方本〆
国司藤右衛門	1820山口筆者→…08～10山口作事方→11～16山口町方両人役→…→30～31山口下代

典拠：表4に同じ。
凡例：上記史料によって1800年以降山口下代に就任したもの前歴を、判明する限りで示した。
また…はその間に他の役職に就いたことを示す。

表6　天明改革のさい、山口宰判が報告した手子の必要数

手　子	人数　人	記　事
町地方打廻并寺社方手子	1	定勤の必要。差し問いのさいは増員。
町方本〆手子	1	定勤の必要。欠間は地方本〆手子よる助勤。
地方本〆手子	1	
御所務方手子	3	
山方并御所務手子	1	定勤の必要。欠間は所務手子より助勤。
御作事方本〆手子	1	
御作事方立肝煎	1	
小払方手子	1	定勤の必要。
御口屋番	4	
山口御茶屋付	1	

典拠：毛利家文庫「法令」40「御書付控」18。

以上をまとめると、勘場はつぎのような構成員からなっていたことになる（大庄屋なども詰めて支配にあたるが、ここではその問題は割愛する）。

①代官。大組の士分が勤めるもので、いくつかの宰判を二～三年程度で転勤するものだった。しかもふだんは在萩していた。

②下代以下の「役人」。最下級の士分が勤めるもので、勘場にあっては特定の担当に就いており、代官とはちがって日常的に勘場の業務を分担して勤めていた。ただしそれぞれの役職は昇進ルートをもなしていて、ひとつの役職を二～三年程度ずつ勤めながら、複数の宰判を螺旋状に昇進してゆくものだった。

③手子。下代以下の「役人」と同様、いくつかの部門の担当を任されていた。ただしこれには常勤のものと、臨時に、もしくは兼帯で勤務するものとがあった。

（2）地下手子への年限規制

ところでここで問題にしたいと思うのは、「役人」の下で常勤として勤務していた手子が果たしていた役割についてである。そのことを考えるうえで注目されるのは、一八世紀半ば以降、当職もしくは郡奉行から各代官に宛てた触のなかで、勘場付の手子（地下手子）の勤務年数の制限が繰り返し問題になっている点である。以下この規制を通して、手子が勘場で果たしていた役割を考察してゆくことにしよう。

まず一七四三年（寛保三）に地下手子を五年目の春に交代させよ（年限四年）とする規制が出されている。ただしこのときには「地下手子之儀は地下不案内ニては当分ゟ難相勤儀も可有之候」として、五年目に他の宰判と交替することは許可している。[5] ところが一七六三年（宝暦十三）になると、五年目にはその手子が本来属する組へ必ず戻ることが命じられ、[6] さらにそのご郡奉行から代官に宛てて、つぎのような規定が出されるに至っている[7]（一七六八年＝明和五）。

諸郡足軽・御中間手子年限御仕法之儀前廉御沙汰相成、其後宝暦十三未年御代官中ゟ問ケ条御刎紙之趣も有之候所、宰判ニ寄り交替之物限、諸与入替被仕分も有之様相聞候付、此度委敷御詮儀候而、四ケ年相勤、五ケ年目之春ニ至り入替不申分ハ早速入替可有御申付候、且又入替り已後四ケ年組役相勤、五ケ年目ゟハ又々地下役相勤候儀被差免候所ニ、右年数足り不申者地下江戻り相勤候分も有之様相聞候、左様之儀も有之候ハヽ、御讃談候而御入替候様との御事ニ候

みられるように手子役の年限が来たあとには必ず四年間「組役」を勤めさせることを命じており、この四年手子役、四年「組役」という規定がそのごも原則として採用されている。またあわせて、各宰判の手子の名前・役名・勤務年数などを郡奉行所へ提出させるようにもなっている。要するに一八世紀半ばから、地下手子の年限を制限して、特定のものが地下手子を勤続しつづけることを排除しようとしているのである。

(3) 代官の反対

ところがこうした当職・郡奉行からの規制に対し、各宰判の代官がその緩和をたびたび要求している。たとえばつぎに掲げるのは、一七六九年（明和六）（①）と、一七九三年（寛政五）（②）に「代官中」が提出した願書の一部である。(8)

①諸郡地下手子五ケ年地方相勤、退役以後他役五ケ年所勤仕候而、又地方江も可被差出之通り、先達而連々御

沙汰相成候、然所ニ所務方手子之儀ハ御米銀取立、井手川除御普請見合等先一筋之儀ニ而新役之者ニ而も且々相調可申ニ付、御仕法之通ニて可相済候得共、各下代手付手子之儀ハ、諸切手・御勘文類取悩、其外引請之所作多御座候ニ付、第一筆算達者、諸事御勘定等相心得候者ニ而無之而ハ不相捌事ニ御座候処、左様之人柄無数御座候、組当り之様ニ〆不案内者被差出候而ハ、被付置候詮も無之、其上当分不相捌事のみニ付、差閊ニ相成候間、本〆手子之儀ハ年限ニ至り候ハヽ、差替、他役必五ケ年不相勤候とも一応差替組戻り、手明ニ居候内脇筋ニ相応之人柄無之候ハヽ、年限五ケ年之内たり共各存寄りを以て申出候人柄被差出候様ニと此段宜被成御沙汰被下候

②勘文持之儀ハ外手子と違ひ、地下御用筋彼是不功者ニ而も不相調儀ニ付、前廉ゟ年限御宥免之筋も有之、年限ニ至り一応組江差返し、相応之人柄無之節ハ一両年も相立候ハヽ、又々地下被差返候段御沙汰相成候、右ニ付相応之もの無之時は、年限ニ付役交代手明之者有之節ハ人柄詮儀之上、凡月数十二三ケ月程も相立候得は可被差出儀ニてハ候得とも、勘文持之儀ハ誠ニ壱人役之儀ニ付、別而人柄相撰ひ、且ハ地下向御用筋をも得と相心得候者ニて無御座候而ハ難御間相儀も御座候へハ、自然才判ニ寄勘文持不時交代之分有之、相応之人柄無御座差閊之節ハ、前年脇郡交代仕手明之者御座候ハヽ、人柄全儀之上、翌年ニ至り候分ハ格別之御了簡を以被差出候様被仰付可被下候、此段宜御沙汰可被下候

この二つの史料からもうかがえるように、代官の側はすべての手子を機械的に一律四年の年限で交代させることに反対し、その一部については五年以上継続して勤務させることを要求している。

これに対して年限四年の原則を維持しようとしつづけていた藩庁中枢だが、一八四一年（天保十二）になると当職において「年限之仕法」の廃止が詮儀され、結局毎年八月晦日に交代させること、ただし「抽而所勤方堅固なる

ものハ」勤務しつづけてよい、とする改革が実施されることになった。[9] つまりこれは、手子への年限規制に対する宰判の側の要請を事実上認めた改革だったといえよう。

以上のように一八世紀半ば以降、勘場付の手子については、特定のものが長期間勤務しつづけることを年限を付すことによって排除しようとする藩庁中枢と、一部の手子についてはその除外を望む代官とが対立しつづけていたことになる。しかし一九世紀半ばには、すべてに年限を導入するのではなく一部については長期間の勤務を認めるという、代官の意見にしたがったかたちの改革が実行された。したがって表5でみたように、「役人」が二〜三年程度でポストを順々に昇進してゆくものだったのに対して、一部の手子はその勘場に長期間勤務しつづけていたことになり、手子が勘場での日常業務の遂行に重要な役割を果たすものだったことが想定できるであろう。

（4）「役人」からみた手子

そこでこうした手子と「役人」との関係を考えておくために、いま述べた一八四一年の地下手子の「年限之仕法」廃止に対する、「役人」の側の反応をみておくことにしたい。

この時期、蔵元内の郡奉行所において、郡奉行のもとで「役人」の筆頭として勤務していたのが郡方本〆の塩田彦左衛門だった。すでに紹介したように、かれはいくつかの宰判の「役人」を経て昇進してきたものである。この塩田がこのときの改革に対してつぎのような意見を上申している。[10]

①山口町方・作事方、および赤間関八幡方の本〆手子は、「受払御勘定丸ニ引受」けて勤めるものであり、「役所之行形等一向不存者」では不都合である。そこで一年間小払方手子を勤めたものに本〆手子を勤めさせる「そぎ継」にしたい。

②三田尻町方手子・都合人座筆者手子については「年限無」にするか「そぎ継」にしたい。

③当島宰判勘文持手子・御歩行方手子は、従来通り一〇年の年限にしてよいか。
④諸郡勘文持手子・御代官手付手子・所務方手子。「不案内者」では不都合なので、必要なものは勤続させたい。とりわけ所務方手子は、庄屋・畔頭の名前・人柄、「地下之盛衰・田畠土地之厚薄」を熟知する必要があるし、「地下之愁訴之取鎮・上納米銀之迫り立」を行なう必要がある。
⑤諸郡山方手子。一年交代では「御山内不〆」になってしまう。
⑥従来一〇年の年限としてきた、赤間関後付手子、三田尻下横目、山口・宮市・明木・佐々並宿方手子はそのままでよいのか。

みられるように、地方支配の事実上の責任者として、このときの改革についての具体的な対応を上申している。結局そこで主張することは、専門的な知識が必要なゆえに、一年間で交代させるわけにはゆかない地下手子が多数に登るということになる。つまりここにあげられる長期間勤続する手子によってふだんの勘場の業務が担われていることは、「役人」の側でも認識されていたのである。

ちなみに一七七〇年（明和七）に当職から出された触のなかで、「役人ハ下手子江任、諸事之御用手次ニ相成り候時ハ、入組候儀ハ下手子之者ニて無之候へハ不相分様ニ成行可申候」として、そうした状態の改善を求めていることからもうかがえるように、[11]近世後期においては、地方支配は一部の手子によって専門的に遂行されていたのだと理解してまちがいないだろう。代官や「役人」も結局はその働きに依存していたからこそ、ポストを二〜三年程度で交代することが可能だったとみなすことができるのである。

二　手子を勤めるもの

(1) 地下手子を勤める階層

それではこういった手子にはどのようなものが任命されたのか。ひきつづき地下手子に即してみてゆくことにしよう。

表7は、一八三一年（天保二）に起きた天保一揆のさい、「取計方不行届」という理由で処罰された一三宰判六九名の地下手子をまとめたものである。ただし宰判の数からいうと全体の三分の二程度だから、地下手子は少なくともこの一・五倍の一〇〇人強はいたはずである。ここではこのデータに即して任命のされかたをみておくことにしたい。

まず指摘できることは、手子が「匹夫」とされる足軽もしくは中間からなっていることだろう。述べたように「役人」が三十人通や無給通という、最下級ではあれ、まがりなりにも士分のものからなっていたのに対して、手子は武士身分以下のもので構成されており、両者の階層差ははっきりしている。しかもそのなかでも八割以上を中間が占めていることが注目されよう。この時期足軽は主要には番方を勤めるものであり、役所で使役されるものは中間が中心だったと理解できる。

ここで第一章でみた中間・六尺の構成をふりかえるならば、表7に関してさらに指摘できることは、そのなかに新中間と六尺が全く含まれていないことだろう。実はこの新中間や六尺は蔵元諸役所においても手子を勤めるものではなかった。このことはたとえば奉公人の処罰例をまとめた判例集[12]をみてもはっきりしており、「御用状」などを取り落としたとして処罰された諸役所の小使は、ほとんど新中間や六尺からなっている。つまり新中間や六尺は、手子の下にあって雑用を担当する小使を勤めることが多かったのである（ただし勘場には小使というものは置かれていないようである）。

以上より地下手子を勤めるのは、奉公人のなかでも中間、しかもそのなかでも十三組・地方・百人（新百人）・蔵元付中間が中心だったことを確認しておこう。(補注1)

表7　天保一揆のさい「取計方不行届」につき処罰された勘場付手子

組		人数	小計	比率 %	対組員比率%
足軽	林小善右衛門	1	12	17.4	1.8
	矢田采女組	1			
	中村忠左衛門組	1			
	山名惣右衛門組	1			
	三井吉左衛門組	2			
	小笠原仁左衛門組	1			
	中所甚左衛門組	1			
	山縣源左衛門組	1			
	三浦又右衛門組	2			
	児玉九郎右衛門組	1			
十三組	野坂松之助組	2	16	23.2	4
	堀権兵衛組	1			
	伊藤権左衛門組	2			
	金山三郎左衛門組	2			
	伊藤惣兵衛組	1			
	大谷十郎左衛門組	4			
	田門猪右衛門組	1			
	神本善兵衛組	1			
	池田寛治組	1			
	早川甚左衛門組	1			
地方中間	松浦源兵衛組	9	9	13	4
百人中間	宮原百助組	12	20	29	6.1
	増野太兵衛組	8			
蔵本付中間		11	11	15.9	3.7
[　　]勝太郎組		1	1	1.4	―
計		69		100	―

典拠：毛利家文庫「罪科」208（3）「常御仕置帳」。
凡例：比率は、表中の勘場付手子総数に占める比率。
対組員比率は、組員数に占める比率（「給録」99「無給帳」による）。

（2）手子の地位の独占化

それでは手子にはこれら中間のなかから、具体的にどのようにして任命されていたのだろうか。

一八六〇年（万延元）ごろ、中間のなかで諸役所の手子を長期間勤めたものについて、組別に調査した結果が残されている。表8はそのうち百人中間・新百人中間の山下組についてまとめたものである。この時期この組には百数十人が所属していたが、そのうちここに記載される一一名のものが長期間にわたり手子を勤めていた。つまり手子の地位は中間のなかでも一部のものによって独占されていたのではないか。またその勤務先についてみると、たとえば山代宰判諸手子を一六年間勤めるb、熊毛宰判で一〇年以上勤めるc、当島・浜崎宰判を一〇年間勤めるd、舟木宰判を一〇年ほど勤めるhなどのように、特定の宰判の地下手子に勤務しつづけるものがあるし、あるいはg、i、j、kはそれぞれ御船倉、御客屋、濃物方、家具方に勤務しつづけている。要するに特定のものが特定の役所に長期にわたって手子として勤務しつづけているといえる。

また郡方本〆のもとに、先に述べた一八四一年の改革直前の時期の手子の任命に関する史料が残されている。そのなかには一八四〇年春に交代する諸郡の手子二六名が一覧にされており[13]、各宰判の手子の異動は郡奉行所において一括して把握されていたことがわかる。そして注目されるのは、この二六名分の明きポストに中間が直接に申し込みをしていることであり、その願書がやはり郡方本〆のもとに一括されて残されている[14]。たとえばこのときまで当島宰判所務方手子を勤めていた杉原組（百人中間）の源次右衛門の場合だと、同じ当島宰判で任期が来た歩行方定供懸り手子孫三郎と所務方手子上野幸八の空きポストへ「右人数之内へ代りと〆何卒私被召仕候様御願申上候」として、あらためて任命を願い出ている。ところがこのうち歩行方定供懸り手子については、任期が来た孫三郎が「年限延」を願い出、それとかちあうことになった。結果的にかれは所務方手子を継続したのであろう。このようにポストを指定して任命を願ったり、あるいは「明キ有之次第被差出被遣候様」にとあるように、とくに特定はし

表８　1860年ごろ、山下組（百人・新百人中間）の「手子役勤功」例

名前	履歴	
a　本祐	1839～	払御銀子方・旅役銀方・請銀子方
		御用紙方・返済札座御銀子方・濃物方手子
	1847～	浜崎宰判修補銀方・作事方手子
	1848～50	浜崎宰判浦島催促方・山方手子
	1855～	船木宰判所務方手子
	1855.8～	美祢郡宰判所務方手子
	1859～	美祢郡宰判勘場諸村共御仕組御用掛・郡方御仕組
	1861～	手子兼帯
		美祢郡宰判打廻手子
b　権次兵衛	1842～	山代宰判鹿野所務方手子（16年間同宰判諸手子）
	1854～	御船倉修補銀方手子・同所会所手子・後付兼帯
	1858～	相模御預所所務方手子・算用方手子
	1858．8～	相模御預所本〆手子ち所務方手子・御備場算用方
	1859．2～	増手子兼帯
	1859．5～	御国差下
	1859．8～	三田尻宰判御仕組方手子・町方手子欠間兼帯
		筆者所手子
c　謙蔵	1847～	熊毛宰判山方手子
	1851～	所務方手子
	1852～	打廻手子
	1855．9～	宰判奥阿武郡打廻手子
	1856．8～	控物方手子
d　伝右衛門	1843～53	当島・浜崎手子
	1853～	相模国御預所本〆手子
	1857～	吉田宰判付手子・熊毛宰判所務方手子
e　正之助	1852～	都濃郡所務方手子
	1854～	郡方増手子
	1855～	山代宰判所務方手子
	1856～	山代宰判楮方増手子
	1858～	御仕組方控物手子
f　九兵衛		船木宰判控物手子

g　治右衛門	1850～	当島手子
	1851～61	御船倉修補方手子・同所会所手子・後付兼帯
h　宇輔	1848～	船木宰判所務方手子
	1849～	記録取調子手子
	1855～	打廻手子
	1858～	前大津三隅中村堤御普請ニ付引除掛り
	1859～	山口・徳地両宰判御仕組掛
I　謙助	1844～	御客屋増手子
	1851～	裏判所手子
	1855～	御客屋本〆手子
	1860～	三島軍用方手子・大坂米銀方手子
	1861～	明倫館米銀方手子
j　文太郎	1849～	濃物方会所選物手子
	1850～	濃物方内勘手子
	1854～	濃物方増手子
		会所選物手子
	1856～	会所増手子
	1857～	呉服方手子
	1858～	濃物方増手子
	1859～	濃物方根手子
k　与八	1855～61	御家具方手子

典拠：毛利家文庫「諸臣」180「四組其外中間手子役勤功調」。

ないで任命されることを願ったものがまとめられているのである。手子の空きポストが出れば、それに足軽や中間からの希望が殺到したことになる。

先に「組当りの之様ニ〆」地下手子が差し出されては困る、と代官が述べていたが、ここでの事例をふまえれば、足軽や中間の組に割り当てがゆき、組から交代で人が派遣されるというかたちで手子が任命されることはなくなって、足軽・中間の側からの直接の要請に基づいて任命されていたことになる。なお一八五〇年（嘉永三）には諸郡に対し、「諸郡地下手子交替之節、内憑等之流弊有之」として、「専人柄御詮儀之上御仕方相成候様」求める触が出されている。[15] 地下手子に即していえば、郡奉行所の一部の「役人」と手子への任命を望む中間とのあいだで事実上任命が決定されており、そのなかで特定のものが手子のポストを独占することになったのではないか。

三　手子の利害

(1) 手子の不正

ところでそうして一部の中間が手子の地位を独占しようとする動機は何なのだろうか。

そこで地下手子の事例からは離れるのだが、一七五九年（宝暦九）に処罰された御客屋手子の新百人中間藤左衛門の事例をつぎにあげておきたい。[16]

御客屋手子　賀屋九郎左衛門組藤左衛門

右之者事、数年御客屋手子相勤、米銀其外取捌候処、町人共ゟ賄賂仕候者をハ不依何事令出情、右躰無之者諸事不埒仕、年来町人共江掛捨之頼母子取立貫、此外勤方不宜相聞候付、御究被仰付候処、寛保三年ゟ御客屋所勤、御使者又は御究有之節賄方、御客屋悩銀、御恵米、酒造、勘文、役船諸沙汰兼帯、御客屋入込、去寅ノ年迄十六ケ年相勤候、町家之者ゟ賄賂候者をハ不依何事出情遣ハし、並々之者へハ諸事不埒仕候儀、格別御覚無之候、町家之者江頼母子取立貰候儀委細左ニ申出候事…

御客屋とは萩の町人地の支配を担当する役所であるが、藤左衛門は一七四三年（寛保三）以来一六年間御客屋の手子を勤めていた。そのかれが自身では否定しているが町人から賄賂を取り、また頼母子を起こさせてその発頭に納まって利益を得たとして処罰されたのである。実際かれは、古萩町に表七間の屋敷を所持するほか、明円寺後に四間半の貸家と銭屋町に同じく四間半、三竈の借家も所持していた。つまり藤左衛門は御客屋の手子を勤めている間に、町人との癒着によって相当に蓄財していたことになる。

同様なものとしていま一つ、一八五七年（安政四）に江戸屋敷での「不行状」を処罰された十三組の半平の事例もあげておこう。[17]かれは江戸の鋳造方手子を勤め、職人の「直積り」などを行っていた。そのかれが「番手明」で帰国するとき、江戸で「馴合」っていた松江藩家中の娘と欠落をし、のちに捕縛されている。実はそのとき大金を所持していたのだが、それについて「職人共ゟ賄賂受候儀」ではない、三三両の「頼母子取当」ったからだと弁明している。この事例からも、ある役所の手子として出入りの職人や業者などとのあいだで癒着し、賄賂を貪ることがありえたことを想定できよう。

そしてこうしたあり方が、そもそも地下手子の年限規制が必要とされた理由に他ならなかった。たとえば藩庁中枢は年限規制のなかで「一躰一才判永役相勤候而は不宜筋も有之」とするように[18]（一七七四年）、長期間勤続することによる癒着の防止にこの規制の目的を求めているし、あるいはそれが貫徹できない事情について、やはり当職が、「下々之者銘々手寄を以て方々相頼、年限至り候節は又々郡替等仕所勤、地方を勤懸之者は組江戻り候様ニ無之由」と述べている触がある[19]（一七五三年）。「不正」に対する「官僚制的対処」としてすでに評価されている通り[20]、癒着の制度的な防止策を必要とするほど、手子の「不正」、役職の利権化が進展していたのであり、まさにそのことが手子の地位を独占しようとする動機だったとみなせるのではないか。

（2）「足軽以下」の屋敷居住への規制

そこでこうした想定を、中間の屋敷所持と株所持の状況を通して確認しておくことにしよう。

まず中間の屋敷所持に関してみておけば、一八世紀後半に規制がまとめて出されていることが注目される。たとえば拝領地への借地に関する規制がある。すなわち一七七三年（安永二）に、「足軽已下之者」が「諸士拝領屋敷」に住んで「身分不相応之暮し方」をするものもあるとして、「諸士居住」ではない拝領屋敷に居住すること、すなわち屋敷ごと借り受けて拝領地に居住することが禁止されている[21]。ただし一七八七年（天明七）には屋敷奉行から「足軽已下之儀は屋敷持少ク、いつれも借宅住居ニ付」という理由で、その解禁が具申されている[22]。一方、屋敷の所持に関しても、たとえば一七六八年（明和五）に「萩内足軽已下所持之拝領屋敷・買得屋敷とも」に「一組切之付立」を提出させたり、あるいは「門札」を掲示させるなど[23]、藩としてその把握がこの時期めざされている。

本来「足軽以下」の一部には拝領屋敷が与えられたものの、大部分は拝領地やあるいは町人地・年貢地などに借家するものが多かったと思われる。しかしこうした規制から、一八世紀後半になると、借家とはいえ「身分不相応」の住居に居住したり、あるいは拝領地や年貢地を買得して自身で屋敷を所持するものも増加しつつあったと考えられよう。

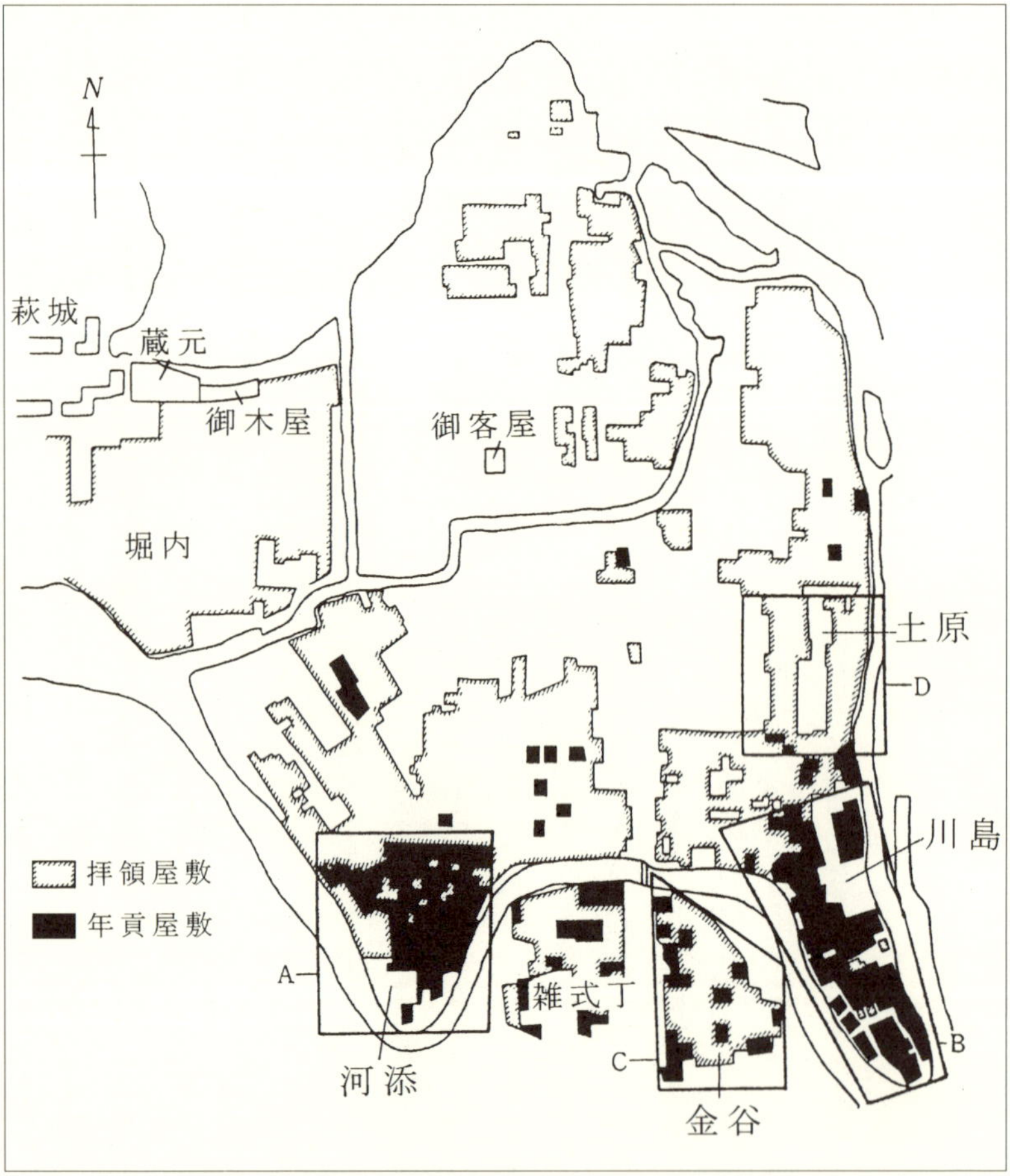

典拠：毛利家文庫「絵図」412「萩丁割絵図」。

図1　萩城下の拝領屋敷と年貢屋敷（18 世紀末）

（3）屋敷の買得をすすめる中間

そこで問題は、こうして触で規制が必要となっているのが「足軽以下」の具体的にどの部分かということになる。つぎにこのことを、図1にまとめた一七八八年（天明八）の絵図を手がかりにして考えておきたい。この絵図には、拝領地と年貢地について屋敷の所持者が記され、しかも抱屋敷は「某抱」として区別して記載されているから、屋敷の所持状況をある程度具体的に知ることができる。ちなみに萩城下の構造は、萩城を中心に、その周囲に上級家臣団の拝領屋敷が並ぶ堀内と呼ばれる一画があり、この堀内から堀を隔てた東方と、南方の川内と呼ばれる三角州状のそれぞれに中下級の家臣団の拝領屋敷があった。また町人地と寺社地は堀内の東方の一画にまとまっており、川内にも南北に細長く町人地が設けられている。そして川内の中下級家臣団の拝領地と細長い町人地の周囲には耕地も多く存在していたが、その一部は年貢屋敷となっていて、とりわけそれは河添（こうぞえ）と川島の二箇所に集中していた。

まず表9は年貢屋敷が集中する河添と川島の二箇所（図中A、B）について、年貢屋敷に限って屋敷の所持状況をまとめたものである。これをみると、そのほとんど、六〜七割が「百姓屋敷」も

表9　河添・川島の年貢地での屋敷所持状況（1787年）

所持者		河添			川島		
		居屋敷	抱屋敷	計	居屋敷	抱屋敷	計
百姓		105	44	149	72	7	79
町人		0	5	5	0	2	2
家中		17	21	38	3	7	10
足軽		13	1	14	2	0	2
中間		20	22	42	21	11	32
内	十三組	3	4	7	5	2	7
	地方組	5	0	5	5	4	9
	百人	4	10	14	6	4	10
	蔵元付	5	7	12	1	1	2
	新中間	2	0	2	4	0	4
	六尺	1	1	2	0	0	0
	不明	0	0	0	0	1	1
計		155	93	248	98	28	126

典拠：毛利家文庫「絵図」412「萩丁割絵図」。
凡例：表中数字は屋敷数。
家中は足軽・中間以外のもの（陪臣も含む）。

表10　土原・金谷の拝領地での屋敷所持状況（1787年）

所持者	土原			金谷		
	居屋敷	抱屋敷	計	居屋敷	抱屋敷	計
家中	38	53	91	8	45	53
足軽	0	1	1	0	0	0
中間	5	5	10	9	3	12
内　十三組	3	5	8	2	0	2
地方組	1	0	1	0	0	0
百人	0	0	0	4	2	6
蔵元付	1	0	1	2	1	3
新中間	0	0	0	0	0	0
六尺	0	0	0	0	0	0
不明	7	0	7	0	0	0
計	50	59	109	17	48	65

典拠・凡例：表9に同じ。

しくは「百姓抱」からなっている。ちなみにこうしたものには、たとえば「百姓抱作間組（百人組）八郎右衛門」のように記入されるものがあるから、抱屋敷には「足軽以下」も借家したものであろう。あるいは「百姓屋敷」とされるものにも借家していた可能性もあるだろう。ところがこうした「百姓」所持地以外の、家中などの所持地となっている場所をみると、注目されるのはそこでの中間、とりわけ新中間と六尺を除いた中間の所持地の多さであり、河添で全体の一五％、川島では二五％に登っている。しかもそのなかで抱屋敷とされるものがかなりな割合にのぼっており、なかには一人で複数の抱屋敷を所持するものさえいた。「足軽以下」は借家住まいが多いという屋敷奉行の認識にも関わらず、実は年貢地では家中のなかで中間が最も多く屋敷を所持していたのである。

また表10には土原（ひじわら）と金谷（図中C、D）における拝領地の所持状況をまとめてある。これをみると拝領地はほとんど足軽と中間を除いた家中の所持地となっていることがわかる。またそのなかでも抱屋敷が多いから、やはり「足軽以下」については、こうしたところに借地するものが多かったのであろう。ただし「足軽以下」のうち、新中間と六尺を除いた中間のなかに、全体からみると一〜二割程度と数こそ少ないものの、拝領地を所持するものもいたことがわかる。ちなみに一七世紀後半のものと思われる絵図(24)によってそれぞれ同じ場所を比較すると、こちらではいずれも士分の拝領地となっている。つまり表7に表現されるのは、本来他の家中の拝領地だった場所を中間が購入した結果だと考えられる。

こうして一八世紀後半には、「足軽以下」のなかでもとりわけ十三組〜蔵元付中間が屋敷所持を進めていたという事実を確認しておこう。

(4)「分過」な屋敷への居住

さらに「身分不相応」の屋敷への居住ということに関して、時期は下るが一八四二年(天保十三)の事例をみておきたい。このとき萩藩の天保改革の一環として出された風俗取締令に付随して「足軽已下屋造り分過」のものの摘発が行なわれた。(25)(補注2)このなかで、たとえば大致来方の手子を勤めていた杉原組の弥五郎の場合だと、七畝余の屋敷地に、「土地屋根裏板切縁」、「表拾畳・次八畳、其外小座敷」、「二階付、裏板打廻」の物置などからなる五〇歩の屋敷を構えており、その半分は三戸次郎蔵という家中に月六匁で貸し出していた。しかもかれは「不宜段、不遁者ら気付筋も申候ニ付」、すなわち親族からの忠告を受けて、下横目による摘発のあった時点では天満宮の講に二貫四七九匁余で売却してしまっていた。こういった文字通り「分に過ぎた」屋敷を所持するものが、このとき一斉に摘発され、多くが家や蔵の「解除」を命じられているのである。

ここでまず注目したいのは、「足軽以下」とはいいながら、その中心は新中間・六尺を除いた中間、すなわち手子を輩出する組の中間からなっているという点である。すなわちこのとき処罰されたものの内訳をみると、足軽三名、十三組中間四名、百人中間八名、地方組中間四名、蔵元付中間四名となっている。また場所をみると一例を除いては、記載があるものはすべて年貢地であって、河添四、川島四、金谷二、土原一、濁淵一などのように、城下の外縁部が中心である。「足軽以下」が屋敷を所持する場合、城下の外縁部の場合が多く、そこに「分過」の屋敷を構えることさえあったのである。

以上のようにみてくるならば、一八世紀後半から「足軽以下」のなかでも一部の中間が突出するかたちで、年貢地を中心とする屋敷を所持したり、「分過」の屋敷に居住するという事態が進展していたことになる。いいかえれば多くの中間が借家に居住する一方で、一部のものは規制の対象となるような屋敷を所持したり、居住するようになっていた。しかもこうした中間とは、新中間・六尺を除いたものに限られていた。すなわちここで問題となったものは、手子を排出する階層に一致するのである。

こうして一八世紀後半になると、一部の中間が家中のなかでも突出して年貢地に屋敷を所持、さらには集積していたことになる。しかも、第一に、時期がちょうど地下手子への年限規制が問題化するのと重なり合うという点、第二に、その中間が手子を輩出する階層に一致するという点、この二つのことをふまえれば、以上の動向は手子の地位を独占化し、利権化することと結びついたことだったといえるのではないか。手子の地位を利権化し、私的利害を実現しようとする中間の存在が一般化していたと理解できるであろう。

そうであれば、要するにこうした存在は利権と結びついた手子の地位に止まることをめざしたのであって、より上位の役職や身分を手に入れるステップとして手子の地位を考えていたのではないことになる。もちろん中間のなかには足軽や士雇などに「立身」するものも存在したわけだが、むしろ多くはそうした身分的な上昇とは異なるところに自身の利害をみいだしていたのではないか。だとすれば、あらためてこれら手子の身分制のなかでの位置が問題となってこよう。

四　中間の地位

（1）中間の「役」

そこでここでは、役負担をとおして、手子を勤める中間の身分編成のもとでの位置をみておくことにしたい。中間の役負担という場合、それぞれの組には「組役」という「役」負担が存在したことが注目される。たとえば一七七三年（安永二）に十三組のひとつ宇野組の組頭が遠近方に提出した願書を参照しよう。[26] そこでは組員久助の死後の対応について願い出るのだが、その一部をつぎに掲げておく。

覚

宇野彦兵衛組久助代役　甚右衛門

右久助義一分者、家子も無之、旅役繁々相勤候処、借銀相積り、只様及大借、差閊候折節病死仕、其跡株御恩・御扶持を以借銀之利上計且々相成躰ニ付、組入仕者無之、代役召仕候而は借銀利倍ニ相成候故、御国役目之儀は組中被之所勤仕候候得共、旅役は被ニ不相成、去卯ノ年内村与一左衛門役中久助株之代役差上候…

ここから中間には、組として責任を負わなければならない「御国役目」や「旅役」（江戸番手）が存在したことが明らかだろう。

問題はこうした「役」の性格である。そこで本来的なあり方を考えるため、近世前期の事例をみておくことにしよう。すなわち一六九六年（元禄九）に六尺頭が遠近方に提出した願書にはつぎのようにある。[27]

申上候事

一私組内以前ハ弐百六人罷居江戸御役相勤来申候処、近年ハ追々他組江被抜取、唯今百六拾三人罷居申候、人数纔ニ相成候而も先年之分ニ江戸御詰させ被成候故、年々借銀重り殊之外内証もつかれ、人別及難儀申儀御座候間、来御番手ゟハ江戸御役二番ニ被仰付被遣候様ニと奉存候、子細は江戸を四五ケ年も直詰仕罷下、休息も不仕折返、翌年ハ又罷登申ニ付春暮両度之仕上せ銀大分ニ而、問屋借弥増ニ重り、はや組内なやみも不相成儀御座候、委細別紙ニ書立懸御目候、乍爾江戸御番手を被減儀も不被為成御事ニ御座候ハヽ、已前ゟ抜跡以御校了人数御増候而江戸詰被仰付被下候歟、左無御座候ハヽ、御心付米諸組並ニ被遣、此已後之抜跡御立候て御番手被仰付可被遣候、大組十三組江戸御番手計相勤申候故抜跡被立遣儀御座候、尤地之御役計相勤申組之儀は抜跡不被立遣組も御座候得共、大組同前ニ江戸詰計仕儀御座候条、右両条之所御沙汰被成可被遣候、此組之儀は何も御普代筋目之者ニ而吉田ゟ御供仕罷越申たる儀御座候条、被加御慈悲、且々取続奉遂御奉公候様ニと奉願御断申上候間、宜様被仰上可被下候、奉願候、以上

元禄九子

十月朔日　　　　　　　　　佐々木四郎右衛門（六尺頭）

蔵田孫右衛門殿

吉井平右衛門殿

この事例から指摘したいことは、第一に、やはり中間の「役」は、中間個人に賦課されるのではなく、組単位に賦課され、組として遂行に責任を負っているということ、第二に中間は、「江戸御番手計」勤める組と「地之御役計」

勤める組に分かれているということである。このうち後者の点に関しては、ここでいう「江戸御番手」や「地之役」が、江戸番手のほかに普請役、萩城の火消し役など、要するに給人が勤める役に他ならないこと、しかも給人の場合は原則としてすべての給人が勤めるべき負担だったこととの関係が重要であろう。すなわち、中間が勤める「役」とは、給人の役の一部の代替という性格をもつものであり、その意味では町人足役の一部を代替する「日用」層が町人身分の「下位＝展開形態」とみなされていることとパラレルなものとして、中間を武士身分の「下位＝展開形態」と把握することが可能なのではないか。すなわち給人の役を代替するために、恒常的に藩に抱えられた「日用」層として中間の性格を理解できるであろう。[28]

こうして中間には自らを身分制のなかに位置付ける「役」が存在していたこと、ただしそれは直接中間個人にではなく、組を単位として賦課されていたことを指摘することができる。

(2)「役」を勤めない中間

ところでいまあげた一七七三年（安永二）の久助の事例では、その死後は組が代役を雇用して「役」を負担していたが、こうした代役への「役」の代替ということは近世後期には広汎にみいだせる。たとえば幕末の事例だが、一八五六年（安政三）に「御番手明」の中間が大井川を「自分越」して処罰されるという事件があった。[29]これはなかの一人が溺死してしまい、たまたま発覚した事件だったのだが、このとき処罰された三六名の中間のうち、実に三二名までが家中や萩町人などを「身元」とする代役のものだった。本来中間それぞれが直接勤めるべき江戸番手という「役」が、こうして萩市中の日用によって広汎に代替されていたのである。あるいは「足軽已下」の処罰例をまとめた史料によっても、近世後期については代役の処罰例を多くみいだすことができる。[30]

それではこうした代役への依存は、いつどのような経緯で増加したことだったのか。この点について、一七三三年（享保十八）（①）一七七七年（安永六）（②）のつぎの二つの触を対照してみよう。[31]

①諸組御中間以下代役之儀、只今迄於組々人柄慥成者令僉儀、組頭吟味之上ニ而代役申付之由候へ共、若輩者亦は老人、或人柄不宜者も有之、毎度公儀御妨ニも罷成、甚不謂儀候、惣而代役之儀容易相願可申事ニ無之候へ共、身柄病気又は無拠断之上代役之願申出、差免候様可有之候段勿論之事候へ共、只今迄は不心得之者も有之、為差病気ニ而も無之候へ共、私を以代役等相願申者も有之由相聞候、向後之儀は代役願出候ハヽ、組頭々々ニおゐて能々令僉儀、至極無拠理ニ候ハヽ、弥代役之人柄令見分、相応之者差免候様可有沙汰候

②足軽已下老極・病者・幼少之者代役差出、或は諸役所手子付等ニ而被遂御了簡、御番手代役差登せ候儀は左様も可有之事候、然処根株之外株持添、病者・幼少之形を以代役差出候者も間々有之歟之様相聞候、於組々も遂詮儀候段勿論之事ニ候へは、左様之儀有之間敷事候へ共、万一株持添候者有之は、甚不相済事候条、早速本人を居候様可有沙汰候、然上ハ以来右躰之儀有之段於洩聞は、組役人ハ不及申、頭々をも可相咎候事

これらによれば、本来代役とは病気などのとき例外的に認められた事態であったのに、一八世紀後半になるとあらたな規制を必要とするほど常態化していたことがわかる。代役が一八世紀後半から増加していたことがまず確認できる。そしてその要因として、一つには諸役所の手子を長期間勤めることがあげられている。これまでみたように、手子の地位が利権化するなかで、特定の役所に長期間勤続しようとすれば、当然江戸番手を自身が勤めることはできないわけで、代役への依存が増加していたものであろう。そしてそれとあわせて、自身の株（「根株」）以外に株を持ち添えるという事態の増加も理由としてあげられている。一人の中間が複数の株を所持すれば、当然その株に付随する「役」に対応するために代役に依存せざるをえなかったはずだろう。ちなみにこうした一部の中間に

よる株の集積という事態は、藩庁の規制にもかかわらず進展していたようで、たとえば先にみた御客屋手子の藤左衛門も、居屋敷のほかに貸家を所持することとならんで、「相組内、及大借候者之借米銀調替、忰亀吉を致養子、只今父子共ニ右新組ニ而罷居候」とあるように、同組のものの株を買い取って忰に跡を継がせているのである。もちろんこの背景にも手子の利権化ということがかかわっているはずだろう。

こうした代役への依存という場合、それでも中間当人にはいったんは組の「役」が割り当てられるわけだが、手子を長期間勤める場合は、組内で「組役」がそもそも割り掛けられなくなる場合さえ増加していた。すなわち先にみた地下手子への年限規制のなかでは、一八世紀半ばから藩庁中枢が四年手子、四年「組役」の循環を意図しようとしていたし、あるいは一七五三年（宝暦三）の触では「地方を勤懸り之者は組江戻り候様ニ無之由」と述べていた。つまりこれらのことからは、少なくとも地下手子を勤める期間は、組から離れ、「組役」を負担しないとみなされていたことになるだろう。あるいは一七八〇年（安永九）に家中の処罰の仕方を規定したなかに、「足軽以下、組役をば御構無之、諸役所手子付計被差留候部」があげられていて、[32] ここでもやはり「組役」と「諸役所手子付」が区別されている。地下手子に限らず諸役所の手子は「組役」とは別物として存在するようになっていたといえよう。手子の地位の利権化が進むなかで、本来の「役」負担から自由になる中間さえ生まれていたことになる。

こうして手子が利権化されたということは、それと連動して中間の地位が物件化することを意味したのであり、そのなかで中間当人と「役」との乖離という事態が進展していたのである。

（3）中間数の推移

さらに「役」を負担しない中間が増加することは、それを肩代わりするために組内の人数の大幅な増員さえ引き起こしている。図2は「無給帳」から作成した、ほぼ一〇年間隔での人数の推移を示すグラフである。それぞれの種類ごとに人数をまとめてあるが、十三組については四〇〇人と一定なので、ここには記載を省いてある。またこのほかに主として江戸番手に従事する新六尺というものもあるが、これは「無給帳」には記載されないので、やはり省いた。

　このグラフからまず指摘できることは、全体として人数が増加傾向にあり、とりわけ一七世紀後半の増加が著しいということだろう。ちなみに朝尾直弘は冒頭で紹介したように、「身分的中間層」が生み出されるきっかけのひとつに、軍役負担の軽減に伴い奉公人が社会へはじきだされた、ということをあげるが、ここでみているような藩直属の奉公人にあっては、幕府軍役が軽減する一七世紀半ば以降にむしろ増員がみられるといえる。このことは、組編成によらない蔵元付中間というものが創設され、とりわけその増加が大きいことに象徴されるように、奉公人の職務が軍役への従事から藩庁諸機

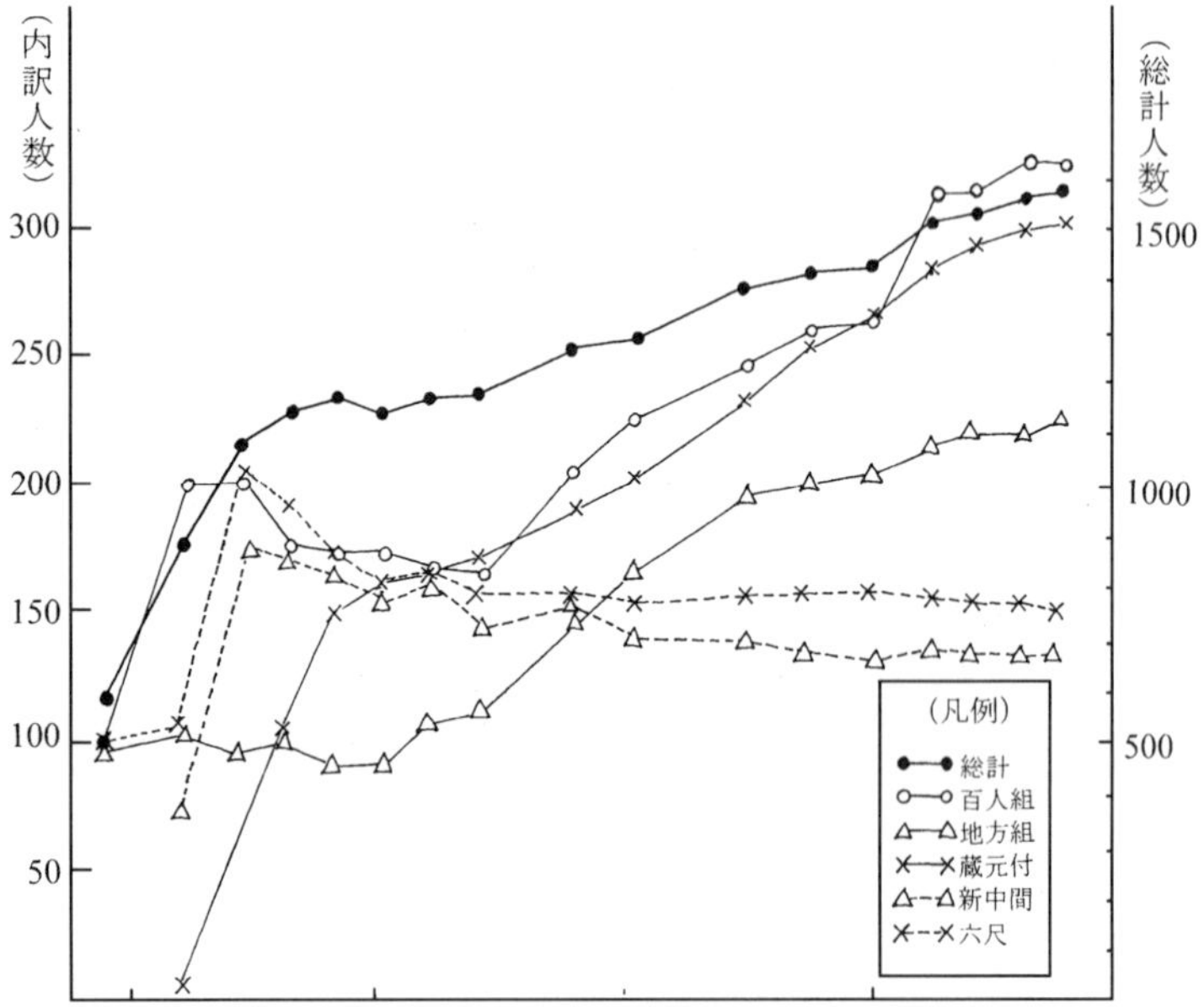

典拠：各年次の分限帳。

図2　中間数の推移

関での業務に変わったことを反映するものと考えられよう。

ところで注目したいのは、こうした増加傾向が一七世紀末から一八世紀初頭にかけて一旦頭打ちとなったあと、一八世紀半ばから再度増加に転じているという点である。実は一七三六年（元文元）には、この一旦頭打ちになった時期、一七二一年（享保六）の人数高を定人数にして、今後はその「明跡」へ召抱えることが決められている。[33]つまり藩庁は中間の人数を固定し、それ以上の増加を抑止しようとしているのであり、にも関わらず人数は増加しつづけているのである。したがってこの増加は一七世紀後半のものとは異なって、藩庁の意図に反してのものであることが明らかであろう。

さらに注目されるのは、人数の増加がすべての組でみられるのではなく、手子を輩出しない新中間と六尺においてはむしろ減少していることである。つまり、手子を輩出する組にあっては、手子を専門的に勤めるものが増加するなかで、「組役」対応の人数を確保する必要があったがゆえに、組員が増加していったのだと考えることができるのではないか。いいかえれば「組役」を負担しない組員の増加が、これらの組での人数増に結びついているといえよう。

ただし同じく手子を輩出する組ではありながら、十三組は四〇〇人と固定した組員からなっていた。実はこの組では、正規の組員に加えて「御雇」というものが抱えられていた。たとえば、一八三六年（天保七）に「洪水ニ付御貸銀被仰付」たさい提出された、足軽以下の名前の付出しと、「諸組御雇之者も根組同様相勤候ニ付」提出された、「御雇」のものの名前の付出しをみてみよう。[34]それによると、十三組中間として二〇七人があげられているが、それに加えて十三組各組の「御雇」が四四人いる。つまり十三組には正規の組員の他に、それぞれの組に「御雇」というものが一定数いたことになる。ところが地方組、百人組、蔵元付中間についてはそれぞれ一二三人、二五八人、八四人があげられるものの、こちらでの「御雇」は地方中間の一人と百人中間の六人のみなのであり、人数が固定された組に特有なものとして「御雇」があったことになる。

こうして手子を輩出する組にあっては一八世紀半ば以降、一方には「役」負担から自由になりながら、特定の役所の手子を長期間勤めてそこで蓄財し、また「根株」以外の株を集積しようとする一握りの中間と、他方ではかれらが本来勤めるべき「役」も含めて肩代わりする多数の中間という、二つに中間が分化していたことになる。しかも後者の激増という事態をみるならば、手子の地位を利権化する中間の存在は、身分編成の埒外にあるにとどまらず、藩による中間全体の定数管理をも下から掘り崩していたといえるだろう。

おわりに

以上、萩藩の藩庁を構成する諸役所にあって、末端で実務を担う手子の性格について考察を進めてきたが、明らかになったことは、そこが、その地位を利権化しようとする中間によって占拠されてしまっている姿であろう。本来中間には武士身分の代替としての「役」が賦課され、身分制のなかに編成されていたわけだが、こうした存在が取った、手子への長期間の勤務と他人の株の集積という行動は、「役」の代役への代替、さらには賦課そのものの免除という形で、役編成から自由になる方向をたどるものだった、しかもその肩代わりをするために組内の中間数を大幅に増加せざるをえなくなっており、藩財政圧迫の一要因ともなっていたと思われる。要するに武家奉公人から士分に上昇する「身分的中間層」と呼べる部分はあるとしてもごく一部にとどまるのであって、むしろそれとは異なるレベルで、身分編成の矛盾が存在したのではないか。このことがここでひとまず主張したかったことである。

そのように考える場合、藩への役負担＝身分編成のもとでの地位の公認という回路を経ないで、手子の地位の利権化という私的利害を実現していたのであれば、一体それはいかにして保障されるものだったのだろうか。かれらが取り結んでいた社会関係について、より具体的な考察が必要となる。(補注3)あわせて、かれらがそうして役負担を基軸とする本来的な身分編成によってはとらえきれなくなっていたとするならば、その社会的地位もあらためて問題になろう。かれらの存在形態に注目するならば、役所で実務を勤め、また地位を株化していたわけで、そのかぎりでいえば下級武士の存在形態に近似的だといえなくもない。[35]こうした存在を分出するにいたった、近世後期の日用の性格があらためて問われるところでもないだろうか。

近世社会が固有に生み出した日用存在の、近世を通じての到達点を考えるためにも、これらの問題について検討することを今後の課題としたい。

註(1)　朝尾直弘「十八世紀の社会変動と身分的中間層」『日本の近世　一〇　近代への胎動』中央公論社、一九九三年。

(2)　塚田孝「身分制の構造」『岩波講座日本通史一二　近世二』岩波書店、一九九四年（のち同『近世身分制と周縁社会』東京大学出版会、一九九七年に収録）。

(3)　高木昭作「所謂「身分法令」と「一季居」禁令」『日本近世史論叢　上』吉川弘文館、一九八四年（のち同『日本近世国家史の研究』岩波書店、一九九〇年に所収）、吉田伸之「日本近世都市下層社会の存立構造」『歴史学研究』五三四号、一九八四年（のち同『近世都市社会の身分構造』東京大学出版会、一九九八年所収）。

(4)　小川国治『転換期長州藩の研究』思文閣出版社、一九九六年。

(5)　山口県文書館毛利家文庫「法令」一六〇「御書付控」八。

(6)～(8)　毛利家文庫「法令」一五九「御書付其外後規要集」一二。

(9)　毛利家文庫「御書付控」三九。

(10)　山口県文書館塩田家文書二一八「地下手子交代年限覚書」。

(11) 註6史料。
(12) 毛利家文庫「罪科」一四五～一七五「足軽陪臣以下御仕置帳」。
(13) 塩田家文書二六三「勘場役人子ノ年交代付」。
(14) 塩田家文書二七六「御用物諸処手子役願書綴」。
(15) 毛利家文庫「諸省」一四九「諸沙汰物御書渡類」。
(16) 毛利家文庫「罪科」一五二「足軽以下御仕置縦立書抜」。
(17) 毛利家文庫「罪科」二一〇「常御仕置帳」。
(18)(19) 註6史料。
(20) 田中誠二『近世の検地と年貢』塙書房、一九九六年。
(21) 毛利家文庫「諸省」五二「触書抜」四。
(22) 毛利家文庫「法令」一六〇「御書付控」二二。
(23) 註21史料。
(24) 山口県文書館袋入絵図「萩城下絵図」。
(25) 毛利家文庫「諸省」一八六「足軽以下住居分過之製作附取控」。
(26) 毛利家文庫「罪科」一六一「足軽以下陪臣御仕置帳」。
(27) 毛利家文庫「法令」一九「元禄年中御書付」。
(28) 吉田伸之「江戸の日用座と日用＝身分」『日本近世史論叢　上』吉川弘文館、一九八四年（のち同『近世都市社会の身分構造』所収）。
(29) 毛利家文庫「罪科」二一〇「常御仕置帳」。
(30) 註12に同じ。
(31) ①毛利家文庫「法令」一六〇「御書付控」五、②毛利家文庫「諸省」五二「触書抜」九。
(32) 毛利家文庫「御書付控」四。
(33) 毛利家文庫「法令」四五「足軽以下人数定」。
(34) 毛利家文庫「諸省」四五「雑事控」一二。

表 11　蔵元諸役所の詰め人

役所	御用人	物　書	侍手子	足軽手子	中間手子	中間小使	六　尺
当職手子		2	3			10	
御留守居手子		2					
蔵元両人役	2					4	
蔵元物書		5					
蔵元番頭・諸切手方	2					4	
座敷廻通役	6						
諸役人着到究	2						
諸所検使役	16						
裏判方	5	5				3	
上々勘所	3		3		2		
上勘所	3		5		2		
内上勘所	2		5		2		
御米方	2				2		
御米方検使	6						
呉服方	2		1		2		
濃物方	2				2		
諸役人替目請渡検使役	2						
賄方	1				4		9
御買物方	2		2		2		
御浮物方	1				2		
御貸米方	2				1		
御貸銀方	2	1	4		6		
御借銀方	1	1			2		
御細工所検使	2				2		
御馬屋方	1						
御炭方	1				1		
惣無給証人役	1		1		1		
御家来御役目差引	2	3			4		
御国之絵図・記録物存手	1				1		

役所	御用人	物　書	侍手子	足軽手子	中間手子	中間小使	六　尺
御武具方都合人	1				10	2	
鉄炮薬調合役	1			2			
御武具方御仕置	1				1	2	
御木屋方都合人	1	1					
外輪御作事方	1			4			
御城内御作事方	1			2			
指物方	2			2			
鍛冶方	2			2			
材木方	2			2			
会所番	2						
会所小使						1	
門番							2
大御納戸方	1		2		2		4
萩町奉行	1	1	2		7		
郡奉行	3		3			6	
宗門究明役	2		2			4	
浜崎御船手・見島など所務代	1	1	1				
屋敷方	1	1					2
御蔵本門番	1						5
古御蔵元門番	1						4
古御蔵元御宝蔵番							
宮崎下物見番							2
御天守之下新番所							4
深野町口御門番							2
松原口御門番							2
鶴江御茶屋番							2
木戸原御茶屋番							2
鶴江御灯篭堂番							1
大手三御門番							4

典拠：東京大学史料編纂所益田家文書 52-12「御用人付立」。なお表示以外に足軽 6 名を含む 24 名が存在する。

(35)　松本良太「近世後期の武士身分と都市社会」『歴史学研究』七一六号、一九九八年。

(補注1)　ここでは勘場に詰める地下手子についてしか触れなかったが、事情は蔵元など藩庁や江戸藩邸を構成する諸役所においても同様だったと考えられる。いまその例として一六六九年（寛文九）における「御用人付立」という史料を紹介しておこう。諸役所の多くは蔵元とよばれる一画にまとめられており、それはちょうどこの時期城内二の丸から堀内に移転し、以後幕末までそこに存続しつづけた。また武具方や御木屋、御客屋は蔵元とは別の空間に置かれていた。ここで紹介する史料も蔵元移転に伴い、萩での諸部局での「御用人」数を調査したものと思われる。

その内容を表11にまとめておいた。ここからはつぎのことを指摘できよう。①役所には多くの場合一ないし二人程度の「御用人」が置かれている。これは士分のものであって、それぞれの役所の責任者であろう。②その下に「物書」が置かれる場合もあるが、それは例外的である。③むしろ多くには数人程度の「手子」がみえる。もっともこれには「侍手子」、「足軽手子」、「中間手子」の三種があるが、過半は中間手子が占めている。とくに蔵元諸役所では中間手子がほとんどである。④さらにその下に「小使」を置く役所もあるが、これはすべて中間が勤めている。⑤さらに門番などの番人は六尺が勤めることが多い。このように藩庁諸役所の多くは、責任者としての士分の「御用人」と数人の手子から構成されており、場合によっては小使が置かれることもあったことがわかる。

(補注2)　この史料についてはそのご、妻木宣嗣「萩藩武家屋敷に対する建築規制とその運用」（薮田貫『近世の畿内と西国』清文堂出版、二〇〇二年）において詳細な検討がなされている。

(補注3)　手子を勤める中間の存在形態をつぎの史料からうかがっておこう（毛利家文庫「罪科」一六一（五）「足軽以下陪臣御仕置帳」）。

覚

御蔵本付伝右衛門跡養子与三去ル巳（安永二年）九月二日通夜仕候と申、老極・幼少之女儀被捨置、直様彼者家本木村組（十三組）小兵衛方江罷越、翌三日兄小兵衛并佐伯組（十三組）嘉左衛門、伝右衛門跡伺参候而、与三儀家之世話得不仕候間、違変仕呉候様ニと申達候間、不遁者共打寄相談之上、右之通老極・幼少之女儀を捨置、不罷帰程之不束者之儀ニ付、違変可仕と相談之上御役座江申出候処ニ、相応之相続人承立願出候様ニと被仰聞候ニ付、折角其心遣仕候内去々午（安永三年）七月江戸御番手相当候得共代役差登せ候、然処与三身柄御咎之趣ニ付、去未（安永四年）五月籠舎被仰付候故、委細先達而御歎申出候通御座候間、被加御慈悲、跡式被立遣候様又々御歎被仰出可被下候、老極之者旧冬以来難儀相煩、諸事差問罷拠居候間、此段偏ニ御物筋江御歎被仰出可被下候、私共不遁者ニ付申出儀ニ御座候、以上

（安永五年）正月廿日

三浦又右衛門組　坪井嘉伝次
御本町々人　金子七右衛門
地方組　左伝次

御蔵本付与代　良助殿
同　兵蔵殿
同　彦右衛門殿

蔵元付中間伝右衛門の跡を継いだ与三をめぐっての出願である。これによれば伝右衛門家には親類（「不遁者」）として足軽坪井嘉伝次と地方組中間左伝次がおり、対して与三は実家が十三組中間小兵衛で、かつ十三組中間嘉左衛門も親類だった可能性がある。まず明らかなことは中間が組を越えて血縁関係によって結びついていたことである。しかもこの事例では養子与三の離縁（「違変」）を与三の実家側が伝右衛門の一族に申し入れ、そこでは親類同士の話し合いで離縁を受け入れている。つまりは中間の地位自体が血縁関係として決定されている。近世後期になると中間の組としての結集度は低下していったと思われる。そうしたなか中間は組を越えた血縁関係としての結合を強めていったように思えるのである。家を基盤にした同族結合が、手子を輩出するような中間にとっての第一義的な集団として存在していたのではなかろうか。

第三章　萩藩の江戸奉公人確保

はじめに

　諸藩が江戸で大量に必要とした奉公人の確保の仕方については、吉田伸之のいう循環構造論が大方の理解となっていよう。[(1)] それによると、本源的な供給源は国元の農村の余剰労働力だが、そこから城下町へ流入・滞留し二次的供給源が形成される。さらに江戸と国元とを往復するなかで江戸への滞留も進み、江戸が三次的供給源となっていくという。つまり江戸を核にした「日用」層の循環構造への依存を想定したものである。また具体相の検討が進んでいる上総抱や信州抱の事例も、[(2)] さらに江戸での確保が困難となるなかでめざされた、あらたな供給源として位置づけられるものだろう。

　しかし他方で、直属奉公人についてみれば江戸での雇用に依存することなく、国元からの供給体制を取りつづけた藩もある。たとえば岡山藩では掛人という領内農村からの徴発が近世後期に実施されており、それによって江戸行きの直属奉公人のかなりな部分は確保できていた。また加賀藩でも特定の家筋のものが直属奉公人の地位を継ぎ、それが定期的に江戸と国元とを往復していた。[(3)] もっとも岡山藩でいえば城下町の周辺農村が供給源として徴発の受け皿となっていたし、加賀藩でも株化した奉公人の地位は、やはり周辺農村から雇用労働を迎えることで維持されていた。要するに国元からの供給体制を取りつづけた藩は、それだけ国元に一定度安定的な供給源を抱えていたわけである。したがって江戸や上総抱・信州抱などに依存しなかった藩があるとすれば、それを可能にした国元での供給源のあり方が注目されることになろう。

ここまでみてきた萩藩も、幕末まで国元からの供給を維持した藩である。ではなぜそれが可能だったのか、また同様な体制をとりつづけるほかの藩との差異性はないのか。江戸奉公人の確保策を通して、萩藩領における雇用労働の展開の特質を考えてみたい。

一　代役の発生

(1) 江戸詰め奉公人の概要

すでにみたように萩藩の足軽や中間には江戸番手が役として賦課されており、江戸藩邸で必要な奉公人は国元から供給される体制になっていた。まず藩邸に詰める奉公人の概要をみておくことにしよう。足軽以下のうち中間通と六尺通については一八五〇年頃のものと思われる「現名付立」が残されている。これは人遣所で作成されたもので、屋敷内諸所への配属の状況が詳しくわかる。その内容をまとめた表12からつぎのことが指摘できる。

この年の中間・六尺の詰め人は五八五名である。このうち三割強が十三組、四割弱が新中間・六尺・新六尺であって、全体の七割がこれらからなっている。またそれぞれの組員に占める割合をみても、十三組中間では組員のほぼ半数、新中間と六尺で六割が詰め人となっているが、地方組、百人組、蔵元付などでは一〜二割程度でしかない。さらに十三組に則してみればほぼどの組からもさし出されており、ほかの新中間などでも均等に負担が割り振られていたことも予想できる。

表12　江戸詰めの中間（1850年頃）

職務	上屋敷											中屋敷など	手明	小計	組員	組員に占める江戸詰めの割合
配属箇所	肝煎・人遣 4ヶ所	横目 2ヶ所	手子 19ヶ所	後付・手付 11ヶ所	固屋番 10ヶ所	廻番・火の見番 4ヶ所	門番 10ヶ所	掃除番 4ヶ所	小使 18ヶ所	物持 6ヶ所	他 13ヶ所	7ヶ所				
十三組 高橋組		1		2	1						1	2	6	13		
大谷組	1	2			2						1	4	3	13		
沢田組	1			1	2	3			1		4	2	1	15		
原　組	1	1	1			1			2			1	5	12		
井上組		1	1				1		1		1	5	4	14	400	46%
山下組	1	1	4						4			5	2	17		
櫛部組		4	5	1								7	3	20		
宮川組		1	2	1	1				1		2	2	5	15		
黒田組		1		1	1	1			2			3	3	12		
岡本組			3	2	1						1	3	5	15		
北村組	1		1	3		1	2		1		1	2	1	13		
河上組					1				4		1	2	1	9		
大田組			1	1		2	1				1	5	3	14		
地方組			10	3	4	1	3		2		2	10	7	42	236	18%
百人杉組			2	2	2	1			1			5	3	16	335	9%
杉原組			2		2				1			7	3	15		
蔵元付			12	2					4		3	17		38	298	12%
矢倉付				1								1		2	—	—
新中間 田代組					5	4	6					19	6	40	136	60%
十川組					4	3	7		3			17	8	42		
六　尺				1	10			11	24	13	7	25	10	101	157	64%
新六尺				1	9			2	31	24	9	23	8	107	—	—
小　計	5	12	44	22	45	17	20	13	82	37	34	167	87	585	—	—

典拠：毛利家文庫「諸役」86「御中間通現名付立」、87「御六尺通現名付立」。
凡例：「中屋敷など」は、御中屋敷付、葛飾御屋敷付、御裏付、麻布東御殿付、新御殿付、今井谷御殿付など。
表示のほかに、「闕如、未着、御国引越」がある。

つぎに配属先をみると一割強が手明とされ、残りが上屋敷以下の諸所に配属されている。ここで手明というのは不時に諸所へ配属されるものだろうか。残りのうち三一四名、六割程度が上屋敷に詰めているが、これについてはさらに配属の職種ごとに区分し示しておいた。おおまかには、a諸役所の手子やそれに順ずると思われる後付・手付、b固屋番・廻番・門番などの番人、c諸役所で小使を勤めるもの、といった構成が主なものである。そしてaは十三組・地方組・百人・蔵元付がほぼ担当し、対してcの小使や物持、あるいは掃除番などは新中間や六尺通が担当することが多いようである。

こうしたあり方は少なくとも一七世紀末以来一貫したものだった。つぎにさかぼのって一六九六年（元禄九）の江戸への中間・六尺の供給例を示しておこう。これは江戸当役から国元に宛てられた御用状である。[4] なお引用にさいしては足軽の部分を除き、中間・六尺に関するものだけを抜き書きした。

付立

…

一大組御中間七拾人
右同断（今度江戸可被差上せ候）、今年御留主ニ百弐拾三人、此内下横目六人ともに被残置積りニ候間、右之七拾人被差上せ候上、其内を以番手替申付、下り人数之儀は御供連ニ引当置候事
一渡辺・天野組（新中間）拾四人
右理同、今年御留主ニ弐拾六人被残置筈ニ候、右之拾四人御差上せ候て、其内を以番手替り申付、下り人数之儀は御供連ニ引当候事
一佐々木組（六尺）弐拾人

右断同、今年御留主ニ七拾九人被残置候、右之弐拾人被残置候ハヽ、番手入替申付、下り人数之儀ハ御供連
　ニ引当候事

一当御留主御用方其外諸手子ニ、御蔵元付・地方御中間之内抜人数之者を主頭々々望を以召連参候者今度被差
上せ候、大与御中間・佐々木与之内ニ而差引可被仰付候、渡辺・天野与之儀は御遣方引当有之者之儀候条、
此内ニてハ被減間敷事

一御算用方手子御蔵元付御中間猪右衛門御用方一同ニ差上せ候事

一御蔵元付御中間権左衛門と申者御用之心当御座候間、右一同ニ可被差上せ候事

以上

右御下向之節御道中御供連之足軽・御中間・六尺右之通ニ御座候、以上

正月廿六日　　　　国　与三兵衛

佐　主殿様

この年、藩主の帰国後も江戸に残す人数を知らせ、その交代要員の新規の上府をつぎのように依頼している。①大組中間（十三組中間）は藩主の帰国後も一二三名を残す。そのうち七〇名を上府のものと交代させる。②新中間は二六名を残す。そのうち一四名を上府のものと交代させる。③六尺は七九名を残す。そのうち二〇名を上府のものと交代させる。④役所の責任者（主頭）の希望によって、蔵元付・地方中間から独自に手子として上府させるものがあるので十三組・六尺と差引きしてほしい。⑤算用方手子として蔵元付中間猪右衛門を、また蔵元付中間権左衛門をそれぞれ上府させてほしい。ここからまず指摘できるのは、江戸番手を担当するのが①十三組中間、②新中間、[5]③六尺の三種だということである。つまり表12での主要な構成にほぼ対応しているのである。一七世紀末の

中間・六尺のなかに「江戸役」を専らに勤めるものと「地之役」を勤めるものの区分があることは第二章で述べたとおりが、そうした番手の割り当ては幕末まで継承されていたといえる。

またあわせて指摘したいのは、④や⑤のようにその役所の希望によって手子には特定のものが派遣される場合があったことである。なお一七世紀末には蔵元付中間が急増しており、それは諸役所の手子としての勤務のためだったと想定できる。のちの時期とちがって手子には十三組中間などは少なく、蔵元付中間が多かったため、④の申請になっていると理解しておきたい。表12の配属先にa手子と、b番人・c小使、さらに手明があるといったが、そのうちaは国元の蔵元役所と連動して独自に供給され、番手が担当するのは主要にはb以下だったことになる。この仕組みも基本的に幕末まで維持されていたとみなすことができる。

こうして江戸詰め奉公人には、番手の賦課によって幕末にいたるまで国元から供給されつづけていたことがまず指摘できる。

（2）代役発生の要因

しかしその実質は大きく変化していた。すなわち番手の多くが代役で代替される傾向にあったのである。もっともa手子は中間が自身で勤めたのだろうが、b以下には中間ではなく代役が代替するようになっていた。すでに第二章で、一七七七年（安永六）に出された触を取り上げ、病気や老齢あるいは諸役所の手子を勤める場合は代役を容認しながら、「根株之外株持添」えるものが代役を差し出す傾向を禁止していることに注目した。そこから利権化した手子の増加とほかの中間の株を兼併する事態が進展しており、それが代役増加の背景にあるとみた。ここでは史料を補足しながら、そのことをあらためて確認しておきたい。

代役に依存する実態を改善する方策についての諮問を受け、五名の中間頭（十三組中間二名、地方中間、百人中間二名）が回答した史料が残されている[6]。年次が確定できないのだが、かれらの名前からして一九世紀初頭のものと判断しうる。管理に直接責任を負ったものからの提言であって、代役の発生原因を実態に即して知ることができるものといえる。やや長文だが以下に引用しておく。

足軽以下之株内証為歩諸士其外持添にして組江は代役差出置候分余分有之、江戸番手中欠落者等多御不為之儀ニ付、持添株江当ル分外養子等ニ而も追々御普代被召仕候本人仕居之儀密々詮議被仰付、荒増気付仕候趣一応口達ニ而御談仕儀ニ御座候得とも、数条之儀ニ付左之通

1一足軽以下之株内証為歩持添、或は手職等仕、又ハ本人之死跡家子親類共方へ引取候部行形にして持添、猶依勤功昇進被仰付候者根株直様持添、組江は代役差出候分間々有之由、安永六年御沙汰之趣も有之、甚不相済事候条、致詮議本人を居、往々令御奉公候様、尤二三男等之中仮養子等之申談を以本人形ニ仕候分一向被差留候段、屹度対組々御授書被差出度候事

付、其節組頭中江一組切右之詮議被仰付段被仰渡度候事

2一諸役所付定手子之者共御番手相当候節は其役所之間、或ハ一所之勤功等申立、其役所ゟ申出、代役被差免候部毎々有之、代役多相成候付、自今組並御番手之節は諸役所本〆手子壱人之外ハ相当之御番手相勤、御番手中根役所江ハ暫役被差出、御番手明罷下候上根役江被差返候様被仰付度候事

付、老極・病者・幼少之者旅役難相成部ハ於組々委敷詮議之上是迄之通代役差登候様被仰付度候事

3一足軽以下之者共依勤功明組追々被下候者有之、此部二三男無之者ハ養子等仕候迄ハ代勤差出、持添之姿ニ相成、不心得ニ而於下ニ持添ニ可仕筈と考居候様相見候、是等之儀根之御沙汰意いか様之儀御座候哉、此度之御詮議にこし相候様被相考候事

右之通被仰出候は、往々外養子等相調、本人仕居之道付可仕之処、道付株余分有之時は外養子替せ銀之員数相劣リ可申、然とも右持添江当ルもの丶損失ニ至リ候儀は強而及御厭間敷、以後ニ至リ候而ハ年来之直分ニ戻り可申候得共、右年限中ニ自道之者借銀山高ニ相成、外養子等不仕而ハ手之下不相捌者可有之、元来御定借有之事ニは候得共、追々納入得不仕、組法壱割弐歩之利ニ御座候得は年増利ふへニ相成、終ニは外養子銀□越候期ニ至リ、知行株手放仕事ニ御座候所、直分劣リ候而は右外養子銀を見詰ニ参候者年来之組借償方之方便無之、組之煩ニ相成事ニ御座候、然処ニ組ゟ可償手段ハ無御座、於組切も決而彼是可有之、相縮候而ハ大銀之儀右之償ニ至リ候而ハ殊之外差閊候儀御座候付、種々吟味仕見候得共、右償之出所無御座、利安之公銀等貸下被仰付候而も利廻之間欠を以立潰し候儀ニ付、根銀大銀ニ而無之候ハ而ハ不相捌、大銀御貸下と申儀も御六ケ敷儀、其上於組々利歩ミ相成候段、根ニ修補銀等有之組も有之、甚難相整様ニ被相考候ニ付、至而不相好事ニは御座候得共、近年三十人頼母子と号し、三貫目及ひ之頼母子入札仕候分間々有之、足軽以下之者別而取用ひ、組借等余分有之程之者ハ右江入組、或は取立仕候而繰巻仕部多、其質物として組代之者共奥判〆リを取差出、古来ゟ組頭聞届不仕部ニ御座候、此分を潰し候ハヽ余分之不足銀も有之間敷哉と相見候、一躰入札頼母子之儀ハ御法度之事ニ候得は、右類向後被差留、是迄入組候入札頼母子之分於下申合、且々掛戻相成候者ハ、脇々損亡仕せ申間敷儀勿論之事ニ候得共、知行筋甘キ無之、於組支配所煩ニ相成候程之部ハ永ク返掛延引被仰付、猶足軽以下之者五百目以上之頼母子江入組候儀勿論被差留候段諸支配江御沙汰被仰付度候事

付、右様之御沙汰振早速被差出、凡壱ケ年も相立前断持添株之御沙汰被仰付可然哉と相考候、右頼母子等江も入組不申、組借計ニ而山高之部も可有之候得共、過半頼母子之方ニ而防キ候ハヽ、其余ハ於組々大銀と申程之儀は有之間敷、其分は株筋直段落候節之論ニ可相成哉と被相考候、元来小躬之者大銀之

頼母子等取遣仕候風俗ニ相成、自借銀等余分出来仕り、終ニハ古参之御家人名目を潰し、新参之者抱入候様ニ成行、御不為之儀ニ御座候事

（第四条略）

右之通私共気附之処粗書付差出申候、前文之中ニ有之候組代之者差出候は猶詮儀仕、趣可申出候、本人老極・病者・幼少等ハ不及申儀なから、株持添、代役差出候部尋常之御役目御間欠ニは不相成やうニ相見候得共、欠落者等ハ代役ニ多、若又軍役等之節は御普代之者ニ而無之候ハ而ハ御手薄、此段別而歎ケ敷儀ニ奉存候事

四月

渡辺七右衛門
村田七郎右衛門
小池与兵衛
内藤瀬兵衛
安藤弥之助

中間頭五名が受けた諮問は、足軽以下で個人が複数の株を兼併する事態（持添え）が進展し、ために番手に代役を差し出すようになっている。その結果江戸番手に欠落者が多くなっているので、持添えをなくし、「本人仕居」、すなわち株には必ず現人を対応させるようにしたい。そのための方策を検討せよ、というものだった。これに対する回答の内容を要約すればつぎのようになろう。

まず一条では持添えを禁止した一七七七年の触の内容を再確認し、かつ二三男を「仮養子」にして現人にみせかけることを禁止するよう提案している。つぎに二条では、諸役所の定手子に番手がかかった場合、その役所から免

除を申請するため代役が増えている実態を述べ、今後は本〆手子以外には自身で番手を勤めさせることの提案である。この点は一七七七年の触にはなかった内容で、手子の増加とそれが番手を拒否する実態がそれだけ進展していたことをうかがえる。さらに三条では勤功として「明組」、つまり本人以外の株を与えられたとき、二三男がいないと当面は代役を出すのは止むをえないように思えるとして、逆に意見を求めている。これらを通して、手子を中心とした一部の中間が株を兼併している実態が浮かび上がってこよう。それに対しては、養子などを取ってとにかく株に現人を対応させることが必要だと述べている。

ところがそうすることの問題点が三条の跋文で述べられる。①一斉に「外養子」で株を補充するとその「替せ銀」、つまり株の代銀が下落するであろう。②下落によって株を兼併しているものの損失になることは構わない。問題はそれ以外の一般の中間のことであって、かれらが借銀を返済する支障となってしまう。③それに対して組として保障することはもとより期待できないし、藩の「公銀」を貸し付けるにしても多額でないと意味をなさず、現実には困難である。④結果的に禁止されているはずの三十人頼母子など巨額の頼母子に手を付けることになるだろう。しかしこれを阻止しないと、借銀が嵩む悪循環となる。⑤そこでまず五百目以上の頼母子を禁止し、そのうえで一ケ年ほど経ってから株持ち添えを禁止する措置をとってはどうだろうか。この跋文の提言からは、中間の多くが借銀を抱えるもので、そのことで地位が売買され、一部のものに集積される事態の前提にあったことをうかがうことができる。

それにかかわる事例をつぎに紹介しておきたい。表13は、蔵元付中間藤蔵の一八〇九年（文化六）の収支をまとめたものである。なおこれは翌年正月に蔵元付中間の組代三名から藤蔵に報告されたもので、毎年こうした決算書がもたらされている。表のうちaからpの一六件がこの年の支出であり、それを切米三・五石（このときの和市で銀二一一匁ほど）で清算した結果、銀六・三匁の赤字になっている。なお支出のうちh以下は組の共通経費とでもいう

表 13　　蔵元付中間藤蔵の収支（1809 年分）

額	費目
a　米 0.284 石	御馳走
b　銀 15 匁	大御納戸仕組銀利
c　銀 85 匁	彦七・吉兵衛催合取立頼母子、巳（1809 年）ノ暮五番座懸銀
d　銀 100 目	三右衛門取立同断、弐番座同断
e　銀 79.34 匁	先之伝七其外仕組頼母子六番座同断
f　銀 115 匁	当秋番手代り御番手代役雇銀貸渡之分
g　銀 6.9 匁	右之月別利
h　銀 0.7 匁	川浚ニ付出銀
i　銀 3 匁	惣中出銀
j　銀 5.27 匁	地之諸入目
k　銀 12.33 匁	江戸同断
l　銀 11.69 匁	御納戸銀
m　銀 1.73 匁	黒保代
n　米 1 石	堪忍料渡し
o　銀 1.1 匁	飛脚賃・人夫賃之割方、巳年分
p　銀 3.58 匁	辰（1808 年）ノ秋惣中寄合之節飛脚賃
〆米 1.284 石	
内 3.5 石	御切米受之
残 2.216 石	
〆銀 440.73 匁	
内 300 目	現銀被差出分
0.8 匁	去辰秋御歎事ニ付惣中寄合之節在郷衆飛脚賃、当年割戻し
133.9 匁	残り米 2.216 石代銀
差引不足 6.3 匁	越借
外ニ 150 目	大御納戸元居仕組銀午（1810 年）ノ春元加詰一割ニ〆貸附之分

典拠：山口県文書館安部家文書 455「御蔵元附二株扶持方米扣」。

べき費目が中心で、合計四〇匁に満たないものである。これだけであれば切米は十分収入になる。ところが赤字に導く費目の一つがf・gの江戸番手の代役であり、これに一二一匁強を費やしている。江戸番手が当たれば収入の半分以上が消えてしまったことになる。さらにそれよりも多いのがc〜eの頼母子への懸銀で、合計二六四匁強も出資していた。蔵元付中間の地位は結局これらの頼母子に出資するための担保だといっても過言ではない実態である。さらに末尾には以上のほかに大納戸銀を一五〇目借り入れていたことも記されている。

実はこの史料は山口の大年寄を勤めた有力町人の家に残されたものだった。その事情として、一八〇七年（文化四）正月に、山口道場門前の町人原田七右衛門の孫勇太郎五歳を、藤蔵が養子に迎えたことが関係していると思われる。(7) ここで藤蔵の地位は頼母子に出資するための担保と化し、事実上山口の町人に所有されていたのではないか。物件化された株を手子のように蓄財した中間が兼併することもあれば、中間とは全く関係のない町人が買い取ることさえあったのである。現人が対応しているようにみえる場合でさえ、内実は手子や有力町人などが事実上所有している場合さえ往々にしてあったのではないか。

こうして、中間の地位の物件化は近世後期にはかなりな程度進展していたと思われる。株の持添え禁止の前提条件として多額の頼母子禁止を中間頭がわざわざ訴える背景には、中間の地位の物件化とそれにともなう組の空洞化という実態があったのである。ところが他方で、組に対しては番手が役として賦課されつづけており、株を兼併する場合には当然その分の番手を背負い込むことになった。そのさい江戸で雇い入れても同じことだと思われるが、事実の問題として国元で代役を雇用し、送りつづける体制がずっととられていた。中間に課す役という意味では江戸番手のシステムは全く形骸化していたのに、江戸へは安定的に労働力を供給しつづけていたことになる。つまりそれは国元に代役を拠出できるだけの供給源があったからだろう。そのあり方がつぎに問題となってくる。

二　代役の性格

(1) 欠落する代役

ところで、そもそも代役による番手の遂行を藩はなぜ問題視するのかというと、それが江戸で簡単に欠落してしまうものだったからにほかならない。たとえば一八五九年（安政六）五月十三日に江戸方から国元へ「逐電欠落」したもののリストが報知されている。[8] そこでは「御代御家督ゟ当節迄凡八百人余之逐電欠落」があって、このままでは「莫大之御国民減ニ至可申」として、在所や人相書などが詳しくわかる当春の欠落者を国元で摘発するよう指示している。このときの藩主の襲封は一八三七年（天保八）だから、およそ二〇年強の間にこれだけの欠落者を出していたのである。表14にこのとき摘発を指示された二一名をまとめておいた。すると注目されるのは、中間一名、家中奉公人四名以外の一六名を中間・六尺の代役が占めていることだろう。「凡八百人余之逐電欠落」とされる事態も、そのほとんどは中間・六尺の代役が引き起こしたものとみなしうる。

なおここには十三組中間の代役はみえず、新中間・六尺・新六尺それぞれの代役ばかりである。こうした構成は後述する一八二九年（文政十二）の欠落者調査（表15）でもほぼ同様である。ただし十三組で代役がいなかったわけではなく、この二つの調査に少ないのは何らかの事情によるものと思われる。ともかく新中間以下についても代役を差し出すことは往々にしてあったことになる。しかしながら新中間以下は十三組とちがって手子を勤めることは少なく、かつ江戸番手を中心に担当するものだった。にもかかわらず国元にいたまま江戸には赴かず、代役を差し出すものが多くいたのはなぜだろうか。このことを先の検討ともあわせて想定するならば、かれらの株が手子を勤める中間や場合によっては町人などによって集積されており、事実上「本人」は不在なことが多かったからでは

表14　1859年（安政6）4月～5月上旬に江戸を欠落した御国者

	欠落者	在　所	欠落の日
1	新六尺代勤市之丞	熊毛宰判上久原村	4月 8日
2	杉組代勤米蔵	都濃郡花岡村	4月12日
3	神代組中間繁蔵		4月11日
4	杉組代勤順蔵	奥阿武郡地福長谷村	4月17日
5	新六尺代勤啓之丞	熊毛宰判下久原村	4月25日
6	新六尺代勤茂吉	熊毛宰判下川上村	4月25日
7	寺内弥左衛門若党吉岡市右衛門		4月25日
8	新六尺代勤三次郎	熊毛宰判川上村	4月25日
9	新六尺代勤磯七	熊毛宰判川上村	4月25日
10	新六尺代勤勝蔵	熊毛宰判川上村	4月25日
11	中島組代勤□助		4月27日
12	十川組代勤平吉		4月27日
13	粟屋組代勤常七	三田尻宰判浜方	5月 2日
14	阿武組代勤蓑之進		5月 3日
15	青木周弼若党大鳥誠		5月 3日
16	黒田清之進若党安田直蔵		5月 4日
17	飯田忠右衛門中間藤吉		5月 4日
18	粟屋組代勤広吉	下ノ関新地	5月 7日
19	粟屋組代勤鉄吉	熊毛宰判高森川上村	5月 7日
20	杉組代勤林蔵		5月 7日
21	粟屋組代勤徳次郎	萩唐樋町	5月 8日

典拠：毛利家文庫「罪科」177「〔諸組代勤一件〕御仕置帳」。

表15　1829年（文政12）8月に摘発を依頼された欠落者

	肩　書	名　前	在　所	江戸欠落の日
1	有吉組代勤	与七	三田尻宰判田嶋	
2	有吉組幸七代勤	要次郎	三田尻宰判高津村	5月17日
3	有吉組舛左衛門代勤	庄蔵	三田尻宰判高津村	5月17日
4	渡辺組茂平太代勤	八之進	三田尻宰判岡村	5月29日
5	有吉組庄八代勤	弥助	三田尻宰判大浜	6月18日
6	渡辺組太代勤	茂兵衛	三田尻宰判西須賀村	7月 4日
7	有吉組市助代勤	新次郎	三田尻宰判佐野村	7月 4日
8	有吉組助八代役	音松	奥阿武郡生雲村	5月 3日
9	新六尺万右衛門代役	六郎右衛門	奥阿武郡左子村	5月 6日
10	渡辺組次郎吉代役	利兵衛	奥阿武郡徳佐村	6月18日
11	有吉組代勤	平十郎	山口宰判矢田村	
12	弘中組代勤	伊右衛門	山口宰判矢原村	6月
13	有吉組文太郎代勤	永吉	山口久保小路	7月17日
14	有吉組与三右衛門代勤	庄蔵	美祢郡長田村	7月21日
15	阿武組代勤	虎次郎	上ノ関宰判岩見嶋	
16	有吉組仁右衛門代勤	清左衛門	小郡宰判大道市	5月10日
17	有吉組平左衛門代勤	勘四郎	小郡宰判東津	7月21日
18	御挟箱持	善蔵	小郡宰判小郡	
19	有吉組太郎蔵代勤	万次郎	船木宰判吉田市	5月17日
20	有吉組与三右衛門代勤	庄蔵		7月21日
21	有吉組清助代勤	清助	徳地宰判嶋地村	5月17日
22	有吉組茂吉代勤	惣吉	徳地宰判嶋地村	5月17日
23	新六尺七左衛門代役	勘三郎	熊毛宰判	1月26日

典拠：表14に同じ。

ないか。組の空洞化が進行し、そのことが頻繁に欠落を生み出す背景にあったことがあらためて裏付けられるだろう。

以上のことを確認したうえで、代役に雇用されるものの性格を考えよう。たとえば一八五九年五月十三日付の江戸方からの書簡にはつぎのような説明もあった。[9]

諸組共御番手差掛り代勤雇入□□数而巳揃候儀致肝要と候故、溢れ者又ハ田舎者等能き口に申迷し雇立、人柄穿鑿迄ハ届兼候儀と相見候、右代勤ハ雇賃并道中・江戸着相応御仕成を戴き、江戸見物之心組ニ而罷登、程克頃出奔、古郷立戻り、外見無用捨令住居候ものも有之哉ニ而、中ニハ地方・十三組等代勤ニ而欠落、翌年ハ御六尺等之代勤ニ而再江戸罷登候様立至候…

組の方では番手の頭数だけ揃えようと人柄の吟味を疎かにしている、ために江戸見物の心積もりで雇われ、程よいころに欠落して国元へ勝手に立ち返ったり、場合によっては欠落と代役への雇用を繰り返すものさえあるといっている。国元の一体どういったものが、いかなる経緯を経て雇用されていたのだろうか。

(2) 欠落した代役の摘発例

いまあげた一八五九年のリストは江戸からの摘発の依頼にとどまっていて、実際どれだけのものが検挙されたのかはわからず、したがって個々の経歴についても不明である。それに対して一八二九年（文政十二）の同様な摘発ではその点をうかがうことができる。以下、この一件を取り上げて代役の性格を考えてゆこう。[10]

八月八日付で江戸方より中間以下の欠落者が報知され、在所へ帰っていれば捕縛するよう指示された。それによって作成したのが表15になる。この二十数名は大半がこの春の上府後に欠落したものであり、しかも述べたように新中間・六尺・新六尺の代役がほとんどである。

また肩書の欄をみると、有吉組平左衛門代勤勘四郎のように何組某代役とされるものが多い。かれらは特定の個人＝「本人」の番手を肩代わりすることが明瞭にされていた。ところが、この勘四郎の口書においては雇い入れの経緯はつぎのように記される。

…一昨年八月比、山口久保小路市左衛門と申者兼而世話仕候由ニ付相頼置、去年二月代勤口有之由ニ付、彼者ゟ書状受取、椿町田辺と申者方江三月三日出浮仕、翌四日六、七人も同道ニ而組頭様御宅罷出、読聞判形等被仰付、弥御雇入相成、御供ニ而罷登…

…組御仕成銀之儀は支度銀として六拾目受取候内を以雑用其外差引、残拾三匁手取仕、旅籠代之儀は道中肝煎払方仕、日々百文充受取申候、芸州之内ニ而一両弐朱受取、夫ゟ旅籠払等自身ニ仕、於伏見一両程受取、江戸着之上道中御心附之由ニ而弐朱受取、衣替として壱歩弐朱受取、五月気分相之節も弐朱貸呉候様申候処、着当分買物代差引残之由ニ而四百文受取申候、外ニ服薬五拾帖代拾五匁肝煎ゟ取替仕候、御勘渡銀手取過不足算用仕詰は承り不申通旁申上候…

募集の知らせを事前に依頼しておいた斡旋業者から聞いて萩へ赴き、そこで六、七人まとめて組頭宅で手続きを取ったという。つまり「本人」である平左衛門から個別に雇用されたのではなく、組に直接雇われているのである。また給銀などの支給に関しても、組から「組御仕成銀」六〇目を受け取って雑用に宛て、さらに道中の旅籠代や服薬代などを組の肝煎から渡されたり貸与されたとしている。こういったことはほかのものの口書をみてもほぼ同様である。実員が減少し、名目上の「本人」しかない株が多いなかでは、掛ってくる番手を組として処理せざるをえなくなっていたのだろう。勘四郎を雇用するさいの手続きもそういった事情を物語っていよう。もっとも表13でみたように、代役に支払う賃銀自体は「本人」の株を所持するものが負担したものと思われる。

　このうち帰国して検挙されたものの口書から作成したのが表16である。これによると、国元で代役に雇い入れられたのはこの年二、三月のものが六名、五、六月のものが二名である。これらは一例を除いて五月から八月初めにかけて一斉に欠落していた。国元で代役に雇用され江戸に登ってきた直後に欠落しているのである。先の引用で「江戸見物之心組ニ而罷登」るものが多いといっていた実態が、たしかに存在したようにみうけられる。なおその背景には、折角支給された給銀も道中の雑用としてほとんど消費されてしまう実状もあったかと思われる。たとえば渡辺組に代役として雇用された忠助は口書のなかで、斡旋業者からは「道中御勘渡銀之外御仕成月壱歩宛と承り候得共」、雑用を差し引くと金一歩二朱の手取りしかなく、話が違ったと述べている。したがって支給される給銀は江戸へ赴くための旅費としての意味しか実質的にはなかったのではないか。しかも有吉組の藤五郎というものが「本庄（本所）辺家宅を構、妻子を育、御屋敷ゟ欠落者手引仕候」とされるように、藩邸を欠落したあと江戸市中で稼ぎに有り付くものが一定数あって、かれらの「手引」を専門に行うものさえあった。つまり欠落してしまうものにとって代役とは国元から江戸へ赴く手段としての意味しかなく、江戸着後ただちに欠落して市中で雇用先を探そうとするものがあとを絶たなかったものと思われる。そして一部に、それを果たせず帰国するものがあって、そうして摘発されたのが表16のものたちだったといえるだろう。

　さらにこの表で注目されるのは、萩魚店町の大草三郎右衛門なる斡旋業者が繰り返し登場することである。表示のうち五例はその「世話」によって雇用されている。このかれも責任を問われてつぎのような口書を提出させられている。

f 山口米殿小路　平十郎	1821 年	山口中河原喜右衛門へ代勤を依頼。
	5 月 27、8 日頃	同道で萩へ行き、有吉様代勤に雇い入れ。
	1821 年 6 月 29 日	江戸着。
	1822 年 5 月頃	欠落。
	1825 年	三年振りに帰在。
g 上ノ関宰判岩見嶋　勝次郎	1829 年 2 月 24 日	奉公稼ぎのため山口へ出る。
		久保小路市左衛門へ江戸代勤の世話を依頼。
		大草三郎右衛門方へ行くよう指示される。
	3 月 5 日	出萩し、阿武様へ雇い入れ。
		御供で江戸着。
	6 月 24 日	欠落。
	8 月 3 日	帰在。
h 山口宰判平井村　辰　蔵	1820 年	稼ぎのため江戸へ登ろうと、山口久保小路市左衛門へ代勤を依頼。
	1820 年 12 月	代勤の口がある旨連絡を受け、萩大草三郎右衛門方へ行く。
	1821 年正月 3 日	一端帰在後、再度萩へ出て弘中様御組へ雇い入れ。
		御供で江戸着。
	1823 年 8 月 24 日頃	欠落。
	1824 年 7 月 12 日	帰在。
i 奥阿武郡生雲村　六郎右衛門	1828 年 8 月 27 日	蔵目喜村庄屋の世話で新六尺肝煎のもとへ行き、代勤に雇い入れ。
	1828 年 10 月 15 日	川手御供にて江戸着。
	1829 年 5 月 5 日	欠落。
	6 月 7 日	帰在。
j 美祢郡長田村　庄蔵事彦助	1828 年 2 月 25 日	山口久保小路市左衛門方へ行き、代勤の口がある旨を聞く。
	2 月 29 日	吉左衛門同道で萩へ行きその世話で有吉組に雇い入れ。
	春	御供で江戸着。
	7 月 21 日	欠落。
	8 月 25 日	帰在。

典拠：表 14 に同じ。

表16　1829年（文政12）に摘発された江戸を欠落した代役

在　所	名　前	年月日	経　歴
a 奥阿武郡徳佐村	忠　助	1828年冬	稼ぎのため出萩。魚店辺の酒屋で米搗を勤める。
		1829年2月27日	大草三郎右衛門の世話で渡辺組代勤に雇い入れ。
			当御参勤御供で江戸着。
		5月2日	欠落。
		5月27日	帰在。
b 三田尻宰判西ノ浦	忠　蔵	1829年2月22、3日頃	在所の源八より代勤の口があることを聞く。
		3月上旬	有吉様に雇い入れ。
			御参勤御供で江戸着。
		5月2日	欠落。
		5月28日	帰在。
c 小郡宰判台道市	与右衛門	1829年正月頃	西ノ浦伝八に出会い、一年番手で江戸代勤を勧められる。
		2月25日	魚店町大草三郎右衛門方に行き、その心遣いで有吉様組雇い入れ。
			御供で江戸着。
		5月5日	欠落。
		5月29日	帰在。
d 小郡宰判東津村	勘四郎	1827年8月	山口久保小路市左衛門が江戸代勤の世話をしていると聞き、依頼。
		1828年2月	代勤口がある旨、連絡を受ける。
		3月3日	椿町田辺方へ行き、翌日六、七人一緒に組頭様御宅にて請状作成。
			御供で江戸着。
		7月21日	欠落。
		8月14日	帰在。
e 三田尻宰判田嶋村	与　七	1828年5月25日	中ノ関相尾屋吉助に代勤を依頼。
			萩大草三郎右衛門方へ行くよう指示される。
		6月4日	三郎右衛門を介して有吉様へ雇い入れ。
			増御番手で江戸着。
		7月15日	欠落。
		8月27日	帰在。

御究ニ付申上候事

今魚店町年寄近藤宗左衛門支配町人　大草三郎右衛門

口書

其方事諸組代勤雇入之令世話候趣ニ付、御究被仰付候条、有躰可申上候

此段凡弐拾四五ケ年以前ゟ諸組代勤之雇入之世話仕候、当年も阿武様・渡辺様・有吉様御組取合せ百人余も御世話仕、三田尻御宰判与七其外いつれも私御世話仕候、尤前廉ハ代勤人請をも仕候得共、五七年已前御沙汰相成候後ハ人受ニハ立不申候通旁申上候処、代勤雇入世話之儀ニ付而は先年被差留、御咎をも被仰付候処、御沙汰筋令忘却、甚以不謂儀と被仰聞、於此段ハいか躰御咎被仰付候而も十口申披無御座奉誤候事

右重畳被為入御念御究被仰付、前断申上候辻少も相違無御座候、以上

文政十弐丑

十二月十五日

大草三郎右衛門

かれは一九世紀初頭から「諸組代勤」の「世話」を始めており、今年も「阿武様・渡辺様・有吉様御組取合せ」、つまり新中間と六尺だけで百人余を斡旋しているという。表12においてはこの両者の詰め人は一八〇名程度だった。したがって番手のおよそ半数は大草を介して雇われた代役だったといえる。もちろんこのほかに十三組などの中間代役も存在し、そちらの斡旋にも関与しているはずだから、かれは中間や六尺の代役をほぼ一手に引き受けていたと予想できよう。

ただし「人受」には五〜七年前の「御沙汰」以降は立っていないと述べており、請人は別に存在したようであ

る。またこの大草三郎右衛門のほかに、山口久保小路の市左衛門なるものが「世話」をしたものも四例あるし、中ノ関相尾屋吉助なるものも登場する。つまり萩の大草三郎右衛門を核にしながら、領内には斡旋業者同志の関係が存在して、それが代役を恒常的に供給するルートになっていたこともうかがうことができる。

(3) 他国者代役の摘発例

同様な摘発の事例としていま一つ、一八二三年（文政六）のものもみておきたい。[11] この年十一月に「御殿内其外諸役所相勤」めている中間のなかに他国者の代役が含まれていると江戸方から報告があった。同時に指示された対応策にはつぎのようにある。

追而致啓達候、爰元御殿向其外段々不〆り之儀有之候ニ付聞繕被仰付候処、諸組代勤之内他国者段々登り居候趣相聞候付御調へ被仰付候処、相違も無之ニ付、別紙申進候通塩船便りを以御国被差下候、此外ニも諸組ニ而は他国者余程登り居候趣内々相聞候へ共、不残御究等被仰付候而は諷々敷筋にも相成候付、御手先［　］其余之分者先見合被仰付［　］御僉儀筋も可有之候、惣而諸組代勤雇入ニ付而ハ追々沙汰相成候趣も有之候処、組役人共今以等閑之心得ニて、世話人・受人等江相任せ、身元之僉儀不行届雇入候付、右躰之趣も有之、且代勤雇料其外之儀世話人・受人之者ゟ申聞せ相違も有之哉ニ而、御番手登之途中、又ハ着府早速ゟ欠落もの有之、去午四月ゟ当三月迄足軽已下欠落・逐電共六拾弐人程、当四月ゟ此節迄八拾人程、去夏已来以上百四拾人余と相見、其内大概は代勤者、都合ハ追々御承知之通御座候、右之通ニ而は御外聞も不宜、身元も無之他国者御殿廻り諸役所入込候而は甚以不〆り千万之儀御座候…

代役として他国者が多く含まれていそうだが、そのすべてをチェックしきれないので、「御手先」で使役するものに限って摘発をすると述べている。そのうえで他国者が含まれてしまう理由について、代役の雇用にさいしての身元のチェックに中間組の役人は関与せず、ほとんど「世話人・受人」に任せ切りだという実状を指摘している。しかも代役の雇い料が「世話人・受人」から聞いた話と違うといって欠落する場合もあり、去年の夏からで欠落数は一四〇人にものぼるとしている。代役が頻繁に雇用されまた欠落する背景に、斡旋業者の問題があると指摘するのである。

このとき江戸で摘発された七名の身元が国許で調査されたが、その内容をまとめたものが表17である。ここでは十三組中間の代役四名、六尺の代役三名となっていて先と違って十三組のものも多く含まれている。代役は新中間や六尺だけにみられたことではなく、手子を多く輩出していた十三組にあっても、もちろん同様に存在した。

そして三名が萩の大草三郎右衛門を介しているし、ほかのものもほとんどが斡旋業者を通して雇用されていたことがよみとれる。とくに注目したいのは、大草が他の斡旋業者と結んで代役の調達や斡旋を行っていたことである。その一つには萩市中の斡旋業者があり、a喜五郎は、「代勤之世話」をしていると聞いて大草のもとを訪れたさい、「鍛冶屋町居候利兵衛と申もの之方江罷越、相頼候様」指示されている。大草の他にも萩市中には彼と連携をとる同業者がいたことがわかる。先の引用とあわせて考えても、「世話」に特化した大草と、その下で請に立つほかの業者という重層的な関係が萩市中でも形成されていたものと思われる。

さらにそれらとは別に領内諸所の斡旋業者とも連携している。すなわち松山出生のb新吉は一旦山口へやってきて三年ほどいたところ、久保小路の市左衛門に江戸へ登ってみないかと誘われて、萩の大草を紹介されている。かれは山口の市左衛門――萩の大草というルートで雇用されていた。

またc利八の口書では、この年正月に三田尻宰判の西ノ浦開作に稼ぎに来ていたところ、花屋平兵衛というもの

表17　1823年11月、江戸で摘発された代役

名　前	出　所	経　歴
a 杉組代勤喜五郎	石州浜田	浜田にて養父と不折り合いになり、4年前夫婦連で欠落→萩へ流入。北片河町紅屋多吉方へ1年程滞留→多吉に叔父分になってもらい、その世話で平安古町の医者へ2年奉公→大草三郎右衛門へ代勤の世話を依頼→鍛冶屋町利兵衛を紹介され、杉組へ雇入れ。
b 藤村組代勤新吉	伊予松山	3年前松山を出て山口鶴屋幸次郎方へ滞留→山口久保小路市左衛門から代勤としての江戸行きを勧誘される→当4月29日市左衛門に請人になってもらい、同道で萩へ行く→魚ノ店大草三郎右衛門の口入で藤村組へ雇入れ。
c 片山組代勤利八	芸州広島	当正月広島を出て三田尻宰判西ノ浦開作へ働きに行く→三田尻新田花屋平兵衛から代勤としての江戸行きを勧誘され、山口久保小路市左衛門を尋ねるよう指示される→市左衛門同道で萩河添の平吉方へ行く→平吉請人で片山組に雇入れ。
d 宮原組代勤文吉	石州浜田	倅死去につき娘の嫁ぎ先を頼って八年前萩へ→1819年秋、新堀の武八の世話で肝煎利兵衛方へ同道、宮原組へ雇入れ。
e 安田組代勤定四郎	長崎	1819年長崎を欠落→1820年赤間関へ行き豊前国米次郎と知り合いになる→米次郎を頼って小商いなどする→かの地へ売買に通っていた河上鮎原の五右衛門と心安くなる→1820年12月五右衛門方へ行き弟分となる→1821年3月五右衛門を請人として、萩魚ノ店大草三郎右衛門の口入で安田組へ雇入れ。
f 安田組代勤岩蔵	芸州広島	小郡宰判床波百姓河内屋太助の弟分に→3年前、同宰判佐山の山田屋伊兵衛に代勤での江戸行きを勧誘される→萩表のことは伊兵衛に処理してもらい、安田組御雇として直接江戸へ赴く。
g 安田組代勤清助	上関宰判	1815年父とともに萩へ出、石津茂左衛門様へ奉公→同年9月、御供で出府中、買懸りにて御屋敷欠落→同年10月、人足などをして帰国→1816年萩へ出て高橋八郎兵衛様へ奉公→松本河原の平四郎の世話で松本百姓源槌の養子となる→近辺の百姓仁助の世話で安田組へ雇入れ。

典拠：毛利家文庫「罪科」176「代勤一件御仕置帳」。

に代役にならないかと誘われ、山口久保小路の市左衛門を紹介されている。このあと萩に出て請人を立てて代役となったが、その請人清左衛門の口書にはつぎのようにある。

片山市右衛門様御組代役御入用之由ニ付、山口久保小路市左衛門方江相頼越候処、市左衛門ゟ三田尻新田花屋半助方江頼越候処、利八儀花屋雇出仕、市左衛門方江相渡、市左衛門ゟ私方江利八差越、此者出生岩国今井村ニ而身元旁慥成人柄之由申越候付、格別之儀も御座有間敷と奉存候故請人相立申候

十三組の片山組が代役を必要としたとき山口の市左衛門に依頼がいって、さらに三田尻の花屋半助にまでいっている。そしてこれを受けて半助が雇用したのが利八であり、いまと逆の順を経て代役に雇用されていた。ここでは萩の清左衛門――山口の市左衛門――三田尻新田の花屋というルートが存在したことがわかる。このように萩の斡旋業者を核にして、領内の都市的な場を結ぶ斡旋業者の重層的なネットワークが存在したのである。

もっとも表17であわせて注目したいのは、斡旋業者を媒介にするだけではなくて、知人や縁者を頼っての、いわば人格的なネットワークも存在している点である。たとえばa喜五郎は在所を欠落したあと萩へ流入、知人のもとへ滞留し、その世話で奉公稼ぎをしている。またd文吉は娘の嫁ぎ先を頼って萩へ流入したものだった。あるいはe定四郎は各地を転々とするなかで知り合ったものの「弟分」となって萩へ流入、それに請人に立ってもらって代役になっている。こうした個別的・人格的な関係も移動の契機として広汎に存在したものであろう。しかし少なくとも一九世紀に入ると、大草を筆頭とするような斡旋業者のネットワークがたしかに形成されていたのであり、そのことは代役の雇用がそれだけ恒常的で多人数だったことを意味するものといえよう。[12]

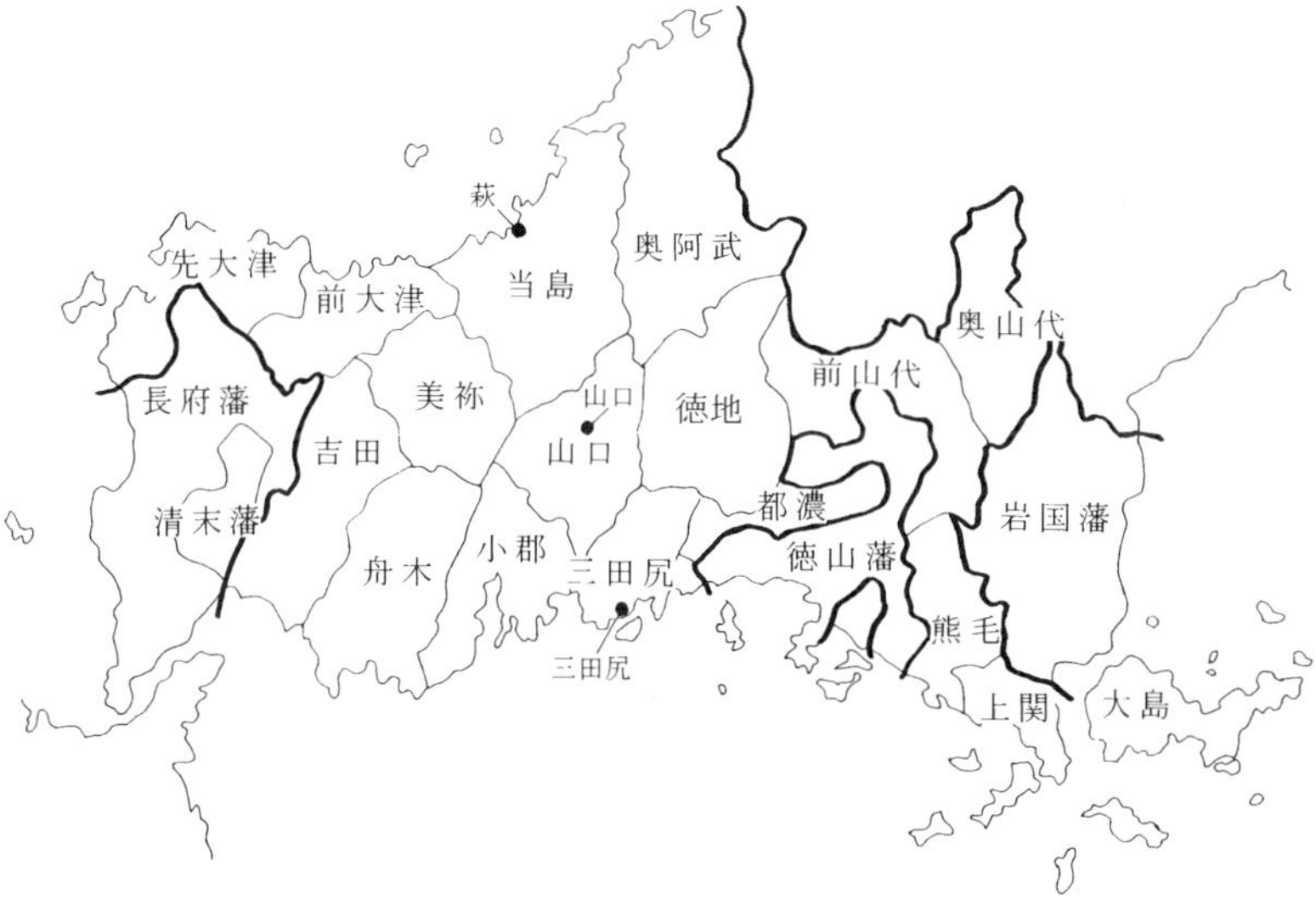

図３　萩藩領の概観

（4）代役の供給地域

ところで以上にあげた事例では、国元で雇用される代役の出身は瀬戸内海沿岸部が多いようにみうけられた。幕末の表14では在所のわかる一二名のうち七名までが熊毛宰判のものである。ただしそれらは川上村、久原村に集中しており、同郷のもの同志示し合わせて欠落した事例かもしれない。またややさかのぼる表15ではやはり在所のわかる二二名のうち三田尻宰判七名、小郡宰判三名で、それに上関・熊毛・船木宰判を加えればやはり過半は瀬戸内海沿岸の出身からなっている。この二つの表の限りでは、萩周辺農村というよりも、瀬戸内海沿岸が労働力の主要な供給地だったようにみうけられる。

萩藩では一八世紀後半から戸籍仕法を開始し、領内の移動する人口の把握を恒常的に行うようになった。そして毎年宰判単位で集計された結果が「諸郡戸籍帳」として断続的にではあるが残されている。表18はそれによって宰判ごとの出稼ぎ人

表 18　「戸籍帳」における宰判別の出奉公人数

年 宰判	1791	1792	1824	1825	1826	1832	1833	1834	1835	1857	1859	1862	1869
萩町方	0	0	—	—	0	—	0	0	0	—	—		0
当　島	335	270	269	197	202	183	181	181	183	62	58	41	13
浜　崎	167	243	97	100	71	63	48	71	72	0	0	0	0
奥阿武	183	178	114	126	142	60	56	43	41	0	0	0	0
美　祢	209	135	168	162	118	23	33	24	13	0	0	2	48
前大津	609	621	267	257	134	119	121	120	120	42	46	33	32
先大津	747	569	50	75	73	0	0	0	0	45	11	34	4
吉　田	204	52	110	102	104	47	34	11	13	0	0	0	0
船　木	140	178	12	12	10	0	0	6	0	60	9	0	0
小　郡	146	101	37	35	32	132	83	85	84	126	119	138	251
山　口	114	177	70	75	79	87	76	—	48	5	3	0	0
三田尻	195	138	84	86	88	32	30	18	20	2	7	0	0
徳　地	101	119	36	18	27	27	27	25	38	31	25	19	4
都　濃	33	152	51	51	50	5	0	1	0	0	0	0	0
熊　毛	311	192	424	331	450	258	313	278	306	86	131	132	75
上　関	401	365	454	424	393	55	60	58	54	705	765	758	728
大　島	191	189	371	373	379	465	466	479	494	1487	1518	1614	1914
山　代	181	47	8	24	32	10	10	11	0	136	29	19	0
伊　崎	0	0	0	0	0	0	0	0	24	0	0	0	0
計	4267	3726	2622	2448	2384	1566	1538	1411	1510	2787	2721	2790	3069

典拠：毛利家文庫「諸省」487、「政理」83・118・227、県庁旧藩記録 250・251・252・255・259「戸籍帳」。

数をまとめたものである（各宰判の位置については図3を参照）。なお仕法では村から他所へ稼ぎに出る場合に送り状携行が義務付けられており、この調査も村単位で稼ぎに出たものを積み上げた集計である。したがって建前上は村から外へ奉公に出たものはすべて表示されることになる。しかし年々数が減少していることをもってしても、これがすべてを網羅した調査とは到底考え難い。あくまで大まかな傾向を把握するという限りでの利用しか許されないデータではある。

そのことは念頭におきながら、ここでは表示の時期をⅠ一八世紀末、Ⅱ一八二〇年代半ばからの約一〇年間、Ⅲ一八五〇年代末からの約一〇年間、の三つに区分してみてみよう。するとⅠ期においては日本海沿岸のとくに前大津・先大津宰判から非常に多くが出ており、それに萩周辺の当島宰判が準じている。また瀬戸内海沿岸部では熊毛・上関・大島の一画が目立っている。つぎにⅡ期になると前大津・先大津、とくに先大津が大幅に減少している。他方で瀬戸内海沿岸の熊毛・上関・大島の一帯は依然多く、とくに大島では増加傾向が確認できる。また三田尻宰判や小郡宰判からも比較的多くが出ている。さらにⅢ期では大島の極端な増加が目につくし、上関宰判も多い。それに小郡宰判も準じている。他方で日本海沿岸はほとんど減少してしまっている。

実態とのかなりな乖離を有するデータではあれ、ここからは萩への労働力供給源の推移をつぎのように把握できるのではないか。すなわち一八世紀末までは周辺農村や北浦の村々からのものが中心だった。ところが一九世紀に入ると南前からの流入が次第に増加、なかでも大島周辺が急増した。近代に入ると移民を多く送り出すことで著名な大島は、近世後期にかけて急速に労働力を輩出していたことがわかる。また小郡宰判もそれに準じて多かった。したがって表15や表16で代役の在所としてみたことは、ほぼ萩藩領での労働力供給地に対応したものだったことになろう。近世後期になると、大島周辺を中心にとりわけ瀬戸内海沿岸部から供給されていたのである。またこうした供給地域のあらたな形成は、領内全域を覆う斡旋業者の成長とも連関しあっていよう。

表19　山口宰判に居住を希望した他国者

居住地	出身									
	芸州					石州				筑後
	佐伯郡	山縣郡	安芸郡	沼田郡	広島	津和野領	浜田領	銀山領	他	
宮野桜畠村	5					2	1			
宮野恋路村						2				
宮野中村	3									
宮野荒谷村			1							
宮野杖坂村							1			
仁保村						2	1			
仁保上郷	2					1				
仁保下郷	2	1		1		2				
篠目村							1	1		
小鯖村						1				
平井村						2			1	1
黒川村	3									
下宇野令村	5		1		1					
恒冨村	3									
計	23	1	2	1	1	12	4	1	1	1

典拠：山口県文書館山口小郡宰判記録19「[吉敷郡諸願届継立]」。

　では表17にみられるような他国者はどうか。これも表示の限りでは長崎といった遠隔地のものもみえはするが、ほかは石州と芸州という隣接する国からの流入だったようである。この点については幕末の山口宰判への流入例が参考になる。一八六三年（文久三）、他国者の流入を禁止する沙汰が出されたさい、山口宰判の村々から、流入したあと三〇年や一〇年という長期に渉って定住しているものの居住許可願が出されている。計四八件の申請について、来住地と出身地をまとめて表19に示した。なおここには山口町は含まれず、あくまで周辺の農村部への居住者である。すると最も多いのが周防国と接する安芸佐伯郡からのもので半数にもなる。ついで石州街道で山口と結ばれた石州津和野領が一二名と多くある。それ以外も筑後の一名を除いては安芸の広島周辺の諸郡であったり石州浜田領、銀山領からのものばかりである。

このように萩藩領における労働力供給地としては、大島周辺を中心に小郡周辺、さらに他国としては隣接する芸州が多かった。つまりは幕末にかけて瀬戸内海沿岸部が主要な供給地として急成長していたことがわかる。斡旋業者を媒介にしながら、そういった地域から代役の多くが供給されていたのである。逆にいえば、こうした供給地域の形成があったからこそ、代役に江戸番手を代替させることも可能だったといえよう。

おわりに

萩藩では、江戸詰めの直属奉公人は江戸番手とよばれる奉公人の役によって確保されていた。中間に即していえば、それは組を単位に掛ってくるもので、しかも十三組や新中間、六尺などだけが専門的に担当していた。一七世紀末にみられるこうした体制は幕末まで基本的には維持されていて、江戸詰めの中核的な部分は国元からの供給に依存しつづけたわけで、この限りでは岡山藩や加賀藩と同様な体制がとられたことになる。ところが番手が賦課された組では、代役を雇用して差し出すことが一般化していた。江戸番手は事実上代役によって担われていたのである。奉公人自身ではなく、それが雇用した第三者が送り込まれたことは、萩藩の供給体制の特徴にほかならない。そこからはつぎのことが注目されるだろう。

一つには、代役を生み出す背景にあった地位の物件化である。中間の場合、ほぼ一八世紀半ば以降になると現人のいない株が大量に発生、それを一部の中間や場合によっては町人などが集積する事態が進展していた。そのため番手も代役が勤めざるをえなかった。第二章で近世後期に中間数が大幅に増加することをみたが、こうした現人不在の株が増加したことが関係しているだろう。一見すると「御家人」の一端としての地位が世襲されていて、あたかも下級武士に見まごう外見を呈する萩藩の中間ではあったが、これほど広汎に地位が物件と化して売買されてしまっている実態に従えば、武士身分に対してはあくまで周縁的な存在だったとみなすしかないだろう。

また毎年数十人、場合によってはそれ以上の欠落者を江戸で生み出しながらも、番手による供給がつづいていた点からは、国元でのそれだけ潤沢な供給源の存在が浮き彫りになる。すなわち代役とは国元で、主要には萩で雇用されたものだった。とくに一九世紀に入ると瀬戸内海沿岸部、とくに大島周辺からの萩への流入が進展し、またそれと連動して萩の有力業者を核にした領内全域を覆う斡旋業者のネットワークも形成されていた。こういった供給源が存在したからこそ、中間の江戸番手も変質しつつ維持され、江戸へ供給しつづけることが可能だった。こうして萩藩の江戸奉公人確保を通して浮かび上がったのは、なかに大島のような労働力供給源、出稼ぎ労働力を抱える藩領の特異性にほかならないのである。

このように参勤交代への奉公人の供給という諸藩に共通する負担は、とりわけ近世後期になるにつれ、その藩の地域性を色濃く伴いながら実現されていったと考えることができる。

註(1)　吉田伸之「日本近世都市下層社会の存立構造」『歴史学研究』五三四号、一九八五年（のち同『近世都市社会の身分構造』東京大学出版会、一九九八年に所収）。

(2)　吉田伸之「上総抱の中間と抱元——近世後期における農民の都市流入の一断面——」『歴史と地理』〈日本史の研究〉一三六号、一九八七年（のち同『近世都市社会の身分構造』に所収）、松本良太「江戸屋敷奉公人と抱元——信州抱元を主な対象として——」塚田孝他編『身分的周縁』部落問題研究所、一九九四年。

(3)　拙著『日本近世雇用労働史の研究』東京大学出版会、一九九五年。

(4)　山口県文書館毛利家文庫「用状控」二一（二七）「御用状控」。

(5)　新中間は一七世紀半ばに国元での普請役のために設置されたものだが、一七世紀末からは十三組などとともに江戸番手を担当するようになっている。

(6) 山口県文書館福間家文書五三（一〇）「〔福井氏関係文書包〕」。
(7) 山口県文書館安部家文書四五五「御蔵元附中間扶持米差引算用帳」。
(8)～(10) 毛利家文庫「罪科」一七七「〔諸組代勤一件〕御仕置帳」。
(11) 毛利家文庫「罪科」一七六「〔代勤一件〕御仕置帳」。
(12) 一八世紀後半における代役の雇い入れの事例をみておくことにしよう。

つぎの引用は一七七五年（安永四）に、江戸で欠落した中屋組代役清左衛門の請人、吉田町の宮崎七郎右衛門が提出した口書である（毛利家文庫「罪科」一六一（四）「足軽以下陪臣御仕置帳」）

此段右清左衛門儀ハ今魚店町々人彼者伯父吉永吉右衛門所江付食仕、魚商ひ等仕者ニ而御座候、私儀も小商人ニ付毎事浜辺其外ニても付合知ル人ニ相成申候、私儀前方も右御組江戸代役世話仕儀も有之ニ付、右御組役人八右衛門殿此度も被頼ニ付、清左衛門江及相談候処、可罷登之由申ニ付、先月中比組江及御内談候処、孰そ育人無之而は不相成との儀ニ付、清右衛門江其段申聞候へば、畑野松伴老江育ニ相成申候ニ付、双方折合候て先月十七日御組江清左衛門を私召連罷越、受状判形等相調、即時八拾文銭五拾目清左衛門江貸渡相成〔　〕無間相出立被仰付之由ニ付、同日右銭不残持参候て清左衛門質物等為受返瀬戸崎江罷越申候…

かれは中屋組から代役の「世話」を依頼される専門的な斡旋業者だったことがうかがえる。清左衛門の「育人」も確認したうえで組に連れて行って請状を作成、代銀を受け取っている。ただしかれを斡旋することになったきっかけは、魚商いをしていた清左衛門と「浜辺其外ニても付合知ル人ニ」なっていたことだった。不特定のものではなくて事前に見知ったものを紹介しているようである。

ちなみにこの同じ年、萩に流入していた石州出身の久次郎というものが博奕や贋金の嫌疑を受け御国追放になっていた。この件にかかわって処罰を受けたものの記録にはつぎのようにある（毛利家文庫「罪科」二〇二「常御仕置帳」）。

古萩町　永久七郎右衛門

古屋喜右衛門

松本市旅人宿　甚左衛門

玉江同　　　　甚左衛門

明木百姓　　　半左衛門

右七郎右衛門儀石州久次郎と中者前廉奉公致し候節之知人ニ而、新六尺代役之儀令口入、外ニ請人を立、支度銀等受込候処、人柄不宜段承、及違変、其後宿之儀頼候付請人立候由宇田之者と存居、右躰之令心遣たる由ニ候へ共、身本不〆り之もの等之御家人代役令口入候段不謂事候、依之先追込被仰付候事

一喜右衛門事茂前段之通請人ニ立候へ共、及違変候処、其後宿令心遣、請人ニ立、猶又十三組之代役をも令心遣候由、人柄不宜身本不慥者を代役之令口入候段□不謂事候、依之張㢠閉戸被仰付候事

一松本甚左衛門・玉江甚左衛門・明木半左衛門事数日留置候由、旅人宿一夜之外不相聞候処、不心得之事候、依之追込被仰付候事

奉公先で知り合った古萩町の永久七郎右衛門は久次郎の新六尺代役の口入をし、請人に同じ町の古屋喜右衛門を立てていたとある。その後「人柄不宜」ものであることがわかって関係を解消（「及違変」）したものの宿の手配をしてやっている。また喜右衛門も「違変」後も再度十三組代役の請人に立っていた。久次郎は奉公先での知遇という個別的なツテを介して代役に雇用されていたことになる。専門的な斡旋業者に必ずしも頼っていないようである。

また萩周辺の旅人宿とはこういった身元不確かなものが滞留する場であったこともうかがえる。なおこのうち松本市の甚左衛門なるものが登場しているが、一七八九年（寛政九）にも松本市の旅人宿甚左衛門が処罰を受けている（毛利家文庫「罪科」二〇四（四）「常御仕置帳」）。これは豊後から来た夫婦者を止宿させ、しかも両名が「親類同前慥之人柄」だとして請に立ち、円福院という寺院の貸家への居住を斡旋しているのである。両者は同一人物であろうから、旅人宿は単なる宿泊だけではなくて貸家や奉公の斡旋などもふだんから行っていたと思われる。

このように一八世紀後半において代役への雇用は、斡旋業者を介することもあれば、個別的なツテに頼ったり、場合によっては旅人宿を通したりと、さまざまな方法で実現されていたことがわかる。大草三郎右衛門のような独占的な斡旋業者が登場するのは一九世紀に入ってからのことだったのではないだろうか。

第四章　武家奉公人の徴発と雇用労働

はじめに

最近、東谷智氏の越後長岡藩を素材にした奉公人（充人）徴発をめぐる論考に接した。[1] そこで氏は、①「都市に成立する労働市場からの雇用による」調達を藩も藩領の側も志向してはおらず、したがって高木・吉田両氏以来の筆者も含めた、領主の労働力需要が雇用労働によって支えられていたとする研究動向は見直されるべきだとする。②そしてそれにかわって、充人の「賦課・負担システム」そのものに注目することで、「在地が行政能力の伸長を背景として行政を請け負っていく過程」として評価しなおすことを主張している。おそらく氏の主張の眼目は、在地の側の「行政能力の伸長」に注目し、その延長に近代の成立を展望しようとする近年の研究動向に、[2] 奉公人徴発の問題を位置付けようとする点にあるのだろう。しかしながらこうした動向に関しては、近世後期の武家奉公人の性格に関して述べた別の論考で、私的利害の存在という側面から批判を加えたことがある。[3] ここでは奉公人徴発の問題についても、「賦課・負担システム」そのものが雇用労働のあり方に規定されてしか機能しえなかったという主張をあらためて確認することで、氏のような評価への批判としたい。

ここではそのことを萩藩の支藩、周防徳山藩における地下夫徴発をとりあげ、それとの比較を通して検討しようと思う。ここでわざわざ個別藩の事例をとりあげる理由として、一つには東谷氏に批判を受けた岡山藩の掛人が、直接には藩が使役する直属奉公人の徴発だったのに対して、徳山藩の地下夫とは長岡藩の充人と同様、家中が必要とする奉公人を藩が領内から徴発し、必要な家中に支給する制度だということがある。しかも一円領国である岡山藩に対してともに数万石程度の小規模な藩領である。したがって比較のためのより近似的な事例とすることができよう。さらにそれ以上に積極的な理由となるのは、地下夫が一八世紀末にあらたに始まった徴発だったということにある。その意味で近世後期に幕藩領主が奉公人を領内から徴発しようとする場合の、より本質的な問題点が浮かび上がる素材となろう。

以下では地下夫徴発の概要をまず明らかにし、そのうえで長岡藩の事例と比較することで、述べたような東谷氏の評価を検討するという手順で論を進めてゆきたいと思う。

本章に入る前に徳山藩の概要を述べておこう。(4) 周防国徳山を城下とするこの藩は、本藩萩藩の支藩として近世初頭に成立したもので、寛永検地での石高は四万石、幕末での内検高は六万石とされるから、長岡藩よりやや小規模な藩といえよう。そして一八世紀初めに一時的に改易となり本藩に収公されたことはあったものの、近世を通じて同じ領主が支配していたという意味では長岡藩と同様である。また領内の構成は図4および表20から概観できる。ここでa、b、cなどとしたのは、表20の典拠とした史料に記載されるもので、保や郷などおそらくは中世以来の地域単位かと思われる。これによると、藩領は徳山を中心にした周防都濃郡の瀬戸内海沿いに主として存在していたことがわかる。もっともやや離れた山間部にl、mがあり、また全く離れた萩の近くにp、qがあった。また城下徳山以外にも、下松や富田、福川など山陽道沿いに小規模な都市が展開していて、これらは町奉行の支配する町方とされていた。一方それ以外の村々は代官が支配していた。各村には庄屋が置かれ、その下に複数の畔頭(くろがしら)が置かれて担当の畔頭組を管轄していた。

表 20　徳山藩領の村・町別人口（1792 年）

(地区)	村・町	人数	g 富田郷村	下上村	1282
a 山田村	山田村	522		富田村	2129
b 河内保村	河内村	1235		上村	1183
	来巻村	455		富田新町	596
	久保市町	218		古市町	510
	岡市町	65		平野町	450
	垰市町	72	h 矢地村	夜市村	1381
c 豊井保村	西豊井村	655		福川村	1124
	東豊井村	897		夜市町	129
	大嶋	806		福川町	1454
	粭嶋	255		大津嶋	970
	下松町	2197	i 戸田村	戸田村	381
d 末武村之内	生野屋村	783		四熊村	1270
	瀬戸村	545	j 莇地村之内川曲	川曲	395
	譲羽村	313	k 大道理村	大道理	1308
	温見村	305	l 大向村	大向村	954
	大藤谷村	219	m 須万郷村	須万村	3244
e 久米郷村	栗屋村	555	n 熊毛郡島田・浅江村之内	島田村	77
	遠石町	394	o 佐波郡富海村	富海村	1100
f 野上村	徳山村	1959		野嶋	482
	徳山町	1770		富海町	839
	新町六丁	726	p 阿武郡奈古村	奈古村	1625
	船町	453	q 大井郷村之内	大井	1067
			計		39349

典拠：山口県文書館架蔵徳山毛利家文庫「村方」20「御領内諸村人数地方・町方・寺社家分ケ」。
凡例：ゴチックは町方、それ以外は地方。寺社方は除いた。

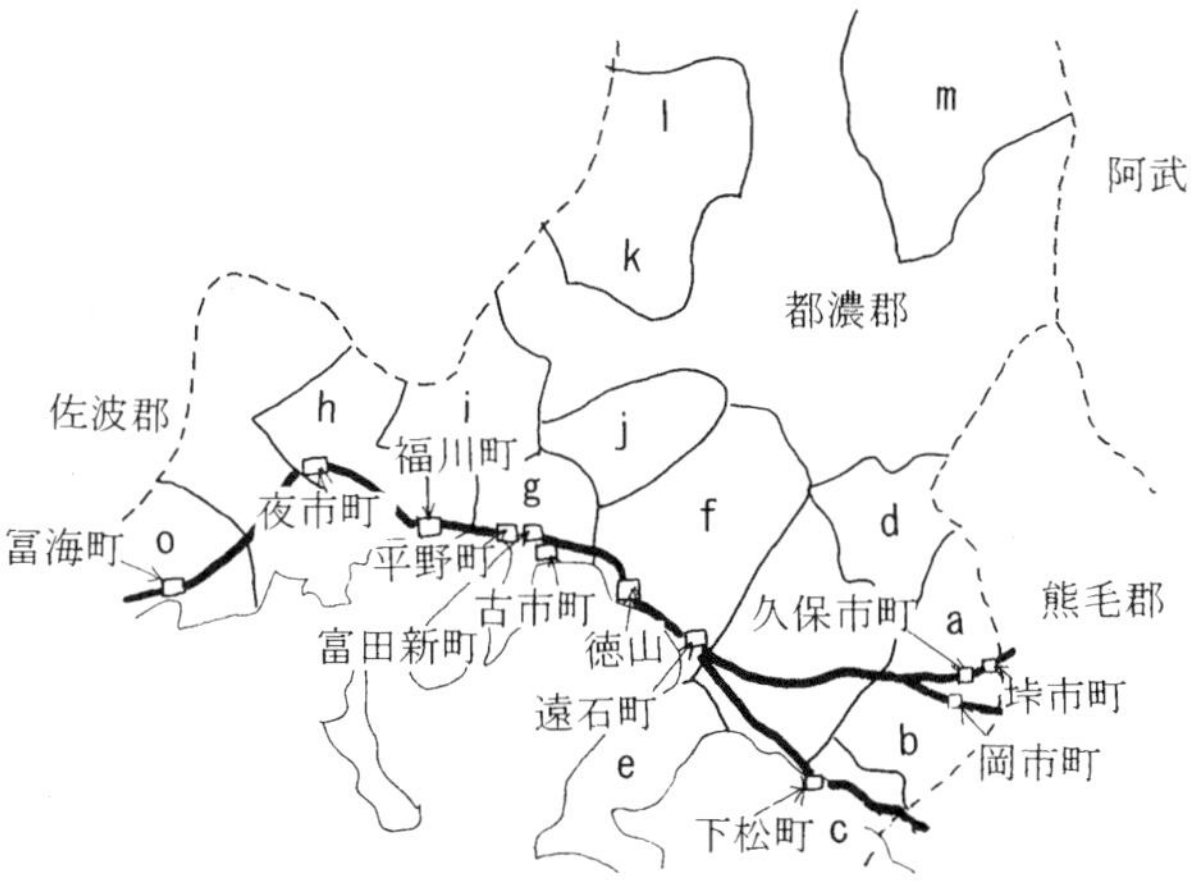

図４　徳山藩領の概観

また藩の直属奉公人としては、足軽（二五人×六組に固定）、中間（五一人×三組に固定）、荒仕子（一八世紀半ば以降一六〇人に固定）があった。それらは株化され、特定の家筋から抱えられていたようである。[5]一方、家中の奉公人は専ら城下から雇用して確保されていた。地下夫徴発が始まるまでは、奉公人を徴発によって確保することは基本的にはなかったと思われる。

一　地下夫徴発の開始

徳山藩は一七九一年（寛政三）から領内からの奉公人徴発、地下夫徴発を始めている。その開始を告げる前年十二月の在・町宛の触では、冒頭につぎのように述べられている。[6]

御家中面々地并旅役ニ召仕候下男、近来相望候もの少ク、又ハ去酉歳之触筋を等閑ニ相受、窃ニ高給銀望候等ニ而、一統迷惑候様相聞候、左候而ハ畢竟御上之御差支ニ至候事、惣而右筋ハ近頃年並宜敷、米穀下直ニも成候方ニ而、小身之もの奉公稼よりも渡世成やすき方多く、又ハ人々奢をいたし候弊風今以不相止ニ付、行形リ之給銀ニ而は不物足様心得候故之儀ニ相見へ候旁ニ候間、依趣は自今已後右下男地下夫出しニ而、主家給銀相応ニ定候様可申付、依之先来亥歳江戸役等之供人右之趣を以、在・町方ニおいて手当申付置候事ニ候…

奉公人給高騰のため家中が奉公人を確保できなくなったので、参勤交代の供立の保障をするために地下夫の徴発を行なうというのである。

ちなみにここでいう状況を触から瞥見しておこう。①まず日用賃高騰への規制が一八世紀半ばから強化されてい

表21　地下夫を申請した家中（1811年）

階層　石	家　老	留守居	出　頭	馬　廻	中小姓	徒	祐　筆	膳　部
600～	1							
500～	1							
400～	3							
300～	1		1					
200～			4	4				
150～		2		13				
100～		1		18　*2*				
90～				1				
80～				5				
70～				9　*1*				
60～								
50～				39　*4*				
40～					7			
30～					12　*1*			2　*1*
20～					52　*7*	54　*8*	3　*1*	

典拠：『徳山市史史料　中』所収〔藩士一覧分限帳〕より作成（1812年）。
凡例：各欄の数字は家中の階層別人数。*数字*は、1811年に地下夫を申請した家中。

る。すなわち一七六一年（宝暦十一）に、「町・地方御沙汰」として、家中奉公人が高給を望むことを禁止する触が出されているし、[7] 一七五三年（宝暦三）には「御家中ゟ時々供ニ召連候日用」の賃銀を抑制する旨、町奉行に通達されている。[8] なおそれまで出されていた職人作料の規定のなかに、「御家中・町・地方」で雇用する日用賃銀の規定が加わるのが一七八一年（天明元）のことである。[9] もちろん日用賃の高騰はこれ以前からの問題だったはずだが、この時期からより深刻化していたものであろう。②また参勤交代の供立として召連れた奉公人の、江戸での欠落を問題にする触も出されるようになる。すなわちそれまで「老人・若輩者召連候儀」を禁止するという、主として年齢やあるいは外見上の規制だったのが、[10] 一七五〇年（寛延三）になると、江戸で「御門外」へ出て他所へ奉公することを禁ずる内容を含むようになった。[11] ③さらに一七五三年（宝暦三）には、町・在に対して領外への奉公を禁止する触も出さ

れている。(12) 総じて、一八世紀後半には家中の奉公人確保は一層困難になっていたことを予想できる。(13)

こうしたなか、とくに参勤交代の供立を藩として保障する必要から領内からの奉公人の徴発を行なったことになる。単に法令による規制から、より具体的な保障策に乗り出したわけで、一八世紀末にはさらに一層確保が困難になっていたといえよう。ちなみに一八一一年（文化八）一年間に地下夫を申請した家中を表21によってみておこう。すると家臣団の中核である馬廻にも一定数がみえるが、むしろ中小姓や徒など下層の家臣に多い。家中のなかでもとりわけ下層の部分にとって、江戸まで召連れる年季奉公人の確保が困難だったことが知られる。地下夫徴発は直接にはこの部分の奉公人を保障するためだったのである。こうして家中の奉公人雇用が困難になったために、あらたに地下夫徴発が始まったことを確認しておこう。その意味でこの徴発は、出発点において領内に展開する雇用労働との関係抜きは考えられないものというべきだろう。

つぎに、地下夫を徴発する方法を具体的にみてゆこう。先の史料にもあったように、地下夫にはそれを配属された家中が給銀を支払うことになっており、その額は年令に応じた三段階に規定されていた（上給＝二六～五五歳、銀九〇目。中級＝一八～二五歳と五六～五九歳、銀八〇目。下給＝一五～一七歳、銀七〇目）。さらにこの三段階の規定額に加えて、一五匁以内の「心附銭」を支給することも定められていた。(14) しかしそもそもが奉公人給の高騰への対応だったのだから、ここで規定される額は一般の奉公人給よりは低かったはずである。実際、通達のなかにはつぎのような箇所がある。(15)

…ケ様申付候上ハ地下役目ニ而新ニ一統之迷惑事出来候様ニも可及哉ニ候得とも、是迄とても其人数大概御領内ゟ出候事ニ而、望候而出候と触附候而との違ニ而候、其上猥ニ望候而出候時ハ、村方なとハ農業之衰ニも相成、不宜義有之候得共、触附候時ハ平均之割ニ而出候間、右躰之儀も無之…

地下夫はあくまで「地下役目」なのであり、それに応じるものが「望候而出」るのではなく、「触附」によって強制的に出されることは藩の認識するところだった[16]。ただし「望候而出」ようが、「触附」によって出ようが、「其人数大概御領内ゟ出」ていることに違いはなく、しかも「平均之割」で出ることになるから、農業人口の確保と抵触せずかえって都合はいいはずだ、と説明している。ここでは藩が奉公人確保策を、領内の農業人口との均衡のうえで実現しようとする、その意味では近世の領主にとっての本来的な関心に立って実現しようとしていたことに注意を払っておきたい。引用はしなかったが、通達の最後で「農業之衰ニ及候村方」は触付から除外するともいっている。

それでは藩が確保しようとする「大概御領内ゟ出」ているという「其人数」とは具体的にどのような存在なのか。そのことを地下夫の免除規定を通してうかがっておこう[17]。すなわちそこでは、a下札持の「本人」（当主）、b一子などで父母の世話が必要なもの、c病気などのもの、d幼年・老年のもの、e家中へ年季奉公・日分ケ奉公しているもの、f在・町へ年季奉公をしているもの、g作事所付の職人、が免除者とされていた。また地下夫という名称ではありながら、冒頭の引用のなかで「在・町方において手当申付」けるとしていたように、在方ばかりでなく町方も対象となっていた。さらに年齢は一四歳以上六〇歳以下のものだった。したがってこの規定から消去していゆけば、たとえば在方や町方で日用稼ぎや小商いに従事するようなもの＝日用存在が主要な徴発の対象とみなされたことになる。いずれにせよ藩の目からみた藩領全体での「余剰」労働力をあぶり出し、それを強制的に家中に奉公させようとする政策だったといえるだろう。

そこで問題となるのは、そうした対象者を具体的にはいかにして把握し、徴発したのか、その実現のための方法である。このことを、初めて行われた一七九一年（寛政三）における触付の手続から考えておこう。その内容を紹

介しておけばつぎのようである。(18)

Ⅰ述べたように、前年十二月二十二日付で在・町へ地下夫触付を通達し、同時に「仕法書」を通知している。このなかで村のなかの畔頭組および町単位に、対象者の名前・年令・本主との間柄を記した「名前帳」の提出を命じている。最初に、畔頭組・町単位で対象者を把握することから始まるのである。

Ⅱつづいて正月に家中に対して、江戸下男を自分抱えできなければ申請するよう通達している。そして二月七日には地下夫割り当てを希望する家中を、藩庁まで出頭させている。

Ⅲそうして出頭した家中から二月八日に「望入札」を提出させている。これはこの年徴発の対象とされた五つの村および町の「名前帳」に基づき、家中おのおの希望する地下夫を村ごとに書き上げさせたものである。そのさい対象となる五ケ村・町から候補者を一人ずつ、ただし「本望之人何れも差合候節之為」、それぞれについて代人の名前を添え、第一希望から第五希望までの順番を付けさせている。そしてこれは翌日上御用所で開封している。

Ⅳ以上の手続きを経て、二月十日に五ケ村・町へ、希望を提出した家中に割り当てられる地下夫を、代人一人とセットで割り当てている。

このように地下夫の徴発は、Ⅰ畔頭組・町から提出の「名前帳」を通した対象となる労働力の直接把握と、そのなかからの候補地選定、Ⅱ・Ⅲその候補地の「名前帳」から、地下夫を必要とする家中が選考、Ⅳそれに基づく地下夫の触付、という手順で行なわれたことになる。対象となる領内の労働力を、藩が直接に把握できることが前提となっている点に注目したい。一八世紀末に徳山藩が始めた地下夫徴発は、藩が町方・地方の区別なく、領内の「余剰」労働力を直接に把握して、そのなかから選抜することが特徴なのである。

以上のように、藩にとって必要な労働力を確保するために、藩や家中などに奉公しているのでもなく、かといって農業に従事しているのでもない、藩の目からみた「余剰」労働力の把握とその調達をめざすのが地下夫徴発だったといえる。いいかえれば、藩や家中の相対での雇用による奉公人調達（つぎにみてゆくようにその主要な供給源は城下徳山中心である）と競合しない、あらたな供給源を「発見」し、その徴発をめざすものだったことにもなろう。その限りでこのとき藩がめざそうとしたことを、「都市に成立する労働市場からの雇用による」調達を志向しないものとみなすことも可能であろう。

二　地下夫徴発の変容

ところがこうして始まった地下夫徴発は、翌年にはただちに手続きが変更されてしまっている。つぎに一七九二年（寛政四）に行なわれた徴発の手順をみておこう。(19)

Ⅰ一七九一年（寛政三）冬に、来春再び家中江戸下男の地下夫徴発を行なうことを通知している。しかしながら先にみた手順と異なって、最初に下男を自分抱えできない江戸役家中に申請を行なわせており、あらかじめ必要数（「現入用」）を確定することから始めている。

Ⅱそのうえで九二年閏二月二十五日に五つの村・町に対し、「現入用」の人数だけを割り当てるとして、割り当て一名につき三名ずつの名簿提出を指示、三月初旬に五ケ村・町から「手当人」の名簿が提出された。

Ⅲそして三月十一日に、先に申請した地下夫を必要とする家中から「望入札」を提出させた。これは、五ケ村町の「手当人」名簿のなかから、各村・町について候補者一名と代人一名をセットにして、第一希望から第五希望までの順番を付けたものだった。

Ⅳ三月十三日、「望入札」の開封後ただちに五ケ村・町に触付けている。

すなわちこのときの徴発は、Ⅰ地下夫必要数の確定、Ⅱ必要数だけを在・町に割り当て、「手当人」名簿を提出させる、Ⅲ・Ⅳそのなかから家中の希望を募り触付ける、という手順で行なわれたことになる。つまり前年の触付と大きく異なるのは、最初に全領の労働力を藩が把握するという段階が省略されてしまい、候補者の選考が事実上村・町に委ねられてしまっている点である。東谷氏のいうような「賦課・負担システム」の変更が開始からわずか一年でみられたことになる。[20]

こうして手続きを変更した理由について藩は、「元来於地下役座、戸別人別帳も聢無之故、事ニ臨、家別現人数書取ニ及候より始、余程手間掛リ之事ニ候間」と説明している。[21] 村や町にはふだんから労働力を把握する台帳が存在しないため、徴発のあるたびに対象者をリスト・アップして藩に報告することなど、実際には不可能だというのである。つまり藩が対象となる「余剰」労働力を直接に把握するといっても、その前提には村や町による人別把握が前提だったわけで、それが不十分な以上、当初の目論見は崩れざるをえなかったことになる。地下夫の「賦課・負担システム」の変容をもたらした直接の要因は、「余剰」労働力の直接的かつ恒常的な把握をなしえないことにあった。

それではつぎに、村・町に事実上調達を委ねるようになって以降の徴発の実態をみてゆくことにしよう。まず表22は、地下夫徴発の行なわれた全期間における「手当」と「触付」の人数をそれぞれ示したものである。このうち「手当」は、先の手続きのⅡ段階での割り当て数になる。また「触付」は、そのあと家中の「望入札」に基づいて実際に村・町に割り当てたⅣの段階のものである。するとまず気が付くことは、「手当」数と実際の「触付」数に食い違いがあることだろう。しかも多くの場合後者が下回っているが、例外的に徳山町と徳山村のみがかなり上回っているといえる。

そこでこの事情について、一八一一年（文化八）一年間の触付を例にとってみておこう。その概要は表23にまと

表 22　地下夫村別「手当」人数（1791 ～ 1819 年）

（地区）	村・町	手当	触付
a 山田村	山田村	11	8
b 河内保村	河内村	21	17
	来巻村	7	9
	久保市町	0	0
	岡市町	0	0
	垰市町	0	0
c 豊井保村	西豊井村	16	13
	東豊井村	13	12
	大　嶋	0	0
	粭　嶋	0	0
	下松町	19	17
d 末武村之内	生野屋村	13	10
	瀬戸村	3	2
	譲羽村	2	1
	温見村	2	1
	大藤谷村	0	0
e 久米郷村	栗屋村	10	6
	遠石町	0	0
f 野上村	徳山村	32	41
	徳山町	35	41
	新町六丁		
	船　町		
g 富田郷村	下上村	14	9
	富田村	31	29
	上　村	13	10
	富田新町	4	4
	古市町	4	4
	平野町	3	1
h 矢地村	夜市村	8	8
	福川村	13	12
	夜市町	0	0
	福川町	9	6
	大津嶋	0	0
i 戸田村	戸田村	5	4
	四熊村	3	2
j 莇地村之内川曲	川　曲	2	0
k 大道理村	大道理	2	3
l 大向村	大向村	3	3
m 須万郷村	須万村	0	0
n 熊毛郡島田・浅江村之内	島田村	0	0
o 佐波郡富海村	富海村	5	4
	野　嶋	0	0
	富海町	2	1
p 阿武郡奈古村	奈古村	0	0
q 大井郷村之内	大　井	0	0

典拠：山口県文書館架蔵徳山毛利家文庫「寺社・町方」298、299「御家中下男地下夫出一事記」。

表 23　1811 年の徴発状況

手当				触付		
理由	月・日	対象	人	月・日	地下夫	備考
当春御家中江戸下男自分抱不相成分	2・21	徳山村（f）	2	②・10	三吉	
				②・10	虎蔵	
		西豊井村（c）	1			断出
		山田村（a）	1	②・17	寅吉	
		河内村（b）	2	②・17	才五郎	
						1 人断出
		福川村（h）	2	②・17	音松	
				②・17	清四郎	
		夜市村（i）	2	②・17	治三郎	
				②・17	彦太郎	
		戸田村（i）＊	1		断出	
		徳山町（f）	2	②・10	松治郎	
		下松町（c）	2			触戻
当春御家中江戸下男自分抱不相成分	2・26	四熊村（i）	1	②・17	里七	徳山北山で雇
		富海村（o）	1			断出
		大向村（e）＊	1	②・17	安右衛門	
		生野屋村（d）	1			断出
		瀬戸村（d）	1	②・17	弥助	
		下上村（g）	1	②・10	与八	
触付之村々断出多につき		東豊井村（c）	1	②・17	源五郎	徳山で雇
		温見村（d）	1	②・17	今助	
		川曲村（j）＊	1			断出
		栗屋村（e）	1			断出
		大道理村（h）＊	1	②・17	梅治郎	
		富田新町（g）	1	②・17	喜平太	
		平野町（g）＊	1	②・17	頌平	
当春江戸下男	②・5	古市町（g）	1	②・17	忠五郎	政所で雇
当夏江戸番手之内下男自分抱不相成	5・26	下松町（c）	1	6・9	助左衛門	
当秋江戸番手	8・16	徳山町（f）	2	6・9	幸助	
当冬江戸番手	10・1	富田村（g）	1			断出
当冬大坂出役	10・10	福川町（h）	1	11・4	嶺助	徳山で雇
八幡出役	10・17	栗屋村（e）	1	11・4	弥十郎	徳山村で雇
来春江戸番手	12・26	戸田村（i）＊	1	1・17	折松	

凡例：「手当」の村・町名に＊を付したのは、1791 年に「人少ニ而農業差支」、「年来衰微」につき徴発を免除されたところ。
また村・町名の（アルファベット）は、図 4 における場所を示す。

めておいた。みられるようにこの年には二月二十一日と二十六日の二回にわけて江戸下男の徴発が行なわれており、またそのごも臨時の江戸番手や大坂出役などのために数名が割り当てられている。

まず「手当」数が「触付」数を上回っている理由を考えるうえで、注目されるのは一旦人数を割り当てられ、それに基づいて「手当人」の名簿を提出しているのに、「触付」の段になってそれを断っている村・町が多くみられることである。たとえば二月二十一日・二十六日の分では一五の村・町に、あわせて二一名が「触付」けられた。ところがこのうち四ケ村が「断出」たために、「触付之村々断出多ニ付」として、あらためて七つの村・町に追加で触付けている。しかもこのなかには一七九一年の段階で「人少ニ而農業差支」とか、「年来衰微」という理由で徴発を免除されていた村・町も含まれており、さらに二ケ村が「断出」ている。人数を割り当てても、それを断る村が多く、ために「手当」の範囲を拡大せざるをえなくなっているのである。このことが、表22にあって多くの村・町で「触付」が「手当」を上回っている理由にほかならない。

そうしたなかで、徳山町・村だけが「触付」が「手当」を大幅に上回っていたのはなぜか。そこで今度は「触付」の欄をみると、なかに自村のものではなく他所から雇用して差し出しているものがあることに気付く。しかもそのほとんどが徳山町ないし徳山村からである。つまり「断出」はしない村でも、自村からではなく主として徳山やその周辺から差し出す場合が多くあったのである。割り当てを受けた領内の村々が、都市域、とくに徳山やその周辺か雇用して差し出すことは一般的だったといえる。だとしたら表22において徳山町・村が例外的に「触付」数が「手当」数を上回っていたのも、一旦「手当」を割り当てられた村・町が、徳山から雇用して差し出すことが多かった結果にほかならないといえよう。

そのことを確認したうえで再び表22に戻ると、いま一つ気が付くことは「平均之割」という藩の言葉とは裏腹に、割り当てが決して領内均等に行なわれたわけではなかったことである。とくに多いところをみておくと、f徳

表24　雇荒仕子の雇用例（1812年1月）

名　前	年　齢	居　所
常次郎	17	下松
[　　]	19	今宿（徳山）
栄　蔵	19	今宿（徳山）
弥　助	19	
茂　八	20	新町（徳山）
喜　助	20	西辻
[　　]	21	毎車（徳山村）
栄　蔵	22	今宿（徳山）
万　吉	25	吉屋町（徳山）
[　　]	27	粟屋村
国　平	29	富田村
今　八	40	下松
[　　]	41	東豊井村
源四郎	43	□上村

典拠：徳山毛利家文庫「蔵本日記」810。

山町と徳山村とが群を抜いており、それにb〜d下松町とその周辺の東西豊井村・河内村・生野屋村、g・h富田町・福川町やその周辺の富田村、福川村がつづいている。山陽道沿いに発達していた都市域、城下町徳山周辺と、下松周辺、富田・福川町周辺という三つの地区が、地下夫割り当てを中心になって受けていたことになる。それ以外の地区からの拠出はほんのわずかである。いま述べたこととあわせて考えるならば、領内の村々が割り当てを徳山など都市域へ代替して対応するという実態が存在し、そのことに規定されて藩の方も割り当てをこうした地域に集中させた結果だったのではないか。

そこで徳山やその周辺に、どういった形で労働力の集積がみられたのかが問題となってくる。以下に断片的でしかないがいくつかの事例をあげておきたい。まず藩の雇荒仕子の雇用例を示した表24によると、多くが徳山周辺で調達されていることがわかる。徳山は藩や家中が奉公人を雇用するときの中心的な供給地にほかならないことがあらためて確認できる。

また直接に徳山に関わるものではないが、都市域への労働力の流入の様子をみておきたい。一八三一年（天保二）五月、藩は「御領地町江他所人、其出所も定かならす、送り手形等も無之者罷越、当分罷越」している状況を問題視し、来住して一〇年以下のものは領内から追い出すこと、一〇年以上二〇年までのものは事情を判断して領内への居住を許可するとして、二〇年以内の来住者の調査・報告を町・村に命じている。これを受けた富田新町の翌年二月の報告が残されているので、これを表25にまとめておいた。本来ならば他所人だけの報告でよかったはずだが、みられるように領内からの来住者もあわせて記載されるので、この時点での富田新町への流入が全体として把握できることになる。ただしこれらはいずれも借家住まいのものなのであって、定住者に限った報告になっている。奉公稼ぎなどの一時的な流入は、この表のほかにもっと多くいたことになる。

ここからまず領内からの流入をみると、隣接する富田村を始め、下上村、四熊村などごく周辺の農村からの流入が一定数あることがわかる。同時に徳山町を始め、福川町や富田町など近隣の都市部からの流入も存在する。このことを流入する側からみるならば、まずは近隣の都市部に流入し、そこからほかの都市へ移動するものもあったことになろう。もっともこれらはほとんどが送り状を携行してのものだから、この流入自体はとりあえずは町役人も把握するところだったはずである。

その一方で、他領からの流入も一定数存在したことがわかる。そこで他領からの労働力の流入に関して、表26をみておくことにしよう。これは一八一一年から四一年にかけて、断続的なものではあるが、他国者の処罰例を出身別にまとめたものである。これによると、石州や北九州など遠隔地のものはあまり多くはない。ただし安芸の広島からは多いが、全体としてみるならば流入の多くは柳井、岩国、中の関周辺、山口など周防の都市域からのものである。これら都市域にはやはりそれぞれ周辺農村からの流入があったものだろう。すなわち徳山領の都市域には、ごく周辺の農村からの流入と、比較的遠隔地、とはいっても多くが周防国の都市域で、同様にそれぞれの地域の流入先となっている場所からの二次的な流入という、二重の仕方での労働力の集積があったと予想できよう。

なお「徳山村之内近年家数」が増加したので、今後は代官切ではなく、藩庁中枢の当役まで許可を得たうえで来住を認めることとする、とする触が出されたのが一七七五年（安永四）のことだった。[22]こうした集積はとりわけ

表 26　他所者の処罰例

年	周防												長門			
	都濃郡	熊毛郡			玖珂郡		大島郡	佐波郡			吉敷郡		豊浦郡		美祢郡	阿武郡
		室積	柳井	平生	岩国	他		宮市	中ノ関	西ノ浦	山口	他	下関	長府		
1811											1	1				
1813																
1814																
1816			1					1								
1822				1												
1824																
1827																
1835															1	1
1836												1				
1837													1			
1838	1			1												
1839		1				1			1	1	1			1		
1840					1		1			1	1		1			
1841					1											
計	1	4			3		1	4			5		3		1	1

年	安芸		伊予	石州	雲州	筑後	筑前	豊前	因幡	大坂	紀州	計
	広島	他					中津					
1811	1	1										4
1813	1											1
1814	1											1
1816			1			1						4
1822												1
1824								1				1
1827											1	1
1835												2
1836												1
1837				1								2
1838	2	3			1							8
1839	1											7
1840		2								1		4
1841				1			1		1			4
計	12		1	3			3			3		45

典拠：徳山毛利家文庫「刑余録」1「刑罰差録」より、他国者の処罰例のみを抄出した。

表25　富田新町に来住した他所者（1831年の調査）

名前	出所	来住	住居	職業	送り
平　助	富田村（g）	11年前	借家	日雇稼	○
末次謙受	〃	〃		医業	
の　よ	〃	10年前	借家		○
文右衛門	〃	〃	〃	町馬方	○
藤屋治右衛門	〃	5～6年前		店売綿商売	×
	〃	3年前	借家	日雇稼	○
利三郎	平野町（g）	昨年	〃	〃	○
八十八	平野上ケ（g）	3年前	〃	〃	○
川口屋利八	福川町（h）	8年前	〃	小商	○
富五郎	古市町（g）	昨年	〃	綿打日雇	○
丈　七	下上村（g）	15年前	〃	日雇稼	○
由　助	〃	〃	〃	〃	○
音五郎	〃	昨年	〃	小間物屋	○
惣右衛門	〃	〃	〃	日雇稼	○
元　吉	四熊村（i）	17年前	〃	〃	×
六郎左衛門	〃	9年前	〃	〃	×
木屋善四郎	〃	昨年		酒場酒造方	×
吉五郎	徳山町（f）	10年前	借家		
岩　松	〃	〃	〃	日雇稼	
喜左衛門	〃	5年前	〃	石屋職	○
文　蔵	譲羽村（d）	6年前	〃	日雇稼	×
重　蔵	富海町（o）	7年前	〃	相場問屋職	○
吉右衛門	小畑村（萩藩）	12年前	〃	日雇稼	×
奥　助	〃	7年前	〃	〃	×
新　吉	田布施（萩藩）	8年前		下作日雇稼	
弥　吉	鹿野今井（萩藩）	11年前	借家	〃	×
左　七	三田尻（萩藩）	昨年		焼物細工	
久　吉	芸州御手洗	親、18年前来居	借家	仕立職	
な　み	芸　州	8年前			
源兵衛	徳　島	〃	借家	茶屋	
庄吉	阿　州	2年前		焼物細工	
治郎八	豊後臼杵	昨年	借家	鏡磨	

典拠：徳山毛利家文庫「寺社・町」252「他所人御領住居伺出控」。
凡例：送りの○は所持、×は不所持を示す。なお送り状は全部で16通とされるから、
不明分の多くは不所持だと考えられる。

一八世紀後半から進展したのだろう。地下夫徴発が実施された段階において、領内でもとりわけ徳山町とその周辺が労働力が集中する地区にほかならなかったのはまちがいないといえる。

ここで以上に述べたことを簡単にまとめておこう。地下夫徴発開始の翌年から、藩が直接対象となる労働力を把握することをあきらめ、村や町に候補者の選考を任せる方法に切り替えた。しかし現実には「触付」を断る村が多く、ために割り当ての対象を必要以上に拡大せざるをえなくなった。また断らない場合でも、徳山から雇用して差し出すことが往々にしてみられた。しかもそうした実態を受けて、藩も割り当て自体を徳山周辺に集中させるようにもなっていた。藩は当初「余剰」労働力を直接に掌握することで、すでに奉公人の供給源となっている徳山以外からのあらたな対象の掘り起こしをめざしたはずである。しかし藩による掌握ができようができまいが、労働力が徳山周辺に集中している実態に変わりはないのであって、そこへの依存は必然だった。「都市に成立する労働市場からの雇用による」調達に依存しないで労働力を確保することなど、現実には不可能だったのである。

三　地下夫徴発の廃止

こうして藩が、労働力を直接に把握して「平均之割」で徴発することをあきらめ、人選を村・町に任せてしまったことは、つぎのような問題を引き起こすことにもなった。たとえば一八一三年（文化十）二月、在・町へ宛てた触をみてみよう。(23)

…人により元来旅行を嫌ひ、又ハ高賃相望候等ニ而現触付ニ至内分歎立、難渋筋も多く、無拠地下役人共内取計を以地下貫キ立ニ及助銀差遣、近年ニ至右助銀望ニ任、追々多分之員数差遣候様成来、依而ハ自分抱之向年増少ク、地下夫申出多数ニ相成、其触付ニ至リ候在・町助銀旁迷惑存入之趣相聞へ、於其段ハ在・町役人共寛政の沙汰趣意不相守、殊更内分貫銭之義ハ決而有之間敷義共、尚助銀多分遣候得ハ自分抱之下男ハ勿論、雇荒仕子望人も無之様相成、畢竟右等之心得違を以彼是差支不少事ニ候、依之此後之義ハ助銀内分貫立之義ハ堅差留候条、寛政之沙汰筋を以、其所ニおいて職業差支不相成、旅行可相成もの選立書立、沙汰次第其触付ニ及、何分無差支相勤候様取計可申付候事

これによれば、①地下夫の割り当てを受けて人数を調達しようにも、規定の給銀では応じるものがおらず、「助銀」をその村や町で自己負担し、事実上雇用して差し出すことが一般化していた、②しかもその「助銀」の額は増加する一方なので、これまで家中の奉公人や藩の荒仕子として雇用されていたものまで地下夫に雇用されようとし、そのことが家中奉公人や荒仕子の払底をもたらしていた、③そのため家中は一層地下夫へ依存するようになっていた、といったことがわかる。地下夫は「平均之割」で藩が徴発するものではなくなり、事実上は村や町が相対で主として徳山から雇用するものになっていた。最初にあげた触のいう「望候而出」るものと変わらなくなっていたのである。ために家中の自分抱えや藩の雇荒仕子との競合を当然ながらもたらし、そのことが家中の地下夫への依存を強め、さらにまた自分抱えを一層困難にする、という悪循環に陥っていたといえよう。地下夫は家中奉公人確保を保障するどころか、かえってその阻害要因になっていたことになる。

こうしたなかで「文政三庚辰二月廿日、郡夫相止、家来扶助銭始る」と地下夫徴発を記録した一連の帳簿の最後に記載されるように、[24]一八二〇年（文政三）には地下夫を廃止せざるをえなくなる。当初意図した「平均之割」での徴発を実現できず、徳山を中心とした供給源に調達を依存してしまったことが、開始からわずか三〇年ほどでこの徴発策を廃止に追い込む直接の理由だったことになろう。

そしてかわって藩があらたに打ち出した確保策は、必要な給銀を地下から徴収するというものだった。[25] それは、①家中が保障を必要とする奉公人数を、在府年五二人、在国年二一人、平均三七人とし、②一方これまで地下が給銀の上乗せとして負担していた「助銀」の額を銀四〇目と見積もって、あわせて銀一貫四八〇目が必要と算出。③それを、在方五万七千石からの一石につき銭二文充の徴収と、町方からの銭二〇貫目の徴収で賄おうとするものである。すなわち、従来「手当」を命じられた村や町が独自に負担していた「助銀」を、全領から拠出することで負担の平準化を図ったものといえる。地下夫としての労働力を「平均之割」で徴発することはあきらめ、かわって現銀を徴収する方法に転換したことになる。

それでは果たして在方や町方から雇用のための給銀を徴収するこうした体制が、地下夫徴発の代わりになりえたのか。そこで注目されるのは、地下夫徴発を廃止した翌年に領内の人別改の方法が改訂されていることである。これはのち、一八四九年（嘉永二）に戸籍改が実施されたときに、「就中文政五壬午歳、在・町宗門之究を分、子午両年ニ宗門旁人別現改之上、三ケ条之御教諭をも読聞せ被仰付、其間年地下役座并町役座ニおいて毎年正月改人別帳調方被仰付来候」と記憶されるように、[26] それまでの宗門改の大幅な改訂だったようである。この改訂は一八二一年（文政四）に発令され、翌二二年に実施に移された。[27] そこで規定される内容を、それまでのものと比較して示しておけばつぎのようになる。

①従来は毎年行われていた宗門改が、子午の六年に一回となった。
②帳面には五人組ごとに旦那寺の頭印と誓詞・血判が付されていたのに対し、神文・前書を村・町ごとの帳面に一括して記せばよくなった。
③寺社奉行が巡回して究めを行っていたのを止め、代官や町奉行が行なうことにした。
④なお子午以外の年には、「地主・門男等男女当歳子迄家別人数宗門書立」てた帳面を作り、毎年四月に代官や

町奉行のもとに提出させた。なおその場合「奥書地下（町）役人印形相用可申、勿論寺印ニハ不及」とされている。要するにこのときの改訂のことを、宗門改の「キリシタン取締」という側面[28]が希薄化し、かわって代官や町奉行による人別の把握そのものが目的化したものと評価できる。

そしてこの試みは一八四九年の戸籍仕法に結びつく。[29] その要点を記しておけばつぎのようである。

①恒常的な人別台帳化。戸籍帳は当主一代に一頁を使い、そこに家族に関する事項を毎年書き継いでゆくものだった。その写は毎年代官・町奉行に提出された。

②個人別記載の精密化。当主の、農業以外の職業、日雇・小商についても記載させたし、家族それぞれの年齢、縁組の年月日、実家や縁組先も記させた。これらは従来の宗門帳には全くなかった事項である。

③登録対象の拡大。足軽などの「御家人」であっても、「地方（町方）地面」に居住すれば記載させた。あるいは他所から流入してきたものについても、流入先の戸籍帳に記載されることになった。すなわち「地方（町方）地面」に現に居住する限りは、族籍も超えて、すべての居住者を登録するという現住所主義をとったのである。

④他領への移動の把握。他領への移動には、三年切の奉公稼の許可をとる場合と、「御領出切之暇」を願う場合の二通りの方法が規定されており、前者については戸籍帳に付紙でそのことを記載させ、後者については戸籍帳から抹消させた。これは③と裏腹の関係であって、流入先で把握できないがゆえに、前住所で把握するものにしたと理解できよう。

みられるように個人別の情報がより密になり、また地域主義・現住所主義をとることによって、たとえば領内で一時的に奉公に出ているものの状況も把握可能になったといえよう。その意味で、移動する労働力の把握の深化をめざしたものと評価できようが、[30] もちろんそれがどこまで現実に機能したかは別問題である。[31]

ところでここであらためて地下夫徴発が破綻してしまった理由を振り返っておけば、結局は対象となるべき労働力を藩が直接に把握しえないことにあったわけで、そのさらに原因は村や町にふだんから「戸別人別帳」がなかったことだった。そのことを念頭におくならば、いまみた廃止の翌年から取組まれるようになった人別改の強化策も、実は領内の労働力の徴発とそのための日常的な把握という課題と深く結びつくものだったといえないか。考えてみれば、必要な給銀を領内からそのまま徴収できるのであれば、藩や家中は奉公人の確保に苦しむことなど、そもそもなかったはずである。この人別政策からは、藩が地下夫廃止後もその復活を指向していたことをよみとるべきであろう。

領内の雇用労働は実態的には城下を中心とした都市域に集中しているのであって、村や町に調達を任せる体制によっては、たとえ藩が「平均之割」で徴発をしても、結局はそこから差し出されることにしかならなかった。しかもそのことが藩や家中が安定的に労働力を確保することを結果的に一層困難にしてさえいた。これに対し藩としては経済外的な関係によって労働力を確保する方策を模索しつづけたのであり、人別把握の強化によって労働力を直接把握して、安価での調達を実現しようとする志向は持ちつづけていたことになる。幕末にいたるまで、雇用によらない形での確保策の実現を藩の側は一貫して求めていたことが、人別改の強化という政策を通してうかがえるのである。

つまり近世後期においては、「都市に成立する労働市場からの雇用による」調達に委ねようとする領内の村や町と、それを否定してあくまで経済外的な関係によって、すなわち「役の賦課・負担の関係によって」調達しようとする藩とがせめぎあっていたことになるだろう。とはいえ近世後期の社会にあっては、後者のようなあり方を安定的に実現することはほとんど不可能だったはずでもある。前者から後者への移行ということはありえなかったというべきだろう。

おわりに

以上、西国の小藩、徳山藩で実施された家中奉公人の徴発策の推移を概観してきたが、そのことをふまえてあらためて冒頭にあげた東谷氏の越後長岡藩の分析を検討しておきたい。述べたように氏の主張の要点は、①奉公人徴発は雇用関係には依存していないのであって、雇用の問題としてとらえることはできない、②むしろ負担を処理する在地の側の「行政能力の伸長」という問題として評価しなおすべきだ、とするものである。

まず①の点について検討しよう。氏は、「長岡藩における充人の賦課・負担システムは藩と藩領との賦課・負担の関係による調達を藩・藩領の双方が一貫して目指しており、都市に成立する労働市場からの雇用による充人調達を双方とも一貫して志向していない」という。しかし「都市に成立する労働市場からの雇用による」調達という問題については、それを志向する藩領（在地）の側と、阻止して経済外的な関係による確保をめざす藩との対抗としてとらえなおすべきではないか。[32]そこにあるのは、あくまで雇用をめぐる藩と在地との対抗関係なのであって、したがって「近世初頭から領主の労働力需要は広汎に存在する『自由な』労働力からの雇用によって支えられていた、という高木・吉田氏の研究を前提にした研究動向の見直し」という氏の主張こそが、見直されるべきであろう。

そしてそのことは、奉公人徴発をめぐる藩と藩領との関係をどう考えるか、という意味において、②の理解にも関わる事柄となる。徳山藩の事例を振り返るならば、藩がめざしたのは市場価格よりも安価に奉公人を確保したいという、徹底した階級的な立場であって、その実現は在地社会の利害と対立するものでしかなかったはずである。

一方氏は、奉公人の「賦課・負担システム」を「行政能力の伸長」、「行政の請負システムの成立」として評価する。この評価は、領主の側が本来担うべき「行政能力」を、民間の側が獲得するようになるという見通しに基づくものであろう。しかしそもそも近世の社会に、「行政」なるものが、比喩的な意味でならともかく、果たしてどのようにして存立しえたのか。村にせよ組合村にせよ、支配の論理によって領主から強制されてある業務をこなすことと、地域社会のためにもなる、公共的な業務を遂行することとは峻別されて然るべきだろう。奉公人徴発から後者のようなあり方が生まれるとは考えがたいのではないか。②のような評価も、奉公人徴発をめぐる階級的な対抗を抜きにしたところから来る理解というべきであって、その意味でも再考されるべきものであろう。

むしろ、東谷氏の論考に接し、またそれに触発されて徳山藩の地下夫徴発を分析してみて気付かされたことは、後者が年間せいぜい数十名程度なのに対して、長岡藩の場合はもちろん藩領の規模が大きくはあるが年間千人を優に超えているという相違点だった。しかも一八世紀末から一九世紀初めの一時的にしか実施されなかった徳山藩に比べて、長岡藩では近世中後期には一貫してみられた。こうした確保策の違いが一体なぜ生み出されるのか。それはそれぞれの領内の雇用労働の展開のあり方に規定されたものとみなすしかないのではないか。氏のようにこの問題を「賦課・負担システム」に閉じ込めてしかみない方法では、雇用労働の問題を考えるせっかくの手掛かりを見失うことになりはしないか。武家奉公人の問題を近世における雇用労働の問題としてとらえ、相互に比較の作業を進めてゆくことが、事例蓄積の少ないこの分野にとって生産的なことであるような気がしてならない。

註(1)　東谷智「近世中後期における武家奉公人の賦課・負担システムの転換――越後長岡藩の充人を中心に――」『日本史研究』四六七号、二〇〇一年。

(2)　たとえば朝尾直弘「十八世紀の社会変動と身分的中間層」『日本の近世一〇　近代への胎動』中央公論社、一九九三年。

(3) 拙稿「中間」塚田孝編『シリーズ近世の身分的周縁三　親方・職人・仲間』吉川弘文館、二〇〇〇年。
(4) 石川卓美『防長歴史用語辞典』マツノ書店、一九八六年。
(5) 山口県文書館徳山毛利家文庫「御書出控」四四、四八など。
(6) 徳山毛利家文庫「寺社・町方」二九八「御家中下男地下夫出一事記」。
(7) 「御書出控」一九。
(8) 「御書出控」一七。
(9) 「御書出控」三四。
(10) 「御書出控」一〇。
(11) 「御書出控」一三。
(12) 「御書出控」一七。
(13) はじめに、で述べたように本来特定の家筋から抱える直属奉公人と、雇用による家中奉公人とは、確保のうえで競合することはなかったはずである。しかし一八世紀末になると、たとえば「在・町之者共雇荒仕子・又家来等相勤、於江戸勤方不心得之者間々有之」ことを咎める触が出されているように（「御書出控」五〇）、雇荒仕子という領内から雇用するものが増加するようになる。こうして一八世紀末には、直属奉公人のなかにも家中奉公人と競合しながら、領内から雇用する部分が増加し、そのことが奉公人確保を一層困難にしていたものと思われる。
(14)(15) 前註6史料。
(16) もっともこうした新規の徴発を村や町がなぜ受け入れたのかが当然疑問となるはずで、この徴発を実現する前提として負担の性格が問題となってこよう。このことについていま明確に述べることはできないが、つぎにみるように町方も徴発対象となっているし、家の当主だけではなく二男以下の成人も徴発対象としており、家が拠出の単位となっているわけでもない。以前岡山藩の掛人の性格について、身分に対応した役ではなく、「個別領主としての岡山藩に対する領民の負担」と説明したことがあるが（拙著『日本近世雇用労働史の研究』東京大学出版会、一九九五年、三七頁）、地下夫の負担の性格も同様なものとして、領民の藩に対する本来的な負担の一つとして理解しておきたい。
(17)(18) 前註6史料。

(19)～(21)　徳山毛利家文庫「寺社・町方」二九九「御家中下男地下夫出一事記」。

(20)　そうして徴発の仕方が変化したから、それを記録する史料も、一七九一年分と一七九二年以降一八一九年までのものとが別々に作られている。

(22)　「御書出控」二七。

(23)　徳山毛利家文庫「大令録」三五。

(24)　前註19史料。

(25)　「御書出控」六九。

(26)　「御書出控」一〇〇。

(27)　「御書出控」七〇。

(28)　神谷智「「人的移動」の把握と宗門改帳」『シリーズ比較家族七　戸籍と身分登録』早稲田大学出版会、一九九六年。

(29)　前註26史料。

(30)　なお従来近世後期に人別改が強化される意図については、本籍を離れた「無宿人・浮浪人対策」として、すなわち治安対策として説明されている（前註28論文）。ただしその場合注意すべきなのは、「農村の労働力と奉公人とがセットになって扱われるのは、幕末の「人返し」にいたるまでの変わらぬ傾向である」（高木昭作「幕藩体制Ⅰ」『日本歴史大系三　近世』山川出版社、一九八八年）とされるように、農業人口と奉公人の確保を均衡をとりながら実現しようとした幕藩領主にとって、本籍を離れた人口の把握は本来的な志向にほかならなかったことである。そうであれば近世後期における人別改強化という問題も、本文で述べたように労働力の把握という観点を加えて意味付けるべきではないだろうか。

(31)　本藩萩藩では、すでに一八二五年（文政八）に戸籍仕法が行われている。これは台帳を作って家ごとに人別の移動を書き継がせてせてゆくものだった。しかしたとえば一八五一年（嘉永四）には、「近年ハ自然と自堕落ニ成行、戸籍帳は年中行司・常式之事と致落着、於于下出奔百姓有之候而も、夫々届而已ニ而事済候様相心得候哉ニ相聞、甚不埒千万之事ニ候」と等閑にされている現実を問題視する触が出されている（山口県文書館毛利家文庫「諸省」一四九「諸沙汰物御書渡類」）。

(32)　この点を氏の提示した事例に即して述べておこう。

ａまず充人には、藩が支給する給金にほぼ匹敵するだけの与荷米を在地が上乗せしていた。氏は両者が併存していることの意味について触れるところがないが、労働力の提供が対価と引き替えになされるという意味において、雇用関係を前提にしていることは当然であろう。

ｂそのうえで、「都市に成立する労働市場からの雇用による」調達に本当に依存していないといえるのか。たとえば領内七組のうち城下周辺の五組が現人（正人）を抛出していた。また安永八年の転換後についても「長岡城下などの町場には、五組の村々を離れて居住し、毎年村々の充人になることで生計を立てる」「五ケ組離候雇人」が存在し、割り当てのうち四分の一はそれに依存していた（二二頁）。つまり結果的に五組内だけで調達できず、城下の雇用労働に依存していることはまちがいないだろう。したがって領内にあって雇用労働が都市域に集中し、そうしたあり方に依存して「賦課・負担システム」が実現していたことは、長岡藩も変わりはないはずである。

ｃまた氏の議論では、「賦課・負担システム」が変容する理由そのものが説明されない。たとえば「充人奉公を望む者を五組の組下の村々が調達する」ことをやめ、「調達単位を組に」したことをもって、「雇用によらない充人の負担実現のシステム」の成立と評価するが（二八頁）、なぜ村ではなく組単位の調達に切り替える必要があったのか。この点について別の箇所をみると、「人数に余裕のない組の村が増与荷米を渡して人数調達を行なったこと」、すなわち城下近郊の二組から雇用して差し出すという実態があったため、そのことを阻止する点にあったと述べている（二二頁）。だとしたら徳山藩で地下夫が廃止されたのと同様な事情、相対で雇用する都市の供給源と競合し、結果的にその賃銀を押し上げてしまうという事態を想定できるのではないか。

ｄ同様に氏は、「各組は望人だけを出し、五組全体としての不足分は年番組の充人として『五ケ組離候雇人』から調達するというシステムへと転換した。このように雇用によらないシステムを藩が採用したのは、おそらく家中の側に雇人に対する忌避観があったからであろう」とする（二五頁）。しかしながら「家中の側に雇人に対する忌避観があった」ことを果たしてどのように論証するのか。徳山藩の事例をみても明らかなように、城下の雇用労働への代替を制限しようとするのは、やはりそことの競合を避けるためだったと考える方が素直ではないだろうか。

このようにみてくれば、充人も雇用労働に依存して実現していたことになるはずで、「都市に成立する労働市場からの雇用による」調達を藩も藩領の側も志向していないとする氏の結論は、長岡藩に則しても当てはまるものではなかろう。極力「都市に成立する労働市場からの雇用」に依存しようとする村や組の側と、それを阻止しようとする藩の側が対抗していることは、徳山藩と同じ構造とみなすべきであろう。

補論　萩藩の奉公人徴発

はじめに

徳山藩の地下夫徴発について、短い期間とはいえ領内の町方・地方では基本的には負担そのものは受け入れていた。一八世紀末になって始まった徴発をなぜ拒否することがなかったのか、負担の性格を考えておく必要があろう。ここでは、①本藩（萩藩）が行っていた出人徴発という先例があり、それを移植したのが徳山藩の地下夫だったこと、②その出人も、萩藩で一七世紀から広汎にみられた郡夫の延長に位置づけられること、この二つのことを論証したい。

一　出人徴発の開始と変容

(1) 出人徴発の開始

毛利家文庫のなかに「諸触控惣目録」と題された帳簿がある。[1] これは一六九四年（元禄七）から一八一四年（文化十一）までに領内に出された触をまとめた目録である。頁を繰ってみると、一七一八年（享保三）の項につぎの記載がある。

一江戸へ召連候奉公人不如意ニ相成、諸士中迷惑仕候付、此度諸郡ゟ出人奉公人之仕法被相定候事

家中が江戸へ召し連れる奉公人が確保困難となったため、諸郡から「出人奉公人」を始めたという。はたしてこの年十二月につぎの触が出されている。(2)

覚

1一江戸御参勤之節御供之御家来中召連候中間奉公人、并御留守番手之諸士中召連候中間奉公人共ニ近年不如意ニ相成、諸士中迷惑仕、第一御供一途之難御間相、只今之通ニ而は不相済儀ニ付而、段々御詮儀之上諸郡御蔵入・給領共に高弐千石ニ付壱人充御役目として出人被仰付候条、於諸在々一家を構候本人百姓を除、二男・三男等之内を以地下ゟ差出可申候事

2一右之出人被仰付候と而、少も耕作之支りに不相成様に可仕儀肝要之儀候、高弐千石壱人取之儀ニ候へは、纔之当りニ候、殊本人を除候而之儀候へは、耕作之妨ニ相成へき儀ニて無之候条、此旨能々相心得候様ニ可有沙汰候事

3一右之出人江戸一途之諸入用物之儀、其主人ゟ夏冬之仕着せ小々之入用もの雑用銭など遣候員数并出人之もの持参之物色旁於紙相記候間、其通を以中間奉公仕候様ニ可有沙汰候事

4一右出人年比は二十歳ゟ四拾二三迄之者身柄丈夫ニ而、長恰好もさして見苦敷無之者を差出可申、尤田舎者之儀ニ候へハ渡り奉公人之様ニは有之間敷候条、役人見分仕、相当之人柄差出可申候事

5一先々御本番手ニは右之員数出人被仰付、御留守番手ニは高四千石壱人充差出候様ニ被仰付候事
　付り、右之出人一番手切ニ人柄入替候とも、又五三ケ年も人柄不入替相勤候様ニ成共前書之歳比に相違不
　　相成内は地下向勝手次第可仕候事
　付り、右之出人員数程入用無之年も可有之候条、其節は其趣当職所江相届候ハヽ、其節可有差図候事
6一右之出人は郡々之問屋江先一通り正月中罷出可申候、左候ハヽ、御供之面々ゟ問屋江可申達候間、於問屋奉公
　人望帳を拵置、前後之沙汰を以出人之人数ニ過候ハヽ、請合申間敷候、左候而右之出人主人何某江奉公人何左
　衛門をかため候通問屋承置、二月出替り之時分ゟ奉公ニ罷出可申候事
　付、請状等仕候ハヽ、其郡々之問屋請人ニ立候様ニ可被申付候事
7一中間奉公人不如意ニ付右之通被仰付事候得は、萩ニ而雇人を以奉公馴候者を指出候儀一切停止ニ被仰付候条、
　此旨堅相心得候様ニ可被申付候、若相背候ハヽ、存知之役人共一廉可被仰付候事
右之廉々を以出人之沙汰念を入可被申付候、以上
　　戌（享保三年）十二月

ここからはつぎの諸点が指摘できよう。

①参勤交代の供立（本番手）や留守番手として江戸へ向かう家中の奉公人確保が困難となっていた。ためにそれを保障する必要から、蔵入地・給領地の区別なく全領から高割で徴発されたのが出人だった（第一条）。なお貞享検地で確定した本藩の石高は約六三万五千石だから、二千石に一人だと三二〇名弱となる。

②徴発の対象となったのは百姓の当主ではなく二男・三男であり（第一条）、しかも耕作の妨げとならないことが条件だった（第二条）。また年齢も二〇～四二、三歳までのものとされている（第四条）。農業経営に抵触しない範

表27　郡夫出人の年次別推移

年	江戸恩銀	江戸道中銀	地恩銀	徴発基準
1720	80匁	32.5匁	40匁	
1721	80匁	32.5匁	40匁	
1722	80匁	32.5匁	40匁	1300石
1723				
1724				
1725				
1726	80匁	32.5匁	40匁	
1727	80匁	32.5匁	40匁	
1728	80匁	32.5匁	40匁	
1729	100匁	32.5匁	50匁	1000石
1730	80匁	32.5匁	40匁	1300石
1731	80匁	32.5匁	40匁	1300石
1732	80匁	32.5匁	40匁	1300石
1733	80匁	32.5匁	40匁	1300石
1734				
1735	80匁	32.5匁	40匁	1300石
1736	80匁	32.5匁	40匁	1300石
1737	100匁	39.0匁		1300石
1738	100匁	39.0匁		1300石
1739	120匁	48.75匁	60匁	1300石
1740				
1741	120匁	48.75匁	60匁	1477石

典拠：毛利家文庫「法令」135「諸書付弐拾八冊」25。

囲で、藩からみた「余剰労働力」の拠出をねらったものだった。ただし萩で雇用して差し出すことは禁止しており（第七条）、相対で雇用される奉公人との競合を避けようとする意図をうかがうことができる。

③なお徴発といっても実際に召し使う主人から、あとでみるように規定の給銀が支給されている。

④徴発は宰判単位で行われており、宰判ごとに萩に置かれた郡問屋のもとに一旦集められ、必要とする家中から要請が来るのを待った。そのさい郡問屋が請人になって請状を作成したし、期間も二月の出替りからであって（第六条）、給銀が支給されることともあわせて、あくまで奉公の形式をとっているといえる。

(2)　出人徴発の変容

そのごの展開について考えるため表27をみよう。これはわかっている限りの触から徴発が行なわれた年をまとめたも

表28　1739年（元文4）正月の一季居奉公人給規定

主　人	奉公人	給　銀
御供衆・御使番・御手廻物頭衆・大組馬持共ニ、御供使繁々之衆	馬なと取悩能奉公人 並之中間	銀250～300目 銀200～220目
出頭番頭・御裏年寄、其外御小姓中	馬なと取悩候能奉公人 並之中間 追廻し中間	銀220～270目 銀140～200目 銀150～160目
大組小身通り		銀150目以下

典拠：毛利家文庫「諸省」52「触書抜」8。

のであり、一七一九年（享保四）以降、ほぼ毎年実施されていたことをうかがうことができる。表示した割付けの基準は千三百石に一人でほぼ固定しているから、毎年五〇〇人に近いかなりな人数が徴発されたことになる。また賃銀をみると、江戸行きの場合は八〇目に道中銀が加わっている。なお江戸奉公人に余分があった場合に「萩住宅之諸士中」に召抱えさせたので、地奉公人給も別途その半額が規定されている。ただし一七三七年（元文二）からは引き上げられているが、これは文銀の改鋳にともなうものだろう。もちろん奉公人を確保できない家中への保障なのだから、ここに表示されたものは市場価格よりは低廉だったはずである。参考までに示した表28は、一七三九年（元文四）正月に出された家中の一季居奉公人の給銀規定であり、実際にはこれをさらに上回って雇用されていたものと思われる。この規定と表27における同じ年の額とを比較すると、出人への給銀は大組・小身通りが雇用する一五〇目よりさらに二割ほど安いし、「御供使繁々之衆」が雇用する「並之中間」と比べると半分ほどになっている。

もっとも表27のなかでは一七二九年（享保十四）だけ例外的に給銀が一〇〇目、道中銀五〇目となり、基準も一千石に一人とさらに増員されている。それに関連して、その年の暮に出された（つまり一七三〇年の徴発のための）触のつぎの一節をみよう[3]。

…右諸郡ゟ之出奉公人一両年は人割・恩銀共被相増候得共、郡夫之並を引、地

之奉公人おのつから高直ニ相成、乍纔も迷惑仕候由ニ付、此度御沙汰之上、江戸奉公人・地奉公人共恩銀前々
之通ニ被仰付候

出人の数を増やし、また給銀を引き上げると相対で雇用する奉公人給が連動して値上がりしてしまったという。ためにもとにもどすことを触れたものである。ということは、出人として出されるものは実は相対で雇用されるものと供給源を同じくしていたのではないか。

たしかに萩で雇用したものを宰判からの出人として差し出すことは、禁止にもかかわらず広くみられたようである。つぎの引用は一七二三年（享保八）のものである。(4)

覚

一江戸御番手衆其外召置候奉公人不如意ニ付、従諸郡先年出人之御仕法被仰付候処ニ、近年は自在々現人差出
不申、萩内渡奉公人等雇差出申宰判も有之由相聞候、依之左之通改被仰付候間、急度致僉儀相改可被申候事
一従諸郡出人之儀享保四亥之年ゟ被仰付候、其年以来一旦在々ゟ差出候出人現人ニ而罷出、直様今ニ至迄出人
之奉公仕候分は不苦候事
一前々ゟ一季居之奉公仕来候者并町方出生之者雇候而差出候儀堅被差留候事
一出所在々之者と候而も、元来一季居之奉公を以渡世仕候者出人ニ雇候儀堅被差留候事
右之趣を以堅穿鑿可被仕候、若其沙汰行届不申、不詰り之儀於有之は庄屋・下代、依品御代官之越度ニ可被仰
付候条、只今迄郡夫雇出候才判有之候ハヽ、早速約束を戻し、其才判々々より急度現人差出候様ニ可有沙汰候、
以上

辰十二月

宰判によっては萩の渡り奉公人を出人として差し出すところもあるとして、萩町出生のものや、たとえ在々の出身でも一季居奉公をしているものを出人に雇って出すことをあらためて禁止している。その場合、表27にある公定給銀で応じる奉公人はいないだろうから、宰判として給銀の上乗せ分を負担していたはずだろう。しかも萩での雇い立てを禁じる文言は、表27にまとめた毎年出される触のなかに必ず盛り込まれるようになっていた。在方から安価で調達することで萩での雇用を補完しようとした出人制も、実際には萩の奉公人に代替されることで相対での雇用分との競合を生み出していたのである。

やがて一七八六年（天明六）にはつぎのように現人の供出が停止されることとなった。[5]

諸郡ゟ郡夫出人被仰付来候処、出浮候者ハ百性之所作を嫌ひ、地下風俗も不宜趣ニ付、御僉儀之上来未ノ春ゟハ出人被差止、左候而郡夫被立下候面々江ハ米壱石七斗宛御所帯方ゟ□方之沙汰被仰付候事

諸郡からの「郡夫出人」を徴発することは止め、これまで「郡夫」、すなわち出人を与えられていた家中には、藩から奉公人一人分として米一・七石を支給することになった。この時期ちょうど天明改革が実施されており、その一貫の措置ではあろう。しかしながら廃止に踏み切る背景には、出人を萩から雇用して差し出すという趨勢を食い止めることができず、結果的には家中全体としての安定的な確保の阻害要因となっていた事情をよみとるべきだろう。

以上に述べたことを簡単に整理しておこう。

i十八世紀初めには萩での奉公人給が高騰し、家中のなかに雇用に支障をきたすものが出てきた。とくに江戸番

手に伴なうべき奉公人については、藩としても保障を講じる必要があった。ために一七一九年（享保四）から出人徴発を初め、それを必要な家中に与えることとした。その数は毎年五百人程度であり、かなり多かった。

ⅱ徴発の方法は萩城下を排除して地方から高割で徴発するものであり、農業労働力と抵触しない範囲で、藩からみた「余剰労働力」を各宰判から拠出させようとした。

ⅲしかし実際には各宰判は給銀の上乗せ分を負担して、萩で奉公人を雇用して差し出すのが通例となっていた。結局、相対で雇用するのと同じ供給源を奪い合う結果となり、競合を引き起こしてしまった。おそらくはそれが要因となって、一七八六年（天明六）には現人の拠出は停止されることとなった。

二　出人の性格

(1) 一八世紀の郡夫徴発

では萩藩の出人制はさらに何に由来するのだろうか。すなわち一八世紀初めに始まった労働力の供出という負担を、地方ではいかなる性質のものと受け止め、応じたのだろうか。

そのことを考えるうえで注目したいのは、先の引用史料のなかでも出人のことを郡夫といいかえていた点である。[6] 実はこの郡夫というのはそれ以前から藩が領内から徴発していたものだった。たとえばつぎの史料をみよう。[7]

覚

一殿様御在国年ニハ御城御台所郡夫高八千石壱人当り従諸郡差出来被召仕候処、令不足御用難相調之由候得共、今年之儀ハ御了簡を以高九千石壱人当り被召仕候条、可有其沙汰候、尤当五月朔日ゟ来三月御発駕当日迄郡

夫被召仕御沙汰ニて、八千石壱人当りニ相極り候得共、御詮儀之上前書之通被仰付候条、今日迄被召仕候分ハ恩飯米日数割付出米差引可被申付候、御城下・山代裁判をハ除之、前々之格を以可有沙汰候、以上

宝永五年子ノ

五月十四日　　　　志　丹宮（当職）

山内新右衛門殿

藩主の在府時に「御城御台所郡夫」というから城中台所で使役するため、例年八千石に一人の割合で領内から徴発されていたことがわかる。試算するとその数はおよそ八〇名となる。ただし萩と、おそらく窮乏を理由にしてだと思われるが山代宰判は除かれている。

もっともこれをみると現人を拠出していたようだが、実はそうではない。こんどはつぎをみよう。[8]

覚

一御在国年郡夫被召遣候儀、宝永三年ゟ御在国年拾ケ年塩田屋不聞江請料ニ被仰付置候処ニ、御沙汰之上不聞請料此度被召上候、然は来寅之年ゟハ壱万六千石ニ壱人分之当りを以年々郡夫恩飯米地下ゟ差出、萩御米方へ相渡、御米方ゟ御木屋方江請取沙汰仕候様可被申付候、尤前々ハ御在国年計郡夫差出来り候へ共、一年越ニ差出候時は当り強、地下之痛ニも可相成との御沙汰ニ而、御在国年八千石壱人分之当りを以割方ニ〆来寅之年ゟ年々右之通差出候様ニ可有沙汰候、尤郡□被召遣候儀ハ、御木屋方ゟ日用夫差出候様ニ可被申付候、偖又不聞儀ハ前々御断之品有之者ニ付、此度被加御慈悲、郡夫恩米之内壱人分宛来寅之年ゟ酉之年迄年数八ケ年之間年々不聞江被遣儀候条、別紙証拠物差出可被申候、已上

宝永六丑ノ
　十一月九日
　　　　　　宍　玄蕃（当職）
　　毛利八郎左衛門殿

塩田屋不聞というものが一七〇六年（宝永三）から向こう一〇年間、「御在国年郡夫」を請料で差し出すことになったとある。各宰判は現人を出すのではなくて八千石に一人に相当する恩飯米を米納し、それをまとめて塩田屋に下付していたことがわかる。ところがこの年、一七〇九年（宝永六）になってかれは請料辞退を申し出た。そしてそれをきっかけに藩主在国時のみの負担だったのを、一万六千石に一人、つまり約四〇名と半減するかわりに毎年米納させることにした。そして「御木屋方ゟ日用夫差出候様ニ可被申付候」とあるように、御木屋が定夫というものをあらたに六〇名召抱えることにした、[9] その財源に宛てられることになった。

こうして一八世紀初めには御城台所郡夫というものは廃止され、かわって郡から徴収した恩飯米で、御木屋の定夫を雇用することに切り替わった。そして「御城郡夫」という名称は残したまま、恩飯米の徴収はそのごも存続している。なお一七三五年（享保十）には一万二千石に一人に引き上げられており、一七六二年（宝暦十二）、宝暦検地に当たっての調査では過去十年間の平均徴収額が年一五六・六石だとされている。[10] 藩に直接使役される郡夫については現人の拠出はなくなり、ほぼ定額の米納に切り替わっていたことがわかる。

(2) 一七世紀の郡夫

一方、時期をさかのぼって一七世紀の史料をみると、郡夫は現人の拠出を伴い、かつさまざまな用途に使役されるものとして登場している。まずつぎの二つの史料をみてみよう。ともに国元にいる当職や加判衆から江戸の当役などへ宛てた御用状の一節である。[1]

a　一六五九年（万治二）十二月二十九日

一御普請之者日用計ニては万事調かね申儀候条、郡夫百人申付可差上候、先年御上屋敷御普請之節郡夫被召寄候時ハ日別七合五勺之飯米公儀ゟ被遣、賃銀一人日別八分充御両国御蔵入・給領共ニ地下ゟ差出之由候、打続地下迷惑ニも可相成様ニ候ハヽ、今度ハ七合五勺飯米之外ニ一人日別銀四分充之賃銀公儀ゟ被遣、其外之儀ハ御蔵入・給領共地下ゟ割符を以差出、御馳走申候様ニ可申付之由、得其意存候、是又即其沙汰仕儀候、先年郡夫ニ罷上候者共于今地下ニ居申様ニ候へハ、其元御普請をも仕かけたる事候故一段可然候、尤難儀ニ存候を兎角其ものを差上候様ニと申付候儀ニてハ無之通得其意候

：：

一右之郡夫再来年殿様其御地御着砌迄ハ被留置ニ而可有之候条、其校了ニて地下ゟ之出銀取調申付、其内を以爰元仕出・道中銀なとハ勘渡申付、残所ハ内藤七郎右衛門うけ取、御役目所勤次第ニ勘渡申付候様可申付候、尤賃飯米之儀ハ於此地時々勘渡可被仰付候由得其意候…

b　一六六一年（万治四）六月十二日

一郡夫百人之内一人卯月初比病死仕、弐人ハ煩罷居、向後役ニ立申様ニ無之候、其外十弐人ハ或ハ老足、或ハ病者ニて於其地仕役不相成候間、右之十四人此脇可被差下候間、死跡共ニ十五人之替り之者用意申付置、右之もの共下り次第替之者早速罷立候様ニ可申付候、年寄又病者無五調ものハ於其地御役目ニ未進仕役ニ立不申付而被差下候間、其心得仕、替之もの差上候様ニ御所務代衆へ可申渡候由、得其意候、即郡奉行衆・御蔵元両人江も申渡候処、其地ゟ被差下候もの、并相果候者何郡何かし才判所之者ニ候哉、其郡々ゟ替

り之もの指上せ申儀候故、委敷付立不被指越候へハ、申触置候儀不相成之由候条、其御心得候而急便ニ書立可被差越候、其上を以人柄可申付候、恐惶謹言

aは明暦大火後の江戸上屋敷再建にかんするものである。これによると藩邸の普請があるときには国元から労働力として郡夫を召し寄せていたことがわかる。もっとも先回の普請には扶持を支給するだけで、日別八分の賃銀は領内から徴収して渡していたが、今回は賃銀の半分も藩が負担するとある。すでにこの時期、郡夫は無償の労働力提供ではありえず、事実上雇用関係によっているとみなしうる。(12)この点は、先回の普請を勤めたものの再度の使役を推奨していることからもうかがえる。

つぎにbはaから二年後、江戸で使役する期限とされた藩主参勤年のものである。ここでは、死去したり病気になったもののかわりを差し上すよう要請されたことを受け、交代要員を各郡単位で所務代の責任で調達させると述べている。所務代とはのちの時期の代官にほぼ相当するもので、郡ごとに数人が配置されていた。郡夫という名の通り、郡を単位に調達される労働力だったといえよう。なおその人数一〇〇名は、寛永検地の本藩高四七万五千石余で考えるとおよそ四千七百石に一人の割合になる。

このように一七世紀半ばには不定期に江戸へ郡夫を差し上す場合があった。では国元で使役されることはなかったのか。実は郡夫という名称は地方の普請にさいしても繰り返し登場するものである。たとえば大島郡の事例をあげておこう。(13)

一吉原清兵衛大嶋郡給領所務代被仰付候節、承応弐年八月之大風ニ大嶋郡之内秋村と申所ニつへぬけ候て大分田地へ砂入有之ニ付而、御船入衆理り被申ニ付而、清兵衛秋村へ参、庄屋不残呼出、人力積仕付出候へと申渡

表29　萩廻りの「御公儀普請」の推移

費　目	1646（正保3）	1648（慶安元）	1671（寛文11）	1681（天和元）
当り人力　　人	75019.4	53893.2	37838.199	27770.34
100石当り　人	52.1	51.34	22.4742	

典拠：益田家文書26－2「御公儀人力平帳」、「公儀御普請帳」、「公儀御普請方御算用扫帳」。

候ニ付而、三千五百五十六人之付出し仕之由候、就夫御船手与頭衆ゟ理被申ニ付而、清兵衛萩よひ出相尋候処ニ右砂入無紛通申候間、小身成衆ニて候条何共成申間敷と存、郡夫申付砂のけさせ可申条、清兵衛人力之積仕候へと申渡候処ニ、清兵衛申様ニ、壱人ニてハ何共難成候間、今一両人相添候様ニと理り申ニ付而、彼方角御蔵入御所務代福嶋長右衛門・坂井喜左衛門相添候間、清兵衛一同ニ相究候様ニと申付ニ付而、福嶋・坂井・吉原三人秋村へ参、銘々相究候へハ、人力七百余之積ニ相成候ニ付而、其辻を以右之三人談合仕、郡夫之沙汰仕、御蔵入・給領ゟ郡夫被指出候を吉原請取、精を出し砂入候所、四百九十人ニてすきと相調申之由候…

一六五三年（承応二）八月、大島郡秋村で土砂崩れ（「つへぬけ」）が起きた。その旨知行主から大島郡の給領を管轄する給領所務代のもとに連絡が行ったので、普請の見積もりをしたところ大分の人数が必要だということがわかった。そこで郡夫を動員することになり、蔵入地の所務代二名とも協力して見積もりのうえ、蔵入地・給領地から拠出させて対応したとある。郡夫が郡を単位にして蔵地・給地区別なく徴発されるものであり、かつ不定期のものだったことがやはりわかる。国元でもとくに普請の人足として郡夫の動員は日常的に行われていたのである。

　ただし普請への動員は一七世紀後半にかけて減少してゆくはずである。こんどは表29をみよう。これは萩の御木屋が管轄した萩城や周辺での普請、「公儀萩廻り御普請」での人力数をわかる年についてまとめたものである。断片的なデータでしかないが、この限りでも一七世紀半ばから末にかけて半減している様子がうかがえる。これを参考にすれば、諸郡でも郡夫の徴発は大幅に減少していたのではないだろうか。

以上、断片的ながら郡夫とよばれる労働力徴発の事例をあげてみた。それらをもう一度整理して示しておこう。

i国元の普請に随時郡夫を徴発することは広くみられた。ただしこれは一七世紀後半を通して減少していったと考えられる。

iiまたその延長に江戸での普請にさいして郡夫を差し出すこともあった。当所は藩は飯米を支給するだけだったが、一六六〇年（万治四）ごろから賃銀の半分も負担するようになっている。そのときには藩主の留守中のみの条件で一〇〇名、約四千七百石に一人宛で差し出されている。

iiiさらに起源が確定できないが、藩主在国年に限って城内台所で使役する郡夫もあった。それは八千石に一人、約八〇名であって、当所は現人の拠出を行っていたとも考えられる。しかし一七〇六年（宝永三）からは業者が請負っており、各郡は藩主在国年に限って賃銀と飯米とを負担するだけになった。

ivところが一七〇九年（宝永六）に期間途中で請負業者が撤退することになる。これにともない郡から拠出する郡夫恩米は毎年一万六千石に一人宛の拠出にかわり、御木屋で恒常的に召抱える定夫六〇名の財源に宛てられることになった。その後一七二五年（享保十）には一万二千石に一人にかわった。

この経緯を要するに、①一七世紀にあっては国元の普請を中心にしながらも、江戸での普請も含めて不定期に徴発されていた、②しかし普請が減少するに伴い城内の台所夫に収斂するようになった、③さらに一八世紀に入ると御木屋定夫の恩飯米負担に切り替わることになった、と概括できよう。郡を単位として藩に労働力を拠出するという点は共通するが、用途や量が定まったものではなく、随時さまざまな理由で徴発されるもので、しかも一八世紀には限定されていったといえる。であれば、藩が家中の奉公人確保を保障するために、この郡夫の制度を活用することもできたのではないだろうか。もっとも奉公人として召抱える場合はせいぜい一〇〇名程度であって、五〇〇名近くも拠出させる出人は量としては格段に多いものである。それが現実に可能だったのも、徴発を受けた宰判が萩で代替して差し出すことが可能なほど、雇用労働が萩に展開するに至っていたからではなかろうか。

おわりに

以上萩藩の郡夫の推移を概観したが、ここで徳山藩の地下夫のあり方を想起しよう。家中奉公人確保を藩が保障するためという目的はこれと全く一緒だし、五万七千石に対して三〇〜五〇人前後だった徳山藩と比較すると、六三万五千石に五〇〇人程度という萩藩での徴発の割合もほぼ近似的といえよう。しかもそれが破綻してしまった経緯も同様だった。ただし具体的な方法にはやや違いがある。すなわち萩藩の場合だと徴発を高割で毎年一定数行い、人選は宰判に任せていた。そのことが宰判が勝手に萩で奉公人を雇用して差し出すことにつながっていた。これに対して徳山藩は、まず必要な地下夫数を家中からの申告によって把握し、必要な数だけを徴発した。また少なくとも当所は藩が「余剰労働力」をすべて把握し、そのなかから人選するという方法をとろうとしていた。これならば町方を排除する必要もない。つまり先行して実施され、かつ失敗していた萩藩の事例を参考に、その失敗の轍をふまぬよう学習したのが、徳山藩の地下夫だといえよう。もっとも城下の雇用労働を抜きにして現実には機能するものではなく、やがて破綻するのは自明だった。ともあれ一八世紀末に突然始まったようにみえる地下夫は、本藩で一八世紀初めから実施されていた出人制を移植したものだったのである。

また萩藩の場合には一八世紀末に、そのあと始まった徳山藩も短い期間で撤回されてしまった。同じく中国筋の岡山藩では同じように城下で雇用する奉公人との競合という問題を抱えながらも、まがりなりにも幕末まで奉公人徴発は維持されていた。そこには雇用労働の展開の仕方の違いが存在したはずだろう。城下においても農村部においても、展開する日用存在の実態把握はなかなか困難な課題だが、この点を考える手がかりにも奉公人徴発の問題はなるはずである。

註(1)　山口県文書館毛利家文庫「法令」一八九「諸触惣目録」。
(2)(3)　毛利家文庫「法令」一三五「諸書付弐拾八冊」二五。
(4)　註2史料。なおこの前後に収録された史料との関係で、辰年は一七二三年か一七四五年のどちらかと考えられる。ところで「御書付控」三には一七二四年十二月付けでほぼ同趣旨の触が収録されている。したがってこの年と判断した。
(5)　毛利家文庫「法令」「御書付控」二一。
(6)　触を項目別にまとめた「触書抜」(毛利家文庫「諸省」五二)では、「家来分一季居奉公人・郡夫」のなかに出人関係の触が収録されている。そこには一七八六年の出人停止を伝える触も含まれており、「此度郡夫仕法被相改、来未年より諸郡出人被差止」とあって、出人のことを郡夫といいかえていることがわかる。あるいは「諸触控惣目録」では冒頭の一七一八年の記事のあと、翌年に「郡夫奉公人配之役人被仰付候事」とあって、出人奉公人のことを郡夫奉公人とも呼んでいる。
(7)(8)　註2史料。
(9)　毛利家文庫「旧記」三「大記録」九六。
(10)　毛利家文庫「継立原書」三三「御城郡夫恩飯米諸郡割符」。
(11)　「大記録」四〇、四一。
(12)　加賀藩でも近世初頭に蔵地・給地の別なく賦課される郡役があって普請などに利用されていたし、さらに武家奉公人徴発にも使われていた(木越隆三「郡役と村の日用」高澤裕一編『北陸社会の歴史的展開』能登印刷出版部、一九九二年)。また、木越隆三には「有償夫役」という概念化がある(木越隆三「近世百姓夫役銀納化と有償夫役——加賀藩成立期を中心に——」『日本史研究』三五七号、一九九二年五月)。そこでは「近世夫役の貢租としての実現形態」を、①無償現夫、②有償現夫、③夫米・夫銀・夫銭の代納形態という三種に分類。さらに②については(ア)

幕藩領主から扶持米給付、(イ) 村から給銀等給付、(ウ) 幕藩領主と村の双方から給付に「形態分類」し、また③も(エ) 直接幕藩領主に納入するか、(オ) 村の納入するかで区分している。たしかに「形態分類」としてはこういった区分も可能かもしれないが、問題は近世の夫役、ないし労働力徴発の特質を考えるうえでの有効性であろう。たとえば以上にみた萩藩の出人、郡夫に即すれば、本来無償 (ただし扶持は給付、② (ア)) だったものに対し、村からの給付が始まり (② (イ))、さらに領主からも賃銀が給付され (② (ウ))、やがては現人の拠出義務がなくなって米納化される (③ (エ)) という推移を確認できる。近世にあっては動員した側が扶持を用意するのは大原則であることを想起すれば (高木昭作「「公儀」権力の確立」『講座日本近世史　一』有斐閣、一九八一年。のち同『日本近世国家史の研究』岩波書店、一九九〇年に所収)、これらのなかで② (ア) こそが本来的なあり方を示すはずである。そしてこうした変容を規定する要因としては、雇用労働が展開するなかで無償で徴発に応じるものがなくなったことをあげられよう。つまりこの分類は、徴発の変容過程を区別するうえでの形態上のものにとどまるのであって、その根拠や本質を説明するものではないというべきである。

(13) 東京大学史料編纂所益田家文書一七―二四「大島郡秋村砂入に付吉原清兵衛訴状並判断書」。

第二編　出稼ぎ職人論

第五章　出稼ぎ大工と地域社会

はじめに

瀬戸内海の島嶼部がたくさんの出稼ぎ労働力を輩出した事情としてこれまで説明されてきたことに、①急激な人口増がみられたこと、②瀬戸内海一帯に労働力として吸引するだけの経済発展があったこと、この二点があろう。たとえば青野春水は、①瀬戸内海沿岸部とりわけ島嶼村落で一八世紀後半から人口増がみられた、②その背景に綿作や塩田、あるいは海上交通などさまざまな形での労働力需要の増大があった、とする。[1] 渡辺則文もまた青野の議論を引用しながら、①芸予諸島においてとくに一八世紀末から人口が急増し、「浮過」層、水呑層が出稼ぎに出向くことになった、②その稼ぎとしては船稼ぎ、塩浜稼ぎ、職人、日傭などがあったと述べている。[2]

このうち、①にいう人口増は労働力輩出の条件としてたしかに首肯できるものだろう。たとえば以下でとりあげる周防大島でも一八世紀末から急速に人口が増えており、幕末にいたるまでにおよそ三倍を数えている。[3] もっとも人口増加は再生産可能な条件を前提ともするはずで、出稼ぎ労働力輩出の結果としての側面もあろう。であれば、表裏のものとして②の労働力を吸引できた条件の考察が必要になる。そのさい日用稼ぎなどの単純労働であれば、瀬戸内海地域での経済発展によって需要が拡大したと想定しうるかもしれない。しかし職人はどうだろうか。たとえば青野や渡辺がともにあげる伊予越智島のデータで、出稼ぎ職人としてもっとも多いのは大工である。ところが近世後期の経済発展は都市部だけでなく農村部にあっても大工を広汎に生み出したであろう。そうしたなかで、出稼ぎ大工を受け入れる条件が果たしてどのように存在したのか。一般的に瀬戸内海地域の経済発展というだけでは出稼ぎ大工の増加を説明しきれないのではなかろうか。

従来、出稼ぎ職人の問題はそれを輩出する島嶼部の特殊性において説明されてきた。[4] しかしその存在を瀬戸内海地域のなかに位置づけようとすれば、出稼ぎ先におけるあり方の検討も不可欠であろう。こうした関心から本章は、出稼ぎ大工が近世後期になって顕著にみられるようになった事情を、受け入れる地域社会の側から考えてみたい。以下、岡山藩領と萩藩領を素材にしながら地元の大工の存在形態と島嶼部の大工の流入の様子をみてゆくことにしよう。

一　岡山藩領への出稼ぎ大工

(1)　岡山藩領の大工

備前・備中で活動した讃岐塩飽大工については北脇義友による研究がある。[5] そこでは以下のことが明らかにされている。

①大工集団の形成は一七世紀後半のことで、とくに廻船業衰退に伴い出稼ぎ大工に携わるものが増加していった。

②一八世紀後半に備中南半・備前への稼動が急速に増加している。

③この地方での同様な出稼ぎ大工だった邑久大工が主に社寺建築を手掛けたのに対して、塩飽大工は民家建築に

携わるものだった。

民間需要の増大を背景に、塩飽諸島からの出稼ぎ大工が近世後期に成長したことを述べるのである。

では備中南部や備前になぜ近世後期になって流入できたのか、いいかえればかれらの存立基盤は何だったのか。ちなみにある大工家が広範囲を活動域にしている理由を「類い希なる技術のためであろう」(6)とするように、北脇は技術力にその理由を求めているようである。しかし同時に示される幕末の備前への出稼ぎ先調査によれば、城下町岡山周辺や街道沿い、湊町近くに集中している（図5）。もちろんこういった場所には地元の大工が存在したはずで、地元大工との争いも北脇の紹介するところである。であれば近世後期になって塩飽大工が流入するようになった理由があらためて疑問となる。以下では岡山藩領を素材に、地元の大工と他所からの出稼ぎ大工の関係を考えてみたい。

一八四一年（天保十二）八月、津高郡菅野村組合に所属する西菅野村の四名の大工が、つぎの請書を提出している。(7)

仕上ル御請書之事

一私共大工職仕、作料新規之儀強盛ニ申上候処、此度御上様ゟ格別御慈悲ヲ以御趣意被為仰付難有奉畏候、心得違不法申上候段御赦免可被為仰付、向後御法相之儀厳重ニ相守、先規之通ニ而職仕可申候、為後日一札差上置申候、以上

天保十二年丑八月

西菅野　槌松（印）

増五郎（印）

弥市（印）

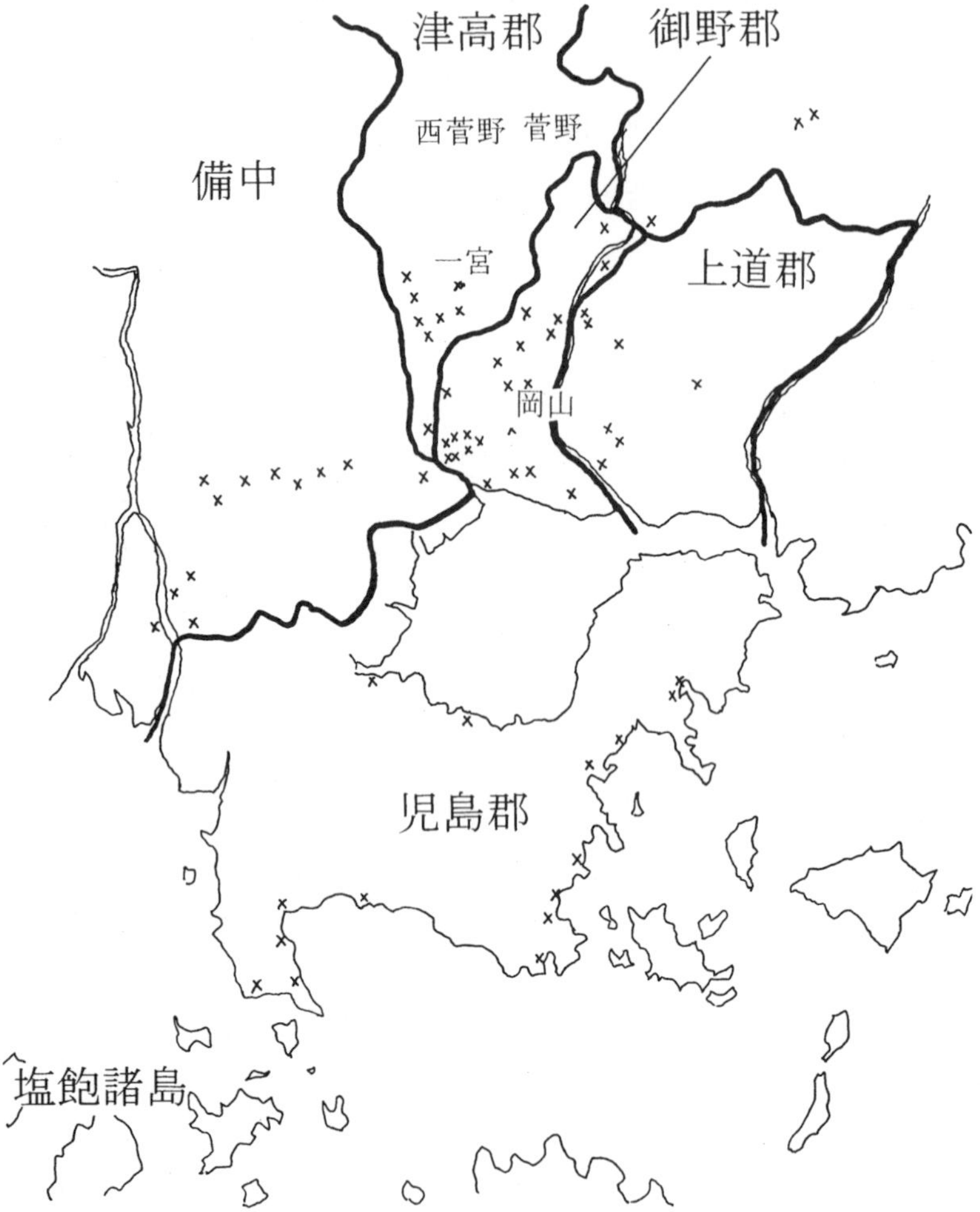

凡例：×は北脇論文掲載の、幕末における塩飽大工の出稼ぎ先。

図５　岡山藩領の概観と塩飽大工の活動域

金五郎（印）

（名主・五人組頭・判頭奥書略）

大庄屋菅野村和七郎殿

「作料新規之儀強盛ニ申上」げたことを村役人を通して藩に詫びている。実はこの一件は、津高郡ばかりか御野郡や上道郡をも巻き込んだ、大規模な大工の賃上げ運動にかかわるものだった。

その様子については、前年二月に西菅野村の名主が村内の職人から取った口書を通してうかがうことができる。(8)つぎに請書を提出していた四名の口書を抜書きしておこう。

a西菅野　大工槌松・舛五郎申出

一去十月上旬佐山村大工清介と申者参り、御野・上道郡并下辺一同弐分充上ケ申候間、此当りも弐分上ケ可申由申候、其後芳賀村ニ当村借宅仕居申和介と申同職参り、一ノ宮村ニ而御野・津高口分程出会致申筈ニ候間、一統へ移り合、参り可申由申候得共、火急之事故当村槌松へ申移り、両人罷出候処、御野郡并当郡口、芳賀辺迄之同職、一宮村名元聢と覚不申、中野屋と申宅へ出会仕、弐分上ケと申定、手近へ相移り候様申ニ付、近村同職并他国ゟ入込居申者共へ相移り申候、其後菅野村平四郎宅ニ而出会、弐分上ケと相談仕候、尤横井谷筋ハ佐山村清介へ申遣候処、同人下も同職同道ニ而参り申候、当御組同職へハ私共両人申移り候、右出会宿之儀は槌松ゟ平四郎宅宜と申候、右菅野村へ出会後ハ弐分増ニ作料受取居申候、以後は是迄之通ニ可仕候

b大工弥市申出

一升五郎・槌松ゟ両人一宮村江出会申談候趣申移り、菅野村へ出会、日限も右両人ゟ承り罷出、弐分上ケ申定、其後作料弐分増ニ請取居申候、尤以後は先期之通ニ可仕候

c大工金五郎申出

一当村槌松ゟ一宮村へ出会申定之義相移り候、其後菅野村平四郎所へ出会之日限も槌松ゟ申移り候ニ付、罷出候処、同様弐分上ケと申定候得共、下地之通ニ而仕居申候

以上の引用からこのときの一件の経緯を再現すればつぎのようになろう。

①一八三九年（天保十）十月上旬、御野郡・上道郡・「下辺」（これは津高郡口分のことであろう）の大工一統で作料を一斉に二分上げすることになったと、西菅野村の槌松・升五郎のもとへ佐山村の清介から連絡が入った。

②そのご御野郡・津高郡口分の集会が一ノ宮村で開催される旨、芳賀村の和介から西菅野の槌松へ連絡された。

③そこで槌松・升五郎が集会に出席すると、御野郡と津高郡口分のうち芳賀辺までの大工が集まっており、二分上げを決定した。さらにその決定を近村のものや他国からのものへも通達することになった。

④それを受け津高郡口分でも集会を持つことになり、菅野村平四郎宅で二分上げのことを確認した。そのさい横井谷筋へは佐山村清介に連絡してもらい、菅野組合へは槌松・升五郎が通知した。

御野郡・上道郡・津高郡口分という城下近郊の農村部において大工が横断的に結集して一斉に賃上げを申し合わせている。そしてそれを支えたのは、「出会」と表現される大工の集会であり、御野郡・津高郡口分の代表が一ノ宮村に集まり、さらにそれを受けて津高郡口分は菅野村で集会を開いている。なお後者は十月十五日に開催された全員参加の集会であって、「寄会入用」を四匁ずつ徴収したようである。(9) つまり郡単位に大工の結合があり（津高郡は口分と奥分に分かれる）、それを基礎により広域な連合も形成されたものと思われる。ただしその連絡は組合村

単位・村単位でなされるわけだから、日常的に大工独自の組織を形成していたわけではなく、村――大庄屋組合――郡という支配機構の枠内での結合ではあった。またこの三郡は掛人徴発のさいの「近郡」とよばれるまとまりでもあって、その意味でも支配機構が先行するものだと思える。その枠組みを利用する形ではあれ、大工が横断的な結合を果たそうとしていたこと自体はたしかなことであろう。

そのさい、他国の大工へも決定を通達することが一ノ宮村の集会で決定されていた。なお先にもみたように北脇の紹介する一八五〇年（嘉永三）の塩飽大工の稼ぎ先は、岡山を中心に御野郡から津高郡口分に集中するもので、たしかにこの三郡には他国大工＝塩飽大工が多数入り込んでいた（図5）。では他国大工も地元大工と融合し、一所に組織化されるものだったのだろうか。

そこでつぎの例をみよう。これは一緒にとられた桶屋の口書である。

桶屋善七申出

一去十月田原村市十郎、村内へ無宿者参り同職致し、其上銘々職分筋彼是悪口致候由甚相済不申、此辺同職共出会致呉候様当村与太郎へ申越候ニ付、先見合せ居可申と与太郎ゟ申置候由、其後与太郎并私へ猶又右之趣申参り候故、両人相談之上与太郎方へ出会仕、無宿者之義相談仕候内、大工作料弐分上ケ候由、互ニ桶屋も同様上ケ可申と相談仕、尤出会日限両人取極メ、一同へ申移り候義ニ御座候、以後ハ先規之通ニ可仕候

田原村の市十郎から西菅野村の与太郎へ持ちかけられた相談は、「無宿者」がやってきて桶屋をしている、しかも「職分筋」について「悪口」をしているので、桶屋同志で「出会」をもってはどうだろうか、というものだった。そのご与太郎と善七が相談のうえで「出会」をもち、西菅野村からもほかに四名の桶屋に召集がかかった。ところ

がその席上で「無宿者」の件とは別に、大工の作料二分増しにならうことも協議され、そのことが問題化して口書をとられたものである。ちなみに同じとき木挽菊次郎も口書をとられている。かれがいうのは、菅野村の与市と出会ったとき大工にならって木挽も二分上げようかと相談された、そのご母谷へ去暮の作料を受け取りにいったとき、大工と同様だとして二分増しを受け取った、とするものだった。大工の行動に桶屋や木挽も同調することからは、近世後期になると大工を核としながらほかの手工業者も連携するようになったのだろうか。ともあれ注目したいのは本来の議題だった「無宿者」についてであり、それを他所からやってきた出稼ぎ職人と理解できないだろうか。であれば出稼ぎ職人は地元の職人と競合しあう存在だったことになる。

なお『藩法集』収録のつぎの触も同様な地元大工の運動を述べている。(10)

天保四癸巳九月

大工職之者造作主雇来之者指支候節ハ、雇来之大工より同職指向候歟、又ハ造作主之存寄にて外大工雇ひ候とも、勿論応対勝手次第之事に候、然る所、旦那場抔と申立、外大工雇せ不申、造作主より雇候ても外大工より指障り立入せ不申、其節之趣ニて指支、造作主甚迷惑之筋有之様相聞、畢竟旦那場之名目も、造作主へ年来参り来、造作主之為筋ヲ本意ニ可致筈之所、却て不為ヲ不顧、銘々の勝手を専要と致し、剰作料等も申合我侭に直上ケいたし候由、是等ハ先年相触候趣も有之儀ヲも不相弁、甚不情相心得違之事ニ候、農家ハ時ニ寄別て指支候儀有之候間、已来右様之取向いたし候ものハ屹可申付候儀有之候間、已来右様之取向いたし候ものハ屹可申付候間、大工職之もの共へ夫々申聞、造作主之勝手ニ相任せ候様可被申渡候

右ハ児島郡大庄屋北方村千右衛門組合、阿津・小串・番田・北方・下山坂・上山坂・胸上・東田井地・西田井地・後閑・梶岡・山田・沼村・大薮・波知・広木・池迫・郡・北浦・宮浦、右村々之大工とも申合、賃銭

ヲ直上ケいたし、雇来之外為雇不申、御百姓共迷惑之趣、右村々名主共より大庄屋へ締向之義内意申出候段、右之通御郡奉行より千右衛門組合右村々丈ケ相触申度段申出候付、承届相触させ候事

児島郡北東部に位置する北方村組合において、大工が横断的に結集して賃銭を引き上げ、かつ旦那場を独占してほかの大工の雇用を妨害していたという。三郡で大工が作料の引き上げを図る数年前に同様な動きが児島郡でもみられたことが知られるとともに、それが外部からの参入を排除することと一体だったことがわかる。なお図5によればたしかにこの地域にも塩飽大工は参入している。ここからしても地元大工と塩飽大工は対抗的な関係にあったと理解すべきだろう。

（2）塩飽大工の仲間

果たして出稼ぎ大工はそれとして結集する存在だった。時期はさかのぼるが、一七七〇年（明和七）、塩飽島において大工が徒党を結んで家宅を打ち壊す事件を引き起こしている。[11]

塩飽島生浜浦　大工伊兵衛　外壱人

右伊兵衛儀、大工太郎右衛門・同弟子甚兵衛両人之もの職方申合を背候儀も御座候ハヽ、同職之もの共江熟談仕取計方も可有之処、生浜浦ニ而大工共寄合候節も、甚兵衛儀先年大工兵左衛門方ニ居候砌、同人儀備前領内ニ而甚兵衛ニ家筋不宜普請為仕候故、兵左衛門儀ハ大工共組合相除、甚兵衛儀ハ右普請仕候ニ付大工職不相成旨、大工惣代として伊兵衛ゟ甚兵衛江申聞、其上同人儀太郎右衛門弟子ニ相成候以後、同職之ものゟ暇遣候様同人方江申遣、一旦暇遣候処、甚兵衛儀年寄吉田彦右衛門方江願出候処、改而太郎右衛門弟子ニ成候上ハ差支之儀無

之段彦右衛門申渡候趣承、伊兵衛・又六ら権兵衛江申談、伊兵衛・又六指図仕、権兵衛倅儀左衛門ニ廻状為認差出、大工共宮ノ浜江呼集、相談之上太郎右衛門方江参り、職方之坪曲尺可取上旨申候処、彦右衛門差図ニ候間同人方江参り請取渡可仕旨、太郎右衛門任申、伊兵衛儀彦右衛門方江罷越候ら事起り、寄合居候大工共多人数入込、彦右衛門宅建具・諸道具・衣類等打破り、儀平次・孫四郎・彦吉居宅をも打潰候様ニ相成候段、全伊兵衛発頭仕、徒党を相企候故之儀と相聞、不届之仕形ニ御座候間、塩飽領一島追払、居宅闕欠所

引用によれば事件のあらましはつぎのようだった。①大工太郎右衛門が弟子の甚兵衛に岡山藩領において「家筋不宜普請」をさせた。そこで大工惣代伊兵衛が、太郎右衛門を「大工組合」から外し、甚兵衛に大工職を禁止する旨を通知した。②そのご甚兵衛は再度太郎右衛門の弟子になったので、大工たちが暇を出すよう要請した。それに対して甚兵衛は年寄吉田彦右衛門に相談し、あらためて弟子になることは構わないとの承諾を得た。③そのため伊兵衛と又六が中心となって大工たちを宮ノ浜へ呼び集め、太郎右衛門方へ行って大工道具を差し押さえた。さらに年寄彦右衛門に許可を得ていると聞いて、今度は彦右衛門方へゆき打ち壊しに及んだ。この結果つぎの大工が処罰を受けている。


ａ伊兵衛・又六と大浦の権兵衛は発頭として処罰。

ｂ泊浦茂兵衛は居浦追放、居宅・家財欠所。

ｃ生浜浦久七ほか一九名。手鎖、居浦居島追放、居宅・家財欠所など。

ｄ七ケ浦三島の三四九名には騒動に加わったものも加わらなかったものもいるが、差し止めなかった点では同罪であるとして、過料銭三〇貫文。

ｅただしｄのうち三一名は他国出をしていたので構いなし。

f立石浦など離れた場所の大工四六名は構いなし。

北脇が注目するように塩飽島やその周辺には四〇〇名を越す大工が存在していたことがわかる。かれらはおそらくは浦や島を基礎単位とする結集をなし、全体を束ねる惣代を頂いていたのだろう。もっとも氏は「大工たちが在地領主的存在であった宮本・吉田氏を初めとする『年寄』らに対抗しうる政治的経済力をつけた」ことを評価している。[12] しかしここで注目したいのは、備前へ出稼ぎに赴いていた大工も、出身の塩飽島での大工仲間からの規制を受けていた点である。塩飽大工とは塩飽島に基盤を置き、そこの大工仲間に所属しながら、各地へ出稼ぎする大工だったことになる。こうしたあり方が幕末までつづくのであれば、出稼ぎ先で地元の大工が形成する結合に融和することはなく、やはり競合する存在でありつづけたことになろう。

以上、北脇の検討した近世後期の塩飽大工の活動について、それを受け入れる地元の側の動向を考えてみた。そして都市部ばかりか農村部にも一定数の大工が存在し、しかも組織的な賃上げ運動さえ起すほどに成長を遂げていたことを明らかにした。だとすれば、地元の大工が未成熟だから技術力をもつ塩飽大工が参入できたとする説明では全く不十分となる。より安い作料で普請を遂行できた点に流入を可能とした理由を求める必要があろう。

二　萩藩領の出稼ぎ大工

(1) 在方における大工の分布

こんどは萩藩領において出稼ぎ大工を検出してみよう。ここには周防大島から四国へ向かった長州大工があり、それについては坂本正夫の分析がある。[13] そこで明らかにされたのはつぎの点である。

①防長地域の村々は豊後から大工を招いており、大島大工もそこから技術を修得していた。

表30　宰判別家大工数

宰　判	「注進案」	「郡中大略」
奥阿武	65	—
当　島	*57*	—
前大津	52	—
先大津	81	138
美　祢	*58*	64
山　口	*130*	122
徳　地	—	69
前山代	*22*	113
奥山代	*42*	—
吉　田	*75*	72
舟　木	*94*	201
小　郡	—	216
三田尻	127	9
都　濃	*44*	82
熊　毛	*99*	—
上　関	*117*	—
大　島	*176*	280

典拠：『防長風土注進案』、山口県文書館県庁旧藩記録「郡中大略」。
註：「注進案」のうち数字は軒数。ほかは人数。なお「注進案」には家大工数が不明な村がある。

②かれらはほぼ一八世紀半ばから四国の山間地域へ出稼ぎに向かうことになる。当初は宮大工中心だったが、やがて民家建築にも携わるようになった。

③その趨勢は明治中期までつづいており、たとえば高知県中西部山間部で地元大工が出現するのは明治中期から末期のことだった。

このように豊後↓周防大島↓四国山間部と、技術の伝播をともないながら広域の大工移動がみられたというのである。では萩藩領へはこうした出稼ぎ大工が赴くことはなかったのか。坂本の説明の仕方では、一定数の大工の成長がみられたところへは、流入の条件はなかったことになる。

まず藩領全体での大工の分布を概観してみよう。表30は一九世紀半ばにおける宰判別の大工数（家大工）の調査結果である（宰判の位置は第三章図3を参照）。ただし萩城下の分は計上されていないし、すべての宰判がそろうわけではない。また勘場で把握された限りの数値であって、実態とは一定の乖離があるはずである。たしかに「注進案」と「郡中大略」では一〇年程度の差しかないのに大幅に数値が変動している宰判がある。そうした不完全さをふまえたうえでつぎのことを指摘したい。

①どの宰判にも一定数の大工は存在する。需要をになうだけの大工はそれぞれの地元に存在したものと思われる。

②日本海沿岸では先大津宰判が多い。ここには出稼ぎ大工として著名な阿川大工がいた。しかしそれを含めて、萩周辺の当島や須佐大工を含む奥阿武も極端に多いというわけではない。

③山口宰判も多いが、この過半は山口町のものである。

④であれば注目されるのは瀬戸内海沿岸のいくつかの宰判の多さとなる。とくに大島、および舟木・小郡宰判は二〇〇名を越えている。また三田尻・熊毛・上関宰判も一〇〇名前後である。

このうち大島がたしかに出稼ぎ大工を輩出していることは、表31にまとめた「風土注進案」の記述からもうかがえることである（これは一八四〇年ごろの調査結果である）。表示のうち職人札とは勘場が発行するもので、交付されたものは水役を負担していた。もっともその額は上大工で年間三・九匁であり、あとでみる小郡宰判の半分でしかない。多くが他所稼ぎに出るなかで、水役もほかと比べて半減されたものだろうか。ともあれ勘場が把握していない職人、大工も表示のほかに存在したものだろう。また各村には他所稼ぎによる年間収入が書き上げられるのでそれも表示した。ただし記載の仕方が村によってちがうし、記述していない村もあって必ずしも正確なものとはいえない。不完全なデータであることは承知しながらも、つぎのことを指摘したい。

①表には職人の他所稼ぎとそれ以外の単純労働とを分けて示したが、後者からみるとほとんどの村で舸子、浜子、日用稼ぎなどに数十人から一〇〇人以上が出かけていることがわかる。ただし一人当りの一年間の賃銀は二〇〇から三〇〇匁程度である。

②対して職人の他所稼ぎがみえるのは半数程度だが、一〇人に満たない村でも記載があり、数人以上の職人を抱えるほとんどの村では他所稼ぎを出していたように思える。職人札を発給されたうち何人が他所稼ぎに出向いたのかはわからないが、なかには平均七〇〇匁を越える賃銀が計上される村もいくつか存在する。正確な判断ができないが、単純労働よりはずっと多額の収入と結びついていたのだろう。

表 31　大島宰判の職人数と他所稼ぎ額

村	家数	職人札		職人他所稼ぎ額	そのほか出稼ぎ額
	軒	枚	内大工	匁	匁
久賀村	1217	53	29		93880 三田尻・岩国其外塩浜行、并ニ九州行石築石船奉公人、其外他所稼之者儲銀
久賀浦	367				11960 船方稼并手代・下女奉公ニ出候者儲銀
日前村	344	22	8	1600 大工・木引・桶屋・石工・左官於他所ニ稼賃儲	
西方村	508	49	33	47250 大工・木挽・桶屋於他所働賃銀	
森　村	204	1	1		4500 舸子奉公人日雇等他所稼ニ出候者儲銀
平野村	61	19	13	14460 大工・木挽於他所働賃銀	3500 舸子奉公人日雇等他所稼ニ出候者儲銀
内入村	96	1	0		
和佐村	165	2	2		5215 舸子奉公人日雇等他所稼ニ出候者儲銀
和田村	77	4	0		6700 舸子奉公人日雇等他所稼ニ出候者儲銀
小泊村	316	1	1		
地家室村	448	23	3	7000 諸職人其外他所稼ニ出候者賃銭	
沖家室村	930	9	1		6500 廻船乗浮儲、并他所稼賃銭之分
安下庄	319	33	19		37500 舸子浜子他所稼ニ出候者 150 人分儲銀
秋　村	299	8	4	5800 大工・木挽他所ニおいて働賃銀	
出井村	171	11	4	6290 大工・木挽他所働賃銀	
戸田村	299	9	3	1500 大工・左官・畳屋他村より儲込之分	
日見村	171	6	4		2200 船稼・他所并近辺稼共ニ賃銭 16250 浜子其外他所稼

神浦村	45	0			2000 舸子奉公人日雇等他所稼ニ出候者出銀
油宇村	193	0			7600 舸子奉公人日雇等他所稼ニ出候者出銀
油良村	137	6	2	1600 諸職人於他所儲銀	
外入村	355	25	13	19250 諸職人其外日用稼等ニ而於他所働賃銀	
横見村	100	7	4		4500 他所稼ニ出候者賃銀
志佐村	234	11	4		31360 浜子并船稼船子等ニ而他所・近辺江出候者稼入銀子
屋代村	945	25	12	5900 大工・木挽於他所働賃銀	118500 浜子其外他所稼ニ出候者稼入之分
小松村	753	27	11		
遠崎村	337	15	3		5400 浜子稼罷出候者賃銀 18 人分 5300 日雇稼之者 11 人・船持之者稼入
三蒲村	677	19	9		45000 浜子稼 80 人・舸子稼 120 人・奉公稼 50 人他所より儲入
椋野村	343	10	4	1250 大工・木挽・桶屋・畳屋於他所ニ働賃銀	12000 舸子浜子他所稼ニ出候者賃銀
土井村	222	13	6	1250 大工・木挽・桶屋・左官於他所ニ稼ぎ賃儲	1400 石組他所稼ニ出候者賃儲
平郡島	395	5	3		7500 舸子浜子稼之者 30 人
伊保田村	260	2	0		12150 舸子奉公人日雇等他所稼ニ出候者出銀（62 人）
計	10988	416	196	113150	440915

典拠：『防長風土注進案　1・2　大島宰判上・下』。

したがって同じく出稼ぎといっても、職人とそれ以外とはかなり異なるあり方を示していたのではないか。だからこそ「風土注進案」の集計でも両者を区別して記載していたのだろう。また職人札の分布で考えると、一〇人から三〇人程度がまとまっている村がいくつかある。このことからは出稼ぎに集団で赴く場合が多かったことをよみとれよう。

こうして一九世紀半ばにあって、熟練に裏付けられた多数の職人が大島から出稼ぎに出ていたことはまちがいない。そしてその一種として大工が一定の割合を占めていた。しかし表30によれば萩藩領の在方にあっても一定数が存在し、とくに瀬戸内海沿岸部には多かった。であればそこに大島の多数の出稼ぎ大工は入り込む余地がないようにみえる。そこで瀬戸内海沿岸部でも大島についで集中していた小郡宰判をとりあげ、出稼ぎ大工が本当に存在できなかったのか、みてゆくことにしよう。

(2) 小郡宰判における大工の存在形態

小郡宰判において大工（家大工）は水役によって編成されていた。その様子を知ることができるのは一八四七年（弘化四）、五九年（安政六）二冊の「水役帳」である。[14] そこでは村・畔頭組（もしくは給庄屋）ごとに家大工など職人の職種と名前が記され、それぞれに本役七・八匁、半役三・九匁の水役が記載されている。一日一・三匁の作料として本役で年六日の負担だったといえる。ただし作料の記載はなく、この帳簿に登載されるものは勘場の御用に一日一・三匁の公定作料を給付され使役されたものと考えられる。

この二つの帳簿に登録される家大工数を村別にまとめたのが表32である。なお一八五九年の「水役帳」には弟子の数も記されるので、あわせて表示しておいた。また表33は勘場のある小郡（津市）と主要な湊町を有する村だけを抜き書きしたもので、こちらには小名ごとに大工数を示してある。この二つの表からつぎのことを指摘したい

表32　小郡宰判の村別家大工数

村		1847年	1859年	弟子
川西	上中郷	7	6	1
	下　郷	11	17	2
	嘉　川	13	14	5
	佐　山	10	8	1
	江　崎	12	12	0
	井　関	17	18	1
	岐　波	24	21	0
川東	名田島	13	10	5
	弐　島	10	8	4
	本　郷	43	32	9
	陶	13	13	9
	台　道	8	6	3
計		181	165	40

典拠：山口大学附属図書館林家文書760-14、15「諸職人現名水役帳」。
凡例：47年・59年は家大工本役と半役の人数。

表33　小郡宰判のうち、湊町のある村の家大工

村	小名	1847年	1859年	弟子
本郷	**秋穂浦**	5	3	2
	大海浦	6	7	
	宮ノ旦	10	6	5
	中　野	9	9	1
	下　村	6	5	1
	西　畑	2	1	
	東　畑	1	1	
	黒　潟	3		
	中　道	1		
下郷	**東　津**	4	3	
	津　市	6	11	2
	山　手	1	2	
	柏　崎		1	
井関	**阿知須浦**	12	14	1
	岩　倉	2	2	
	油　良	2		
	浜　表	1	1	
	引　野		1	
岐波	**岐波浦**	7	5	
	床波浦	5	3	
	村　松	4	4	
	片　倉	3	3	
	北　原	1	1	
	王　子		2	
	吉　田	1	2	
	白　土	1		
	請　川	1	1	
	殿　山	1		
計		95	88	12

典拠：表32に同じ。
凡例：ゴチックの小名は浦（湊町）および市町。

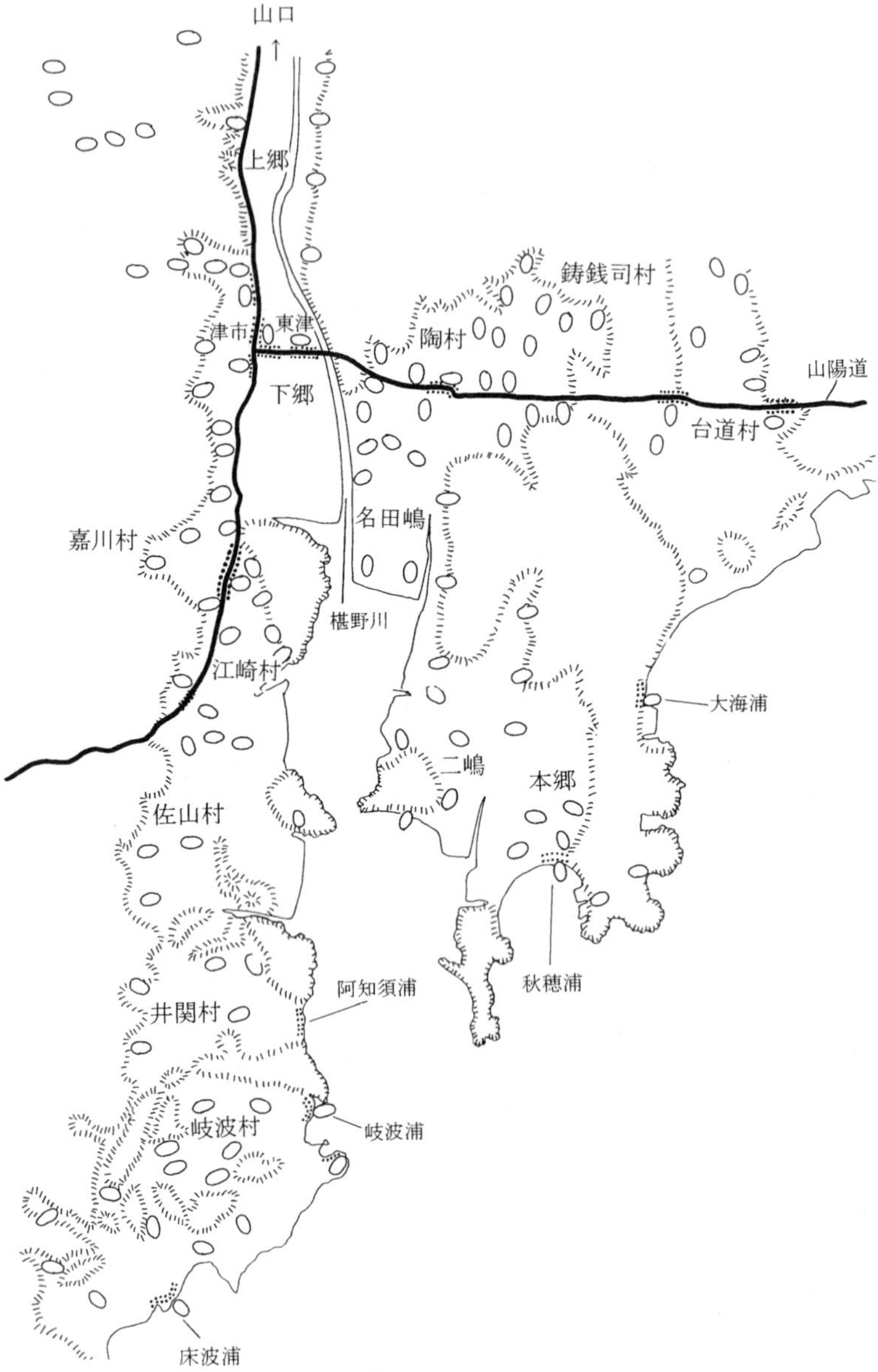
山口
上郷
鋳銭司村
津市
東津
陶村
山陽道
下郷
台道村
名田嶋
嘉川村
椹野川
江崎村
大海浦
二嶋
本郷
佐山村
阿知須浦
秋穂浦
井関村
岐波浦
岐波村
床波浦

図６　幕末の小郡宰判

(小郡宰判については図6を参照)。

①小郡宰判で最も多いのは本郷だが、そこでは秋穂浦、大海浦という湊町に一定数があるほか、宮ノ旦、中野、下村という小名にも多い。このうち宮ノ旦は中世以来の古刹秋穂正八幡宮の所在地であり、おそらくは古くから寺抱えの大工が存在したのではなかろうか。また弟子も多く、この地域での大工の再生産の拠点となっていたように思える。本郷を含めて宰判全体としてみると弟子の四分の三は椹野川を挟んだ東半の地区（川東）にある。

②また川西の津市・東津、阿知須浦、岐波浦・床波浦という市町や湊町には、多くの大工が集中している。宰判内の大工は、とくに都市的な場に集中していたことがわかる。ただし嘉川村を除いて川西には弟子は少ない。

③こういった数名から一〇名程度が集中する市町・湊町など以外に、一ないし二名程度が散在する小名もある。さらにこうした分布の意味を考えるため表34をみよう。ここには「風土注進案」によって、三田尻宰判での村別の家大工数と「手取儲」銀の平均額をまとめてみた。なお「手取儲」は村ごとに集計されるので、それを家大工数で除したのが表示の数値である。この額に注目するとほぼつぎの区分ができる。

a三〇〇目～四〇〇目程度のもの。一人や二人など少人数で、地図によると宰判のなかでも山間部に位置する村が多い。なお美祢宰判については「惣括」の項に、大工・木挽其外諸職人二二九人分として銀八二貫四四〇目が計上されるが、その説明には「年中見抨半方農業、其余半方日数凡百八十日分、壱人日別弐匁宛之家業稼出積にして右之辻」とある。(15) これを参考にすれば農閑余業として行われたものとなろう。

b六〇〇～八〇〇目程度のもの。三田尻村や東西佐波令など、人数が集中し、かつ三田尻町周辺の都市域に近い村に多い。仁井令・植松・伊佐江・西浦などもほぼこの近くである。①との対比で、こちらは専業的な経営が中心だったといえよう。

表34　三田尻宰判の村別家大工数と「手取儲」銀

村	家大工数	「手取儲」銀
三田尻村	24枚	790匁
三田尻町	1	750
東佐波令	10	620
西佐波令	14	750
宮市町	22	920
仁井令	4	625
植松村	2	600
伊佐江村	2	700
新田村	5	900
浜方	9	960
田島	11	960
西浦	2	720
西浦前ケ浜	10	870
西浦新開作	1	450
大崎	3	300
牟礼	3	300
久兼	1	550
鈴屋	2	300
奈美	2	380
中山	1	300

典拠：『防長風土注進案　9・10三田尻宰判上・下』。
凡例：家大工数は職人札の枚数（＝人数）。
「手取儲」銀は、家大工1人ごとの平均額。

c九〇〇目以上のもの。二二名を擁する宮市町、新田・浜方・田島など塩田地帯に属する村は人数も多いし、額も格段に高い。

平均で一・五倍もの作料を得ていたことになるcについては保留することにして、aとbから、都市域近くに集住する専業的なものと、農村部に散在し農閑余業として営まれるものとの二つの類型をみてとれよう。

これを参考にすれば、小郡宰判における大工の展開過程をつぎのように想定できるであろう。①もともと川東に専業化した大工の小集団が形成されていて、そこを母胎に各所に大工が分岐していった。②その分岐先の一つに湊町や市町があり、そこにも一定数が集住、やはり専業的に大工を営むことになった。もっとも、ここには他所から流入したものがあったかもしれない。③また農村部にも農業経営とセットで行うものも散在するようになった。こういった経緯で大工が存在するようになったと理解したい。ともあれ城下町ばかりでなく在方においても、都市的な場を中心にして専業的な大工がかなりな数存在していることを確認することができる。

（3）幕末における大工の動向

これら大工は一日一・三匁の公定作料で動員されたが、いま紹介した美祢宰判や三田尻宰判の例では一日二匁以上が平均賃銀だったから、勘場への御用に応じることは無論桎梏でしかなかったはずである。幕末についてその実態をみてみよう。

一八六三年（文久三）に藩庁の山口移転が令せられ、翌年正月から山口屋形の普請が始まった。小郡宰判にも勘場から村に大工や木挽などの動員が掛っている。しかし必ずしも円滑に遂行されたようではない。たとえば以下の宰判北東部、陶・台道村の例をみよう。

a ［七月九日付、大庄屋から台道村庄屋・陶村庄屋ら宛[16]］

御存内中大工被差出候様昨夜以来追々及沙汰候処、今以不罷出、御仕向及差閊候、此度之御仕構至而大至急ニ付、及遅々ニ候而ハ貴様方御無念ニ被仰付候段御授相成候間、此状着次第貴様方・畔頭中御懸ケ廻り、大工其外小細工心得候者ニ至迄被召連候而、今夜明ケ方限り勘場御出勤之事

b ［七月二十五日付、陶村庄屋・小都合から畔頭・給庄屋七名宛[17]］

山口御用ニ付大工之者先達而割符相成罷出候筈之処、不勤多、甚夕相済不申段御沙汰相成候ニ付、此状着次第山口へ罷出御用相勤候様厳重ニ可被成御沙汰候

鋳銭司村大工　藤吉（ほか九名略）

以上

c ［八月二十六日付、大庄屋から陶村庄屋・小都合宛[18]］

右之大工早速罷出候様致沙汰置候処、今以罷出不申段山口御丁場方ゟ態飛脚只今到来ニ付、何分早々罷出不

申而ハ甚以不相済事ニ付、此状着次第御彼方罷越候様厳重御沙汰可被成候

aでは前日に指示した大工の動員がいまだ実現できていないとして、庄屋は畔頭とともに村内を駆け回って早急に大工を応じさせよ、と指示している。「水役帳」に則って動員するだけでは不十分で、村ごとに庄屋や畔頭が大工をみつけだし、招集しなければならなかったのである。またそれから一〇日以上経ったbでは、庄屋が畔頭に対して大工の不勤めが多いとして督促をうながしているし、さらに一ケ月後のcでも大庄屋が鋳銭司村の大工一〇名を名指しして出勤をうながしている。もちろんこういったことはこの地区だけの問題だったわけではなく、阿知須浦でも一八六四年（元治元）五月〜七月にかけて、数名の大工・木挽が眼病、病身、怪我、胸痛などを理由にしてあいついで出役を断わる願書を提出している。[19]

こうして御用への動員を忌避するにとどまらないで、この時期にはより積極的に賃銀引き上げを実現しようとまでしている。つぎの引用をみよう。[20]

御刎紙ニ

本書賃銀壱人分銀弐匁五分、懸切賃銀壱人分銀四匁ニ相定候、尤向後諸色高下ニ至り、其節何分之可令沙汰候ニ付、先ツ当分前之趣を以賃銀請取可申候事

　申上候事

御宰判中大工賃銀之義諸色高直彼是ニ而、是迄之通ニてハ渡世難相成奉存候間、過ル正月ゟ壱人前懸切四匁五分ニ賃銀上之義御宰判大工中集会申合仕候間、御願申上候間、御聞届被成御沙汰可被下候、以上

　子（元治元年）二月　　棟梁　孫助（印）（ほか連印一〇名略）

右前書之通御刎紙を以御沙汰相成候間、大工・木挽・左官等賃銀之受方払方共ニ此往猥之儀無之様手堅御沙汰可有之候、以上

三月十四日　　大庄屋　山内休兵衛（印）

御庄屋　秋本源太郎殿（陶）
同　岡野幾右衛門殿（名田島）
同　小野恒太郎殿（弐島）
同　山内道祖松殿（本郷）
同　田中百合蔵殿（青江）
同　内田利兵衛殿（台道）
小都合兼　上田少蔵殿

棟梁孫助と一緒に連印する一〇名については表35にまとめておいた。この孫助は勘場から棟梁に任命されたものだったし、惣代も村ごとに選ばれており、勘場の水役編成を枠組みにした出願だったといえる。支配機構に依拠しながら横断的に結集していたことになる。また惣代となったものを「水役帳」と照合してみると、確認できたものには一八四七年に登録されていたものが多い。なお佐山の安右衛門は一八四七年の本役大工安五郎の倅である。地元のしかも専業化した大工が中心となってこの出願がなされたものと理解できるだろう。

そして出願する内容は、「大工中集会」をもって賄いのない場合の賃銀（懸切）を四・五匁と申し合わせたとして、その了解を求めるものである。この要請は若干の減額で勘場で認められ、しかもそれが村々に通知されている（なお宛所は川東の村々であり、川西にも同様に通達されたはずである）。したがってここにいう賃銀とは、勘場に動員さ

表35　1864年、小郡宰判大工中集会の惣代

肩書	名前	1859水役帳	1847水役帳
棟梁	孫助	津市・本役	津市・本役
下郷惣代	宇三郎	津市・本役	
本郷惣代	卯吉	中野・半役	中野・半役
二島惣代	国蔵	南・本役	南・本役
名田島惣代	金蔵	島・本役	島・本役
加川惣代	久作吉		
江崎惣代	宇左衛門		
左山惣代	安右衛門	佐山・本役	
井関惣代	岩吉	浜表・本役	浜表・本役
岐波惣代	富五郎		岐波浦・半役
陶惣代	幸兵衛		

典拠：山口県文書館内田家文書2125。
凡例：水役帳で確認できるものを、小名・本役と半役の別とともに記した。

れたとき受け取るものではなくて、ふだん村々で雇用されるさいのものとみなせよう。幕末の緊迫した政治情勢にもかかわらず、小郡宰判の大工たちはこうした要求を勘場に認めさせているのである。

そもそも宰判中の大工がこうして連合するのには、日常的な結びつきが前提にあったはずである。いまその一端を井関組で起こった大工同志の争論からうかがっておきたい。

一八六九年（明治二）、井関村引野組の啓次郎がつぎの内容の願書を畔頭に提出している。[21]

①去年十二月二十五日、井関村須田村の吉右衛門から馬屋の普請を頼まれ、差図面も作成して釿初めを行った。ところが年が明けて正月七日、「岩倉村大工中」が大工介三郎方で「集会」をもったうえで私を呼びつけ、「吉右衛門馬屋普請には『手懸り』があることだから普請を止めるように」といいつけた。これに対して私は、「施主の吉右衛門の意思なら従いましょう」と答えて折り合わず、帰ってきた。

②正月十日になって棟梁貞介が介三郎のところへやってきて、そこへ再び呼びつけられた。そして「今度の件の処理はともかく自分に任せてほしい」といわれ、従うことにした。またその場に「集会之職人」たちも居合わせており、一件がこれで落着したとして酒など酌み交わした。

③翌十一日、施主吉右衛門が早く普請に取り掛かってくれというので、江崎村に行っていた棟梁貞吉のもとへ赴

き「頼書」を受け取った。しかしその内容は、「介三郎・啓次郎両人に不心得があるので、棟上は中止するように」というものだった。大変驚いたが、職道具を持って引き上げることにした。
④ところが正月中旬頃、師匠の中村茅太郎殿がやってきて、「須田村吉右衛門の馬屋普請を頼まれたから、手伝いにくるように」と指示された。私は「いまは『岩倉大工中』に加わっているので、お手伝いできません」と答えたが、師匠が「仲間中」への了解は取っておく、というので普請に再度取り掛かった。
⑤これに対して正月二十一日、岩倉村介三郎を初めとする「仲間中」や阿知須浦のものなど一九名が押しかけた。そして悪口雑言を申し立てながら茅太郎殿弟子直二郎と私の職道具を差し押さえ、ときの声をあげて帰っていった。
⑥そのことを棟梁貞介に訴えたところ、善処しようとの返事であった。畔頭からもよろしくお口添え願いたい。
なお表33にあったように「水役帳」での井関村登録者（阿知須浦を除く）は四名で岩倉組には二名だった。しかし一八六三年（文久三）の山口藩庁普請への動員台帳には、岩倉組六名、引野組一名、浜表組一名、由良組一名がみえる。[22] おそらく岩倉組の大工が核となって周辺に散在する大工を組織し、「岩倉大工中」とよばれる集団をなしていたのだろう。啓次郎自身は別の地域にいた師匠中村茅太郎の弟子筋に当たるものだったが、大工として自立後は「岩倉大工中」に所属していると述べている。また仲裁にあたる棟梁貞介とは小郡の大工であり、勘場から任命された小郡宰判全体の棟梁にほかならなかった。つまり小郡棟梁を頂点にして、ほぼ村ごとの「仲間中」がふだんから形成されており、そのことが先の賃上げ運動の基盤にもなっていたといえよう。

このように勘場による動員の組織に則る形ではあるが、地域的な大工の結合が形成されており、それが価格協定を実現することさえあった。岡山藩領での事例とほぼ同様なあり方を検出できるのである。

（4）出稼ぎ大工の招致

こうして地元の大工が結集して作料を引き上げようとすることに対して、村の側でも対応を迫られることになる。

つぎの引用は明治初年に嘉川村の庄屋が村内の畔頭に通知したものである。(23)

覚

一大工壱人ニ付　日別三度賄ニ〆賃銀六匁五分宛、懸切ニ〆拾匁宛

一大島郡其外他領ゟ諸職人勝手次第遣方相成やう御詮儀被仰付可被遣候事

一屋根師・左官・畳刺・桶屋・木挽

右賃銀大工ニ準候

⋮

右米価追々下落ニ相成候所、諸職人其外賃銀米、高価之節直揚ケいたし候分行形ニ貰受、甚不都合之儀ニ付、今般前書之通諸賃銀其外定メ被仰付候ニ付、当八月十五日を限り此度定メ被仰付候前を以取遣り可致段、地下人別江も篤ク行届候様貴様方御手当ニて人別呼出候て厳ク被申聞可被成候、⋯

八月　　　　　　　　　　　　　　　　庄屋　本間源三郎（印）

畔頭　西村金蔵（他六名宛）

宰判内の諸職人の賃銀が高騰したままになっていることを問題視して、その抑制を図っている。米価高値のさい賃

上げしたままになっているとあるから、大工にかんしていえば一八六四年（元治元）に宰判中として四匁を認めて以降、同様な出願が繰り返されたことを予想できる。そして村の対応として一つには賄い付きのときは六匁五分、賄いなしなら一〇匁の上限を設定することと、あわせて大島郡など他所の大工の招致をあげている。当然かれらは地元大工より安く普請を請負ったのだろう。

ここで嘉川村の庄屋が大島大工の招致を指示するのも、前提にはふだんからかれらが入職していたことがあったはずだろう。たとえば一八六八年（慶応四）には本郷の庄屋がつぎの願書を提出している。[24]

御願申上候事

大島郡殿入村御庄屋松井儀助存内畔頭野口五右衛門組
庄次郎／源助／忠治郎／吉次郎／善蔵／小太郎
同郡安下庄御庄屋山本喜八郎存内畔頭近藤文治郎組
梅太郎

以上

右前書之者共事昨年ゟ私存内江罷越、大工職相稼候処、御宰判大工仲間之内至而気之毒筋も有之様ニ奉考候ニ付、当辰年ゟ御宰判大工同様ニ水役銀御上納仕候而相働度奉存候間、被召上御免札被差下被遣候ハヽ、難有仕合ニ奉存候段相歎申候間、何卒格別之御心入を以願之通被遂御許容被遣候様奉願上候、尤在所ゟ出稼送り等之儀は於地下ニ相改申候間、此段宜敷被成御沙汰可被下候、以上

辰（慶応四年）ノ六月　　庄屋　山内林太郎（印）

大庄屋　秋本源太郎殿

御恵米方　林勇蔵殿

右前書之通申出候間、被成御沙汰可被遣候、以上

御恵米方　林勇蔵
大庄屋　秋本源太郎

寺島太次郎殿
大和忠助殿

（別紙）

「本書願出之通差免候条、賃銀等成丈ケ下直ニ〆精々相働候様可被取計候、左候而彼地ゟ之稼送り〆り等取置、来込人之内ニ而も慥成人柄相撰、頭取等申付置、追々御沙汰之趣［　　］御法度之旨等能々相守□手堅取締り可致候、且又於于時山口其外大工御用申来、当郡大工差出候節は来込大工之内ゟも割符辻□所勤候様兼々可申聞せ置、旁諸事〆り能可令沙汰候事

付り、免札下渡可申ニ付、木札幅弐寸・竪四寸ニ〆銘々調差出し候様可令沙汰候事」

本郷の庄屋が出願するのは、入職している大島大工に水役を負担させ、そのかわりに免札を交付されたいとするものである。そして別紙によれば、安価な賃銀で働くこと、および勘場の御用に随時応じることを条件に許可されたことがわかる。「御宰判大工仲間之内至而気之毒筋も有之」といっていることの具体的な内容はわからないが、より安い額で普請を遂行するかれらの流入が地元の大工と軋轢を生んでいたことをさすのではないか。そうしたなか勘場から許可証を発行してもらい、村として保護を図っているのである。村の側が大島大工を積極的に招致しているることになる。また七名のうち六名は同じ殿入村のものだから、かれらは集団化して各地を移動するものだったこ

ともうかがえる。

以上、幕末の小郡宰判に焦点を絞って地元大工と出稼ぎ大工との関係をみてきた。明らかになったことは、専業化した大工が中心になって作料を引き上げようとするなか、それへの対抗策として大島の出稼ぎ大工の招致が図られたことである。したがってこの事例を敷延するならば、地元大工の成長が未熟な地域ばかりではなく、むしろ多数が存在し相互に価格協定を結ぶほどに成長したところでこそ、出稼ぎ大工には活躍の場が与えられたことになる。近世後期から幕末にかけての萩藩領の瀬戸内海沿岸部へ、大島大工は多数受け入れられていたと想定できる。

おわりに

以上幕末期の岡山藩領と萩藩領を素材に、出稼ぎ大工を受け入れる地元の様子を概観した。そこで第一に明らかにしたことは、城下町ばかりでなく在方でも大工が成長しており、なかには農閑余業にとどまらないで専業化したものをも多く生み出していたことである。しかも村を越えた広域的な連合を形成し、価格協定を結んでより高額な賃銀の獲得を図っていた。もっとも村や組合村、あるいは動員組織といった既存の支配機構に依拠したものではあったが、地域的な一種のカルテルを形成していた事実は注目されよう。在方における大工の小経営としての成熟、それにともなう同職集団化の方向性を検出することができた。

第二に、そうした動向があるなかで普請を実施する村の側も対応策が必要となり、そのひとつに島嶼部からの出稼ぎ大工の招致があったことである。村々が連合して賃銀抑制を図る方策ももちろんあったが、それと並んで出稼ぎ大工を招致したことは瀬戸内海地域の特徴であろう。これまで芸予諸島、塩飽島、周防大島などからの出稼ぎ大工の輩出が一八世紀後半以降だったと報告されてきた。その契機は単に民間需要の増大にとどまるものではなくて、地域社会において小経営としての大工の成長が村と対立するほどのものだったことに求められるのである。いいかえれば需要が僅少で地元大工が未熟な地域にだけ参入したのではなく、むしろ十分な成熟がみられたところでこそ必要とされたことになる。そうした意味において、経済成長を背景に出稼ぎ大工は近世後期に特徴的に形成されたというべきだろう。

第三に、であれば地元の大工と比較して、島嶼部からの出稼ぎ大工は労働の組織化や資材の確保などといった点で有利な条件を保持していたことになる。[25] 島嶼部の出稼ぎ大工は各地に技術を伝播し、あらたな大工集団を分岐していったとしても、それによって相対的な地位を後退させてゆくのではなく、優位な立場を維持しつづけたといえる。各地で新興の大工が族生してゆくだろうに、それでも多くの出稼ぎ大工が幕末にいたるまで輩出されつづけた事実からは、そのような想定をせざるをえないだろう。集団として各地を移動していたことをふまえても、個別の小経営としてではなく、組織化された労働力の一環として出稼ぎ大工をとらえる必要があるのではなかろうか。[26]

註(1)　青野春水「近世瀬戸内海島嶼村落における出稼と株・受」地方史研究協議会編『瀬戸内社会の形成と展開――海と生活』雄山閣出版、一九八三年。

(2)　渡辺則文「日本社会における瀬戸内海地域」『日本の社会史　第一巻　列島内外の交通と国家』岩波書店、一九八七年。

(3)　石川敦彦「近世周防長門の人口統計」『山口県史研究』三号、一九九五年。

(4)　瀬戸内の出稼ぎ労働力は民俗学においても早くから注目された素材だが、その視点は、近世後期の人口増を起点において、「第一の目的はやはり米を手に入れることであった」とするように、島嶼部の特殊性(＝窮乏化)からのものとなっている(宮本常一『日本の離島』未来社、一九六〇年)。労働力として受け入れる側からの検討によって瀬戸内海地域に位置づける視角は、これまでほとんどなかったように思われる。

(5) 北脇義友「岡山県における塩飽大工について」『岡山県地方史研究』八九号、一九九九年。
(6) 同前、一五頁。
(7) 岡山大学附属図書館坂野家文書二五四六。
(8) 坂野家文書一二四八。
(9) 坂野家文書一九一三。
(10) 「法例集後編」一二五一『藩法集一　岡山藩下』所収。
(11) 『香川県史　第九巻　資料編近世Ⅰ』、六一二～六一七頁。
(12) 註5北脇論文、二〇頁。
(13) 坂本正夫『東和町誌　資料編一　長州大工』山口県東和町、一九九三年。
(14) 山口大学附属図書館林家文書七六〇―一四、一五「諸職人水役帳」。
(15) 『防長風土注進案　第一七巻　美禰宰判』、四九二頁。
(16) 山口県文書館内田家文書二四九三「[大工差出ニ付沙汰覚]」。
(17) 内田家文書七三九「[山口御屋形御用大工差出沙汰覚]」。
(18) 内田家文書七四三「[鋳銭司村大工山口仕役ニ付沙汰]」。
(19) 山口県文書館山内家文書四七六、四七七「[山口御普請所出役断願書]」。
(20) 内田家文書二一二五「[大工賃銀ニ付沙汰]」。
(21) 阿知須町公民館西村家文書「諸控」。
(22) 山内家文書五〇〇「山口行大工面着帳」。
(23) 山口大学附属図書館本間家文書七六九―七「[諸職人賃銀米価追々下落と共に賃下致候]」。
(24) 山内家文書一一八五「[大島郡殿入村・安下庄大工入稼ニ付願書]」。
(25) 『防長風土注進案』によって小郡宰判と、北部に隣接する山口宰判、美祢宰判の木挽の分布をみてみよう。すると山口宰判、美祢宰判では全域に分布しており、村単位で数えると一〇人程度がまとまっているところさえある。対して小郡宰判では北部の山麓地区や川西南部の岐波・井関村には一定数がみえるが、川西北部、あるいは川東南部には少ない。合計数でみても山口・美祢宰判がそれぞれ八八名、六一名なのに小郡宰判は四五名と、大工数と比較しても断然少ない。また「物産」や「産業」の項をみると、山口・美祢宰判には松材木や松板を書き出している村があって、他所に販売していたことがうかがえる。つまり小郡宰判で家作を行う場合、材木は他所から購入することが多かったように思える。であれば大島大工が普請を安く請負う場合、当然資材の確保において有利な条件を有していたはずである。たとえばこうした資材確保における優位性があるからこそ、すでに地元大工が多数いる小郡宰判のような地区にも参入できたものだろう。

(26) 小郡宰判一八四七年「水役帳」において岐波浦には大工吉兵衛が登場する。かれは第七章でも述べるように、土木工事や浚渫工事なさまざまな普請を請負う業者にほかならなかった。同様な存在は「水役帳」登録者のなかにもいたものだろう。またとくに大工の集中する浦（湊町）においては、一八四七年と一八五九年とで名前が入れ替わっているところが多い。単に改名したものや、あるいは忰に職を譲ったものも含まれるだろうから単純にはいえないが、そこには他所から集団をなして流入するものが多かったことを物語るものではなかろうか。吉兵衛のような請負業者に組織されて、出稼ぎ大工は普請を担当したものと思われる。

第六章　萩藩の大工編成と出稼ぎ大工

はじめに

京都の大工集団を検討した横田冬彦は、門閥大工がその配下の大工との間にもっていた組織が一七世紀後半に解体され、かわって町組に対応した地縁的な組織に再編されたことを指摘、その理由として町大工動員の必要をあげている。つまり町大工に基盤をおく再編がなされたというのである。(1) また吉田伸之は江戸の桶大工をとりあげ、近世を通じた展開を明らかにしている。(2) そこでは一七世紀末に門閥的な桶大工頭配下の職人組織が解体し、市中に散在する一般桶大工が集団化をとげるとして、横田が明らかにした京都の大工組織の変容と同様な事態をみてとっている。さらに門閥的な職人のそのごの動向にも言及し、役銭徴収・職人の雇用という権限を与えられることで一般の桶大工集団に寄生化の方向をたどるものの、一八世紀末にはその権能さえ失ってゆくとする。

このように門閥職人の組織と一般職人の組織との相克として歴史的な展開を考え、かつ一七世紀末に後者へ単一化するとする見通しは、同時に生の労働力の提供としての役がなくなり、代銭納化される過程と一体のものでもある。(3) ところで筆者が以前検討した加賀藩では金沢の町大工は作事所の直接の動員体制のもとにおかれつづけており、必ずしも全面的に請負制に移行したわけではなかった。(4) 藩が責任をもつ普請のある部分を直営体制のまま維持することは、ここでみる萩藩でも同様である。だとすれば、そこにおける門閥大工や町大工との関係、その歴史的

表36　御手大工数の推移

年	組と人数				計
1605	佐伯源左衛門組32	藤井次右衛門組28	作間源兵衛組16	佐伯五郎右衛門組16	92
1622	佐伯源左衛門組10	藤井飛騨守組10	作間対馬守組10	佐伯五郎右衛門組10	40
1629	佐伯源左衛門組11	藤井新太郎組11	作間組11	佐伯五郎右衛門組 3	36
1645	佐伯源左衛門組15	藤井次右衛門組10	井上八郎左衛門組 3		28
1649					21
1653					21
1669	佐伯源左衛門組 7	藤井治右衛門組 8	藤井七左衛門組 7		22

典拠：毛利家文庫「給禄」「分限帳」のうち各年次分。

な展開も三都で明らかにされたこととは独自なものがありはしないか。

本章では萩城下を素材にしながら、藩の編成策の推移と職人組織の動向について、この地域に固有なあり方があるとしたら何か、考えてみようとするものである。

一　近世前期の大工編成

(1) 御手大工の再編

萩藩には作事奉行のもとに御木屋（おこや）とよばれる機関があり、藩に抱えられた御手大工を管轄して普請を遂行していた。表36によって御手大工の人数をみると、一七世紀初頭には四人の御大工頭のもと四組一〇〇人近くいたものが、一七世紀半ばにかけて急速に減少し、そのごは三組二〇人強に固定していることがわかる。

つぎの史料は組織が固定化する時期にあたる一六四九年（万治二）に、作事奉行が提出した問箇条と、それへの当職の肩書（回答）である。[5]

此段先年・御定辻を以無相違候条、本書之分ニ仕役可被申付事

一御手大工・木引之仕役壱ケ月之内廿日充之御定之由、いよ〳〵右之分ニ可被仰付哉之事

表37　18世紀後半における御木屋の御悩所

萩四社　宮崎社　春日社　椿八幡　伊予八幡
菩提寺　洞春院　妙玖寺　妙悟寺　天樹院　清光寺　大照寺　松雲院　龍昌寺　東光寺　鉢多院　円福院
その他　満願寺　養学院　弘法寺　龍蔵寺　南明寺　妙性寺　秀岳院　道樹院　清正院
城内・諸役所　御要害　新御殿　西長屋　御蔵元　御木屋　内御作事　御直買所　時打居木屋
御門・番所　東ノ御門　南之御門　西ノ御門　中ノ惣門　御台所御門番居所　平安古惣門番居所　北ノ惣門番居所　松原口御門番居所　深野町口番居所　御成東御門外腰懸　御本丸番所　松本番所＊　椿町番所＊　唐樋番所＊　渡り口番所＊
諸施設　西御山廻り居所　東御山廻り居所　御役屋敷　御陸屋敷　河野十右衛門居小屋　野山屋敷　横地稽古場　平岡稽古場　馬木稽古場　内藤稽古場　岡部稽古場　北河稽古場　三瓦師細工場　焼物師細工場　南鋳物師細工場　鶴江灯蔵堂　玉江御悩所　平安古橋　唐樋橋　松本大橋　渡り場　新堀筋橋

典拠：毛利家文庫「目次」12「諸役所控目録」。1764年の記録。
凡例：差図が御木屋に残されていた箇所。なお＊は「御客屋御悩相成候事」。

…

此段大工・木引之儀は江戸番手之時月別壱匁充之木銭之外何ニても不被遣候付、先年ゟ前後百日宛弐百日之休息被仰付候、
此已後と候ても本書之分ニ可被申付事

付、江戸番手之時は前百日、罷下候て百日、前後弐百日休息被仰付来之由候、此段如何被仰付哉之事
此段先例之辻ニ候条本書之分ニ可被申付事

付、御手大工参組之肝煎、本ゟ御役目流ニ被仰付来之由候、
此段弥左様可被仰付哉之事

これによれば御手大工は月二十日の「仕役」を勤め、そのほかに江戸番手が割り当てられている。ただし三人の御大工頭が管轄する三組に一人ずつ置かれた肝煎は「仕役」を免除されていた。かれらには平均一人二〇石程度が給付されているし、[6]拝領地を与えられてもいた。つまり藩から恒常的に抱え込まれたうえで、御木屋の仕役に従事するのが御手大工にほかならなかったといえる。

なお表37は一八世紀後半に御木屋に差図が残されていた御悩（おなやみ）所（しょ）である。これによると萩城内の御殿や諸役所などの諸施設、市中の主な寺社、門や橋などを管轄していたことがわかる。もちろ

表38　「作料帳」の組別人数

組	源兵衛組 大工－弟子	権左衛門組 大工－弟子	七郎兵衛組 大工－弟子	作兵衛組 大工－弟子	猪兵衛組 大工－弟子	計 大工－弟子
人数	38 － 24	29 － 35	36 － 28	20 － 45	26 － 60	149 － 192
計	62	64	65	64	86	341

凡例：弟子には子弟も含む。

ん差図を有するのだから、この段階でも御木屋が直営で普請にあたる箇所だったことを予想できよう。一七世紀半ば以降、軍事動員はなくなり普請役も減少しながらも、既存施設の修繕を中心的な業務とするようになって御木屋の直営普請は維持されていくようである。

(2) 町大工の編成

同時にこの時期には、あらたに町大工の編成も行われている。たとえば一八世紀後半に御木屋が文書を整理したなかに「町職人御書付目録」という項があって、「承応弐、御当役安房殿、御大工頭へ当ル、町大工作料八段定、并水役、木挽作料之事」という記載がみえる。[7]あるいは一八世紀前半に当職所に残された文書の目録のなかにも、[8]一六六六年（寛文六）「萩町大工作料帳」、六九年（寛文九）「萩町大工作料改之壱帳」、九一年（元禄四）「御木屋方大工其外作料改帳」をみいだせる。一七世紀半ばから、御手大工の再編と平行して町大工の編成も進められていた。幸いこのうち一六六九年の「作料帳」が残されているので、それによりながらこのときの町大工編成の様子をみてゆくことにしよう。[9]

表38にまとめたように、「作料帳」には大工三四一名が五つの組に分けて記載されている。ここには大工の子弟や弟子も登録され、それぞれについて水役負担の有無・作料の額・飯米の額（飯米額は一升で均一）が記載される。[10]

こういった個人別の記載のあと、つぎのような奥書が付されている。

a 右町大工作料高下御改就被仰付、依怙贔屓無之様ニと御座候て誓詞血判被仰付、先年

之御帳面前ニ御引合被成、相当之直付被仰付候は、此辻を以水役御雇之時無滞御用次第可指出之通奉得其意候、少も無滞可届其節候、御家中并町以下ともニ作料御公儀並ニ可被仰付之通是又奉得其意候、尤於先様ニ賄有之義ニ候ハ、、手間料御定之辻日別之勘合を以請取可申候、自然脇々ニて先方より作料銀増被下候とも、少にても請引申間舗之通、是段組々大工中江手堅可申渡所如件

寛文九酉

六月朔日

渡辺源兵衛

引頭猪兵衛

佐伯権左衛門

小池七郎兵衛

引頭作兵衛

佐伯源左衛門殿

藤井次右衛門殿

藤井七左衛門殿

b右御手大工之子とも并弟子、町大工ともニ作料高下水役之御改就被仰付、先年之御帳前之辻を以依怙贔屓無之様ニと御座候て誓詞血判被仰付、少も無相違、引頭九兵衛・柿並権左衛門被罷出、相談ル上直段付相調差上申所如件

同日

引頭七右衛門

重松新兵衛

引頭善兵衛

c右前書之分ニ御手大工子とも・弟子・町大工ともニ作料高下・水役之御改就被仰付、手堅申付、誓紙・血判
之上、銘々相究、御帳差上ケ申所如件

佐伯源左衛門
藤井次右衛門
藤井七左衛門

aの差出し五名は「作料帳」五組の組頭であり、宛所の三名は御大工頭である。ここでは「町大工作料高下御改」を受けた旨を述べ、そのうえでその「直付」に従って「水役御雇」を勤めさせることを誓約している。そして家中や町方で雇用されるさいもその額に従って作料を受け取ると約している。つぎにbの差出し三名はおそらくは御手大工組三組の肝煎と思われ、御手大工の子弟・弟子が町大工と同様に「作料高下・水役之御改」を受けた旨を述べている。しかしここにはaとちがって御用に勤めさせるという文言はみえない。かれらは御手大工に随伴して御用を勤めたのだろう。最後にcは、aとbを受けた御大工頭が作事奉行に報告したものである。

この奥書の記載を手掛かりに、編成方法の特徴をつぎの点にまとめておきたい。

①御用への動員の方法として、水役による場合と御雇によるものとの二つがある。しかしあとでみる一八世紀初めの事例からも水役とは一ケ月一日の負担だったと考えられ、御手大工の仕役よりは断然少ない。そもそもこの調査自体、「作料改」とよばれるように公定作料の規定に眼目があったはずである。したがって水役よりも御雇による動員の比重が高まりつつある、そういった状況下のものと理解しうる。[1]

②そこで御雇への動員を円滑に実施するためには作料の抑制が必要であり、市中全体での作料をあわせて抑えねばならない。すなわち市中で雇用され作料を受け取るすべての大工に規制を徹底しなければならなかった。御

手大工が自身の仕役に随伴するもので、直接御雇の対象と目されなかったはずの御手大工の子弟や弟子も含めて、現に市中で雇用されているものすべてを登録対象にした理由はその点にある。

③そこで、市中で雇用される大工に共通する負担として、逆にいえば負担を通して雇用が許可されるものとして水役があった。すなわち水役は大工を徴発することよりも、「作料改」に市中の大工を誘導することに主要な意味があったのではなかろうか。したがってこの段階では、銀納されたとしても差し支えないものだったと思われる。

④なお水役は御手大工のなかの肝煎が徴収しているし、御用への動員は御大工頭からなされた。つまり御手大工集団の下位に町大工の組織は位置づけられたことになる。

つぎにこのとき編成された町大工をみておこう。表38に示した五組のうち権左衛門組だけをとりあげたのが表39になる。この表には記載の形式に従って以下に分類してある。

a［組頭・下触］組の統括にあたるもので一名ずつが置かれている。それぞれ忰のほかに四名ずつの弟子を抱えており、市中でも有力な大工にほかならなかったといえる。なお両者ともに水役は免除されている。

b［姓を付けて記載されるもの］つぎに姓を付けて記載されるもの、およびその子弟・弟子がある。このうち引頭善兵衛および松田忠右衛門は御手大工であることが確認でき、[12]ここにはその弟子が登録されている。ただし奥書の記載に従えば引頭孫兵衛以下一〇名は御手大工ではないはずである。もっとも引頭、藤井、松田、伊藤などは御手大工の姓だから、その一類と推測できる。水役除にはなっていないから、御手大工とは異なる町大工として登録されたものと考えておきたい。

c［町名を冠するもの］これらは町に居住するものであろう。七名のうち五名までが弟子を抱えている。なお弟子の数を含めれば、bとほぼ拮抗する人数となる。

他国者	岩国　平左衛門（1.3）	権太夫（1.1）
	津和野　五兵衛（1.3）	
	広嶋　六左衛門（1.3）	
	〃　八左衛門（1.3、半役）	三左衛門（1.3） ・吉左衛門（1）
他組弟子		七郎兵衛組八兵衛弟子（1.3） 七郎兵衛組八兵衛弟子（1.3） 源兵衛組源兵衛弟子（1.3） 作兵衛組杢左衛門弟子（1.1）
分類不可	ひこ清左衛門（1.3） ひこ忠左衛門（1.3） 車や七郎左衛門（1.3）	弟子八郎兵衛（0.7） 助左衛門子与左衛門（1.3）

凡例：カッコ内の数字は作料。単位は匁。
　　　子弟・弟子のうち名前は子、それ以外は弟子。

表 39 「作料帳」のうち権左衛門組

区　分	名　前（作料銀）	子　弟・弟　子
組頭	権左衛門（1.3 水役除）	六郎左衛門（1.1 水役除）、 四郎右衛門（1.3）・勘左衛門（1.3） ・権右衛門（1.1）・三太郎（0.7）
下触	治郎右衛門（1.3 水役除）	七郎右衛門（1.3）・伝右衛門（0.8）、 弥右衛門（1.3）・惣左衛門（1.2） ・七郎左衛門（0.7）
御手大工の縁者		引頭善兵衛弟子金左衛門（1.3） 松田忠右衛門弟子久右衛門（1.3）
	引頭孫兵衛（1.3）	忠兵衛（1.1）
	藤井権兵衛（1.3）	清兵衛（1.3）
	松田市郎左衛門（1.3）	惣太夫（1.1）
	伊藤三右衛門（1.3）	作右衛門（0.9）
	熊野与左衛門（1.3）	七郎兵衛（1.2）
	鮎川忠兵衛（1.3） 熊野忠太夫（1.3） 万代半右衛門（1.3） 松田六兵衛（1.2、半役） 引頭市兵衛（1.2）	
足軽・中間組	神田組忠左衛門（1.2 半役） 木梨組伝右衛門（1.3）	
家中抱	秋里治右衛門殿扶持人 長左衛門（1.3）	
町人	今魚棚　四郎左衛門（1.3）	六之助（1.2）
	〃　　善左衛門（1.3）	
	米屋町九郎右衛門（1.3）	長兵衛（1.1）
	平安古町　源太夫（1.3）	嘉兵衛（1.2）・少左衛門（1.1） ・半四郎（1.1）・八郎左衛門（0.8）
	〃　　三郎右衛門（1.3）	作右衛門（0.9）・又右衛門（1）
	新町　源右衛門（1.3）	
	片河町　与右衛門（1.3）	猪之助（1）

d［足軽・中間の組に属するもの］足軽・中間の組である木梨組・神田組に属するものが二名みえる。

e［家中抱えのもの］秋里治右衛門（一千石）のような大身の家中は独自に大工を抱えていた。ただし登録はこの組には一名のみで、dとともに少数である。

f［遠隔地の地名を冠するもの］岩国・津和野・広島など、遠隔地の都市からのものもこの時期の萩には存在しており、それも登録されている。しかしその数は七名と全体の一割程度である。

g［他組の大工の弟子］八兵衛・源兵衛・杢左衛門らはほかの組に属する大工である。数名ではあるが、師匠と切り離されて登録されるものも含まれている。

なお再び表38をみると、各組の人数は猪兵衛組を除いては六〇人強でほぼ均等だし、町に居住する大工と組との関係や、gのように師匠と弟子が別々の組に属する場合もあることを踏まえれば、ここにいう組とは大工の側のなんらか自生的な組織を意味するのではなく、御木屋が上から編成したものにほかならないというべきであろう。もっとも猪兵衛組だけは八四名とほかと異なる人数である。実はこの組はほとんどが姓を付けた、すなわち上記のbに分類されるものからなっており、しかも組頭・下触以外に水役除が三三名も存在した。おそらく御手大工の子弟・弟子は多くがここにまとめられていたのではなかろうか。すなわち町大工を中心とする源兵衛組など四組と、御手大工の子弟・弟子を中心とする猪兵衛組とに組織が大きく二分されていたと理解したい。

なおなかに精々一割程度の人数であるとはいえf岩国や広島など遠隔地から移動してきたものも存在している。(13)

これについては、つぎに引用した一六五二年（承応元）の国元から江戸への御用状を参照しよう。(14)

…蔵増河内弟子之内御ふち人弐人被召放候、両人共ニ細工能仕者候間、少之御扶持方ニ而は被召仕苦敷候哉之通得御意候へ共、于今御返事無御座候、右之内一人ハ広島より可相抱との儀にて可罷出之由候、今一人蔵増七左衛門と申もの就中上手之由候付而、其元より一左右迄ハ何とそかけ留置候へと申儀候、弥不被為入と思召候ハ、何方へ成共参次第ニ可申付候…

直接に大工に関するものではないが、勝れた技能を有する細工人蔵増河内の弟子が規定の扶持では居着こうとはせず、暇を申請している件について相談している。なかの一人は広島から声が掛っているという。近世前期においては大工についても同様な広域な移動は存在したのだろう。しかし表39によれば、〇・七匁から一・三匁までにランク分けされている作料とは、基本的には子弟や弟子の技能を区分するためのものといえる。作料は自立した大工を差異化するものとしては機能しておらず、したがって技能に関してはほぼ均質なものとみなされたことになろう。また町の大工のなかにも弟子を抱えるものが多く存在した。つまり一七世紀後半になると、民間の大工は主要には市中で再生産されていて、遠隔地からの招聘はもはや必要としなくなっていた。御手大工の弟子や縁者であったり、町の大工であったり、あるいは家中などに抱えられたりとさまざまではあったけれども、市中の需要に応える大工は内部で再生産されていたとみなすべきだろう(15)。

この時期は萩城下の拡張期に当たっており、たしかに大工の需要は多かったはずで、たくさんの民間大工が市中には存在するに至ったものと思われる。したがって藩がそれを御用に使役するうえでも、徴発によるのではなく作料を給付するしか術はなかったのだろう。しかしその作料を極力押さえ込むということも、藩にとっての至上命題だった。そこで安価での雇用を実現するために「作料改」が繰り返され、水役とセットにした大工の編成が進められた。これを通して市中の大工は御木屋の帳簿に登載され、市中での営業・雇用の保証と引き替えに、過分の作料を受け取ることのない旨誓約させられたのである。藩に抱えられ、月に二十日の仕役を勤める二〇名強の御手大工およびその子弟や弟子のグループと、その下位に位置づけられた御雇で随時動員される町大工の組織という二重体制で御木屋は管轄の普請にあたったことになる。京都や江戸では門閥大工の組織が解体し、町大工の組織に一本化されていた同じ時期に、萩藩では両者が併存する形の、しかも生の労働力提供をめざす編成がなされたわけである。[16]もっともこの限りでは都市の発展度の遅速、段階差として違いを説明することも可能であり、やがては町大工の組織に単一化してゆくと見通すこともできよう。つぎにそのごの展開についてみてゆくことにしよう。

二　近世中期の動向

(1) 直営体制の維持

述べたように「作料改」とそれによる帳面への登録は一七世紀後半に何度か実施されている。しかし一七二九年(享保十四)にはつぎの触のようなあらたな編成策が試みられた。[17]

覚

町大工・同木挽・同檜皮・同左冠・同畳刺・同桶・同鍛冶・同石切・瓦葺・茅葺・日用夫

一町諸職人賃銀、四歩ゟ壱匁壱分取迄夫々之賃銀御定被仰付候事
一弁当ニて諸細工ニ参候時分ハ、賃銀之外ニ賄代七分充ニ御定被仰付候事
一諸日用賃銀壱人ニ付六分五厘ニ御定被仰付候事
　但、賄無ニ〆

右諸職人此度賃銀改被仰付、銘々提札ニ夫々之賃銀、外ニ賄代をも書付、御木屋ゟ人別相渡置、日用遣申候ハヽ、当六月廿一日ゟは右之提札ニ御定賃銀之辻相渡候様ニ、尤細工先へハ御木屋ゟも方々見分之人物差出、其上打

廻リ之者時々差廻事之間、御定賃銀ゟ賄代之外堅不相渡候様ニ、尤提札持参不仕候歟、其外札無シ之者をは一切遣不申候様との事

一諸職人細工先江提札持参不仕細工仕候歟、又ハ提札無シ諸細工仕置者も自然有之候ハ、一廉可被仰付との事

右之通萩市中・当島・浜崎才判居之諸職人江提札相渡候間、此段組支配中江も被相触候様との御事

享保十四
酉六月

一見して明らかなように、一七世紀後半に繰り返された「作料改」とは全く異なるものである。すなわち作料抑制という課題を実現するために、御木屋が発行する提札を大工など職人個々人に携行させ、それを持つものだけを雇用するようにさせている。作料抑止を大工の誓約に任せるのではなくて、雇用主の側から規制するように改めたのである。したがってそれは時々の雇用の局面において実現されるものであって、そのためには市中に常住するものばかりでなく、一時的にでも流入し雇用されるものまで拡大する必要があった。だから市中に加えて周辺の浜崎・当島宰判の職人も対象となったのだった。ここからは「作料改」によっては大工の作料を抑止できず、ためにあらしい編成策を模索していた様子がうかがえる。しかし市中から大工などの職人を直接雇用し、普請に動員しようとする指向自体は一貫していることもよみとっておこう。

もっともこの時期類似の触はほかにはみいだせず、どこまで実効性を発揮したかは疑問である。はたしてこのすぐあとになって、再び「作料改」に基づく体制の強化が目論まれている。一七三五年（享保二十）のつぎの沙汰をみよう(18)。

覚

1一御手大工例月御役出勤之日数御定有之、過未進之御沙汰被仰付候御法ニ候処、近年過未進之御沙汰無之、御役仕流シニ相成之由、向後之儀は如古法御定之日数出勤仕、過未進之沙汰可被仰付候事

2一御蔵舛之儀近年於市中大工・鍛冶屋共ニ請料細工ニ相成来之由、是又古来之通於御木屋御手大工・御手鍛冶江仕調可被仰付候事

3一水役仕来候町職人近年手間銀上納ニ相成候処、右上納銀相滞居候由、依之只今迄之上納滞銀不残捨被遣、向後如古法例月一人充現人を以水役可被召仕候事

右三ケ条来ル四月朔日ゟ改而御沙汰候様ニとの事

卯ノ閏三月

まず第一条では御手大工が勤める毎月の「仕役」調査をしないので等閑になっている場合もあるとして、あらためて一ケ月二十日を遵守するよう指示している。つぎに第二条では「御蔵舛」が市中の大工・鍛冶の請負になっていることを改め、御手大工・御手鍛冶が自身で作るようにとある。さらに第三条では町職人について一ケ月一人分の水役銀の延滞が発生している事態を指摘し、いままでの不足分は免除するとしたうえで、今後は一ケ月一人の現人で使役することを定めている。この三ケ条を通してみるならば、御木屋が管轄する普請に御手大工や町大工を使って直営で行うことは減少していたことがうかがえる。その背景には、作料の上昇によって公定作料での動員も大工の抵抗にあっていたと予想できる。ところがここでは再度直営の形態に戻し、そのため大工の動員体制を強化しようとするのである。

さらに一七四〇年（元文五）に御大工頭に宛てた沙汰では、町大工にかんすることとして、①足軽や中間の養子

表40　1741年作料帳の組別人数

組	作料（匁）							計
	1.3	1.2	1.1	1	0.9	0.8	0.7	
九左衛門組	25	8	3	4	3		3	46
伊兵衛組	22	9	6	3	3	2	2	47
理左衛門組	25	11	4	3	5			48
計	72	28	13	10	11	2	5	141

典拠：毛利家文庫「諸省」51「諸触書抜」。

になったり家中抱えになるものがいて、町大工数が減少している、②御大工頭→町組頭→町大工の順で動員が掛るところ、町組頭や町大工自身の怠慢でそれに応じないことがある、③作料銀が高騰している、こういった問題点が指摘され、改善が要請されている。[19]そして翌年正月に市中大工の「作料改」が実施された。[20]このときは、先と同じような帳簿が作成され、町大工組頭および大工肝煎から御大工頭三名に提出されている。表40はそれによって町大工の構成をまとめたものである。これによると作料を〇・七～一・三匁の七段階に分けており、もちろん水役も負担させるのであって、一七世紀後半と全く同じ方法で把握しようとしている。ただし組数は三組に減っていて、しかも人数は均等である。従来の五組をこの時点で再編したことを意味するものだろう。また全体で一四一名しか登録できておらず、かつてのおよそ半数に満たないのである。したがってここに表現される登録の実状は、「作料改」に基づく編成が一八世紀に入ると形骸化しつつあったことをやはり物語るものであろう。それを立て直し、再度の動員体制を構築しようとしたことになる。

ではそのごどう展開するのだろうか。一八世紀前半から一九世紀初めにかけての時期の「職人御咎」の判例を、検索に便利なように項目だけ編集しなおした史料がある。そこから町大工に関する記事を抜き書きして表41にまとめておいた。すると表示のほとんどが、御木屋の御用を命じられてもそれに応えなかったという理由での処罰例である。しかも過料の額もやがて高くなっている。あるいは一七六五年（明和二）の記事を記録したあとに、「職人御作事不罷出、閉戸・追込・過料等段々有之、略之」

表 41　町大工の処罰例

年	大　工	処　罰　理　由	処　罰
1735	五間町大工七右衛門	我侭を構え職人の風俗を乱す。	家業取上
〃	恵美須町大工藤本孫七	御木屋御用に出ず、脇細工。	閉戸
〃	魚ノ店大工引頭九郎右衛門	〃	〃
1741	町大工猪兵衛組九郎右衛門	〃	〃
1761	上五間町大工藤村与一右衛門	御木屋御用除のところ、脇細工。	〃・過料5匁
〃	米屋町大工茅原永太夫	御木屋に出ず、他行。	籠舎
1765	細工町大工大谷三左衛門	御作事に出ず、脇細工。	籠舎
〃	同柳川政右衛門	御作事には昼から出て脇細工。	閉戸
〃	上五間町大工堀吉内、ほか6名	御作事に出ず、脇細工。	〃
〃	町大工佐伯七左衛門弟四郎兵衛	帳付大工のまま家来大に。	〃・過料5匁
1768	新住吉町大工引頭清右衛門	御作事に出ず、脇細工。	閉戸・過料3匁
1770	町大工三郎右衛門	御木屋水役滞り。	閉戸・過料2匁
1771	瓦町大工与三右衛門	家業差留めのところ、脇細工。	追込・過料5匁
〃	唐樋町町大工藤右衛門	水役に出ず、細工。	閉戸・過料2匁
1788	米屋町町大工長左衛門	御作事に出ず、脇細工。	過料15匁
〃	塩屋町町大工甚左衛門	〃	〃
1790	御許町市郎左衛門	風俗宜しからず、御用向忘却。	閉戸・過料15匁
〃	瓦町西林八左衛門	〃	
〃	町大工城惣五郎弟子七之助	御作事へ出ず、内居もせず。	過料15匁
〃	町大工与一左衛門	〃	
1792	春若町大工市郎右衛門	御作事へたびたび出ず。	過料15匁
〃	古萩町大工七之助	御木屋へ出ず、脇細工場へ。	過料43匁
〃	細工町大工作右衛門	御木屋へ出ず、他行。	過料15匁
〃	上五間町大工弥七	御城内御作事御用に出ず。	過料5匁
〃	塩屋町町大工長左衛門	御木屋御用に出ず。	過料15匁
1807	平安古町二丁目斉藤甚吉	大工帳消しのところ大工所作。	過料6匁

典拠：毛利家文庫「賞罰」50（11）「御仕置帳部分頭書」。

とあって、こうした事例はここに記録されたよりもずっと多かったこともわかる。作料を抑制することは無論困難で、実際に動員しようとすると大工との間に絶えず軋轢を生じていたことはまちがいない。しかし御木屋による大工の動員体制自体はそのごも存続していたことが同時に確認できもしよう。

（2）御手大工と町大工

そうして大工との軋轢をはらみながらも直営体制が維持されたのであれば、一七世紀後半に構築された御手大工―町大工の二重体制はどうなったのか。つぎの引用は一七七九年（安永八）に当職から三名の御大工頭に宛てたものである。(21)

覚

一御手大工共従先年之勤方之儀元文年中御ケ条を以被仰聞、夫已来於御木屋方例年正月読聞相成来候処、区々之心得も有之、諸所御取繕ひ所江被差出候へば見合棟梁と計心得候而、身分之仕役不仕由甚不心得之至候、仕役見合間合有之節は、惣並之仕役一人役之沙汰ニ不及、透々可相整段は兼而御作法も有之儀候条、愈向後大工五人已下召仕ひ候節は身分之仕役可相整候事

一御手大工少人数之儀、不残罷出候而も御間難相候処、猶更病気支リ等有之候而は出人少ク、無拠町大工召仕ひ候様相成儀、病気と候而は無余儀事候得共御時節相考、太概之気分差押可遂出勤候、御役所向は病気と号出勤不仕、世上をハ徘徊仕候者も此内間々有之様ニ相聞、甚以不謂儀候、此段不絶可被遂詮儀候、不心得之者於有之は厳重之御咎可被仰付候事

付、御倹約中之儀は就中銘々入はまり、古格流例不拘、仮令身分不相応之儀と候而も遂其節候様可被中付

候事

一御手大工中業筋未熟ニ而御用難相達者も有之由甚不届之儀、見合棟梁等ニ罷出候而は数多之職人召仕ひ候儀ニ付、其身之業筋ニ暗く候而は差引不行届之儀も令出来、且は棟梁役として身分も難相立段勿論之事候、先年は御木屋方罷出、御家作事其外塔堂等御普請、其物位を極、地わりゟ一途之積リ不絶稽古仕来之由候処、当時年若之者とも其心懸無之、又半間内ニも取立候人柄も有兼、右躰之稽古於于今は一向及怠転、何そ廉有御普請之節は町大工功者之人柄不召加候ハてハ難相調様ニ有之、夫而已被抱置候詮も無之、御差問之事ニ候条、此段得と勘弁候而作事頭人被申談、如古法稽古等令出情、已来持方相改候様手堅可有沙汰候事

　付、御手大工稽古之節ハ御木屋方被罷出見分可被仕候、左候而家業令修錬、御用ニも可相立人柄之儀ハ作

　　事頭人申談、毎年正月中を限リ職座可被申出候事

一肝煎役三人之儀月番ニ相当リ候者は御城内・外輪両御作事江毎日無闕如罷出、半間之者并町大工勤不勤、水役等之儀兼而被仰付候趣愈堅固ニ相勤候様可被申付候事

右御手大工其外諸職人中勤方之儀、先年以来度々御書付被差出置候へ共、今般厳重之御倹約ニ付、猶又御書付を以御作事頭人江委細令沙汰候条、於各も御時節被致勘弁、前条之廉々支配之御手大工中江能々可被申付候、以上

　安永八年四月　　　　　　　　　　益　越中

　　佐伯藤右衛門殿

　　甲良五郎左衛門殿

　　藤井治右衛門殿

毎年正月に元文年間の「御ケ条」を御手大工に読み聞かさせているが、あらためて通達しなおすとしている。その内容は概略つぎのようである。①普請現場において、「見合棟梁」とばかり心得て「身分之仕役」を勤めていない。とくに少人数の現場では自身で「仕役」を勤めさせよ。②ただでさえ少人数の御手大工なのだから、仮病と偽って出勤しないなどもってのほかである。そのため町大工を動員せねばならなくなるのだ。そうした不心得ものがないようにせよ。③棟梁役を勤める御手大工が「業筋未熟」では問題である。以前は御木屋に出て稽古を重ねたものだが、近年では等閑になっている。ために「廉有」る普請のさいには町大工の功者を加えないと成り立たないようだ。今後は稽古に出精させよ。④三人いる肝煎には月番のさいには御手大工仲間や町大工の勤務状況、水役などの監督をさせること。

なお元文年間の「御ケ条」も、御手大工が「家作事之修練」をしなくなり、御木屋で「小細工」だけ行ってそれで「仕役」の義務を果たすようになっている、ために棟梁役を勤めるべき人材にも事欠くありさまで、このままでは町大工に棟梁を委ねるしかない、などとして、御手大工が普請現場から手を引くようになったことを問題にするものだった。[22] 一八世紀半ば以降の御手大工はここで問題にされるような状態にあり、残された役割は町大工から水役を徴収したり、御用に動員するといったことに限定されていたようである。

しかしそうなったかれらではあったが、単に町大工に寄生化したというだけではない側面も有していたように思える。この点についてつぎの引用を例に考えてみよう。これは、一七四八年（延享五）三月に大工の処罰をめぐって藩が御大工頭に示したものである。[23]

覚

一大工彦右衛門と申者、去夏石切茂左衛門家作請負調候内、石切之家は常之大工不相調筈之由ニ而作事半途ニ〆差置候、石切之家作前々ゟ大工調来候処、案外之儀ニ候間御裁許被成下候様ニと茂左衛門ゟ申出候、依之御究被仰付候処、彦右衛門数十年大工仕候へ共、石切之家作不仕調職法曽而不承伝候付、前方も石切之家作相調、此度も右請負作事仕候内、町大工二郎右衛門と申者罷越、職法有之、石切之家作仕置候へは残ル職半間之者も相細工不仕由申聞、先々家業不相成時は身柄及難儀申事ニ候故、無拠茂左衛門家作半途にして差置候、尤彦右衛門ニ不限、大工半間之内石切之所江細工ニ罷越候者数多有之候通申出候事

一大工共石切之家作不仕職法有之との儀は職半間一統江懸りたる儀ニ候、此段はいか様共片付可有之事ニ候処、彦右衛門儀茂左衛門方ニ而請負細工調候内右出入令出来と候而、請負一途埒明不申半途ニ〆差置、茂左衛門当惑仕せ候段不届之仕方、於彦右衛門申披無之候事

一次郎右衛門事大工職法を以石切之家作不仕段いかゝ授り彦右衛門江申聞せ候哉と［　］候へは、先年町大工八左衛門と申者石切之所江細工ニ参候を、御大工頭佐伯藤右衛門見咎メ、八左衛門事大工之帳面を省キ候、依之職法右之儀と心得居候へ共、いか様之発リニ而右之作法有之候哉之段は曽而不存之由申出候事

一右之通ニ付御大工頭之手前ニ何そ証拠有之儀ニ候哉と僉儀被仰付候処、前方江戸・京都大工方之趣聞合相成候様相見、御国大工中江職法定書差出候内ニ、石切之家作ハ大工不調段有之由候へ共、江戸・京大工方ゟ之書渡物等も無之、其上いつ比聞合相□大工中江いか様ニ沙汰相成たる事ニ候哉□旁一向不相知、第一公儀［　］も無之儀ニ候…

問題の発端は、家中抱えの大工彦右衛門が、請け負っていた石切の家の作事を途中で放棄してしまったことだっ

た。一件の概要を簡単に要約しておこう。①藩に対し彦右衛門は家作を放棄したことをつぎのように弁明している。すなわち、町大工二郎右衛門に石切の家作をしないことが「職法」であって、背くのならば「職半間」として「相細工」をしないぞと脅された。それでは「家業」が立ち行かなくなると考えて、やむをえず指示に従った、とするものだった。②さらに二郎右衛門も詮議されたが、そのときかれは、町大工八左衛門というものが石切の家作をしたことを御大工頭に摘発され、大工の帳面から外された先例を持ち出した。③そこで詮議は御大工頭にも及ぶこととなった。御大工頭に証拠物の提出を求めたところ、江戸・京都大工方から聞いてきた御国中大工への「職法定書」なるものがあると返答した。

ここからはつぎのことを指摘したい。

①家中抱えの大工も町大工と一緒になって「職半間」・「大工半間」を形成しているという認識があり、「相所作」を断られては「家業」が立ち行かなくなると考えている。したがって市中で雇用される大工は所属を越えた横断的な大工仲間を形成していたといえよう。

②その大工仲間には独自の「職法」があり、それに背いたものは御大工頭によって帳面から抹消されていた。すなわち大工仲間とは「作料帳」登録者の集団でもあったことになる。つまり元来御木屋が編成のために上から作った組織を、町大工の側が同職集団として捉え返していたことになろう。

③同時にその「職法」の正当性は、御大工頭を媒介にして江戸や京都の大工によって保障されるものだった。つまり横断的で普遍的な職人ないし大工としての職分意識を摘出できる。なお引用を略したがこれに対する藩の姿勢は、江戸や京都の大工からもらったという証拠物に文書としての正統性が欠けるとし、そのことを根拠に「職法」であることを否定するものだった。また以前、御大工頭が町大工八左衛門を帳面除けにした件にかんしても、事前に請状などを取らなかったのは落ち度だとして、根拠にならないともしていた。つまりそうした

「職法」をいただく大工仲間は、藩からは自律的に形成されたものだったといえる。

④したがって御大工頭は、市中の大工を「作料帳」に登録させて水役を徴収し、また全国的な組織との媒介ともなることで、町大工にとっての、いわば権威の源泉として存在したことになる。であれば、それを頂く御手大工たちも同様なものとして町大工はとらえていたのではないか。だからこそ彼らには技能の修練がくり返し求められたのではなかろうか。

三　田舎大工と町大工

(1) 田舎大工の招致策

ところで一八世紀後半になると、地方から萩への流入を促進する政策が打ち出されるようになる。まず一七七一年（明和八）八月には御木屋御用の繁忙期に限って四ケ月の間、田舎職人の萩への流入を許可することにした。そして許可された田舎職人には御木屋で「賃銀定」を受けさせ、一ケ月一日の水役を負担させた。[24]その動機については一七八三年（天明三）十一月のつぎの沙汰から明瞭である。[25]

一筆啓達候、御初入国御待受御取繕其外御作事ニ付諸職人余分被召仕、大工・左官萩居合ニて難御間相、田舎職人被召仕候間、御才判中大工・左官共人数付立早々御木屋方へ被差出候様との御事、尤萩呼出之儀は御木屋方・御代官所へ乞合有之候間、其沙汰可被成候

御代官中へ

天明三十一月廿六日

右之趣市中并当島・奥阿武郡・前大津え及沙汰候事

御木屋が使役することを目的に田舎職人の流入を許可するとしている。御木屋による直営体制を維持するため対象を拡大しているわけである。そのご期間を限定した類似の沙汰は、一七八六年（天明六）にも出されていることが確認できる。[26]

さらに一七八九年（寛政元）年十一月には市中に対してつぎが発布される。[27]

1　一諸職人賃銭定之儀左之通ニ候事

2　一上大工壱人昼働五時ニ〆此賃黒米壱升・銭百八拾四文充ニ〆払方被仰付候事
　但、上大工之分右之定ニ〆、其以下賃銭之儀ハ御木屋方ニ而作料之定有之候事ニ付、以来提札江何拾文取と申儀書記候而人別提札渡方被仰付候条、其辻を以払方之事
　付、昼働五時之外ニ夜中迄召遣候歟、又ハ纔之間相時懸等ニ而半日ゟ内召仕候節は提札辻を時割ニ〆壱割増払方被仰付候事、且又現所作と提札之賃銭定と不都合ニ候ハ、御木屋方棟梁座可承合候事

3　一諸職人并日雇之者共定法賃銭之外心付ト〆雇候者ゟ遣シ候儀、并酒飯差出候儀被差留候事

：

11　一田舎職人萩罷出令所作候儀勝手次第被差免候事、然上ハ萩市中之大工共相所作不仕候歟、其外不心得申者有之時ハ被相咎候事
　但、萩江呼出シ候節ハ、其職人居村ニ而相定リ候賃銭辻并水役上納員数等儀、其郡之御代官所ゟ之送状ニ書記渡置候様ニ被仰付候条、其辻を以召使候者ゟ御木屋方江相達候而可被召使候事

付、諸給領ニ罷居候職人之分ハ、給主之家来在役之者ゟ右賃銭之定辻書記候而令所持候ハ、其辻を以御木屋方へ達シ可被召使候、萩滞留一ケ月ニ満シ候者ハ月別一日充之水役可被召使候、尤其職人兼而居宰判ニ而定ル水役公儀江相納候分は萩ニ而は月別半工役可被召遣候、萩滞留三拾日ニ足不申者水役之沙汰ニおよハす候

「諸職人賃銀定」とされるように、大工ばかりでなく木挽・左官・檜皮葺・瓦葺・畳刺・茅葺などを一括して対象とした触であり、さらに日用についても公定作料の遵守を要請している。そのため第二条にみえるように、上、中、下など技能に応じて賃銀を定め、それを書き付けた提札を交付させ携行を義務づけている。弟子ばかりでなく自立した大工についても技能をランク分けしたものであろう。また一日の労働時間を五時とし、それより短い働きには「時割」で賃銭を給付することも定めている。「作料帳」でのものと比較すると実際の労働に即して非常に細かく規定されるようになったことが特徴である。もちろん前提には御用に安価で雇用する目的があったはずだろう。表41をあらためてみても、この直後の時期に、御用に応じなかったものの摘発が増えている。したがってあらたに提札を交付しながらも、他方では水役は負担させ、御木屋の帳面への登録はつづけていたはずである。

そこで注目されるのは第一一条の規定である。みられるように田舎職人の萩への流入を許可し、条件として御木屋へ水役勤めをすることを命じている。しかも以前のような時限的な措置ではなく、恒常的な許可だった。こうした規定があらたに設けられたことからは、作料抑制の保障となるのが田舎大工が一定度市中に流入してくる見込みだったと想定できるだろう。町大工に依存する体制から、より作料の安価な田舎大工に基盤を移そうとしたのが、結局はこの「賃銀定」の意味だったと理解したい。

（2）田舎大工の性格

ではその御木屋があらたに依拠しようとした田舎大工とは一体どういった存在なのだろうか。これについて編成策から垣間みれるのは、つぎの点だった。

①一七八三年の沙汰は、当島・奥阿武・前大津の三宰判に通達され、事前に大工と左官の人数を報告するよう求めていた。直接には北浦一帯からの流入をめざしたものといえよう。

②一七八九年の触では、居住している村での賃銭定があれば代官や給主から報告させるとあったり、水役についても居住する宰判ですでに負担している場合は半役でよいとしている。つまり想定されるのは、必ずしも萩周辺の農村に限らないで、より広い範囲だったことがうかがえる。

③一八三〇年（天保元）六月に田舎大工の萩流入を解禁したさい、その触の一条に「当島大工之儀是迄迚も田舎一統之義ニ候処、間々不心得之者も有之哉相聞候間、向後弥田舎大工一統ニ相心得可申候事」とするものがある。[28] これによっても田舎大工が当島宰判の外からの流入だったことがわかる。

このように周辺農村からの流入といったことではなくて、かなりな遠隔地からのものだったように思える。

ここではその一端を、萩に接する金谷八幡正灯院の普請日記からみておくことにしたい。藩が田舎大工の流入を許可する触を出し、大工編成策を再構築しようとしていた最中の、一七八九年（寛政元）から九〇年（寛政二）にかけて普請が行われている。その概略を表42にまとめておいた。ここからは正灯院が雇用した大工がつぎの変遷をたどっていることがわかる。

①当初は、萩の町大工を雇用している。そのとき藩から「勤過」や「御雇貸」という許可を毎月数人から一〇人分取っている。これは御木屋での御用との抵触を避けるためであろう。

②八九年十一月、先に述べた「賃銀定」が出されたのを受け作料を引き下げた。すると町大工の雇用は次第に減

8・ 7	当島大工４人出勤のむね届け。
8・13	須佐大工５人氏神祭礼につき昼より帰郷。
8・21	大嶋郡大工が当春より坪井常左衛門方で働いているので、仕廻次第此方へ棟出勤するよう、大嶋郡梁藤三郎へ通知。しかしいまだに来ず。
10・ 5	御作事より、深野町御作事に添棟梁善八を出勤させるよう通知。これに対して、「作事の下見合は田舎大工には出来ない。いま市中大工で雇っているのは善八のみだから、勤過を認めてもらいたい」と願を出す。

典拠：金谷八幡宮文書「御造営日記」、「御造営諸事記」。

表 42　金谷八幡正灯院作事での大工の使役状況

年・月・日	記　　　事
1789・ 8・29	作事方へ宛て、萩町大工の当月中「勤過」願提出（4人）。
10・28	萩町大工の 10 月中「勤過」を、9月分の通りにして提出。
12・12	大工賃銭1人2匁6分宛のところ、このたび御改があり、12月1日よりは御作事方御定賃銭を以て世上一統に仰せ付けられた。ついては3日より御定の賃銭とする。
1790・ 2・26	萩町大工の来月中の「御雇貸」願提出（10 人）。
3・ 2	須佐代官へ宛て、余分の大工 10 人余り差出しを依頼。
3・ 4	作事方より、「御帰城御用御待請・御住居などで諸職人が余分に入用なので、先に提出した付立は認められない」と通達あり。そこで、須佐大工などの心遣いをした。
3・23	須佐大工政右衛門・弥七到着。 作事方への付立をいつもの通り奥書をして提出（17 人）。
3・24	須佐大工善右衛門到着。
4・ 4	御用所へ付立提出（8人）。
4・ 9	当島代官へ、当島大工 14 人を依頼。
4・13	当島も無人につき、依頼分3人に減少。
4・19	当島大工がいまだに出勤しないので、庄屋と大工棟梁に催促。
4・	萩町大工のいつもの願提出（5人）。
4・28	三見（当島宰判）大工勘右衛門到着。
5・	大工「免」の願提出（3人）。
5・ 6	御木屋より、職人の「免」は不許可の旨通達。
5・ 7	木挽茂右衛門を、大工の雇用のため須佐へ帰らせる。
5・16	添棟梁善八はこの間御作事へ出勤しているが、近日のうちに「勤過」としてもらうよう、内々頼み置く。
6・23	在郷大工肝煎善右衛門より、「木挽茂右衛門を通して雇入れた須佐大工勘右衛門が、このごろ河添の真行寺で働いている」と申し出。詮議となり明日より此方へ来ることとなった。
7・11	木挽茂右衛門須佐へ帰る。 盆につき、須佐大工すべて帰郷。細工道具は預けておく（7人分）。
7・23	山田村（当島宰判）大工弥吉、江向藍場御蔵普請を命じられたので今日より此方へは出勤せず。

少し、翌年四月には五人、五月には三人になってしまっている。やがては添棟梁善八一人だけになってしまった。

③また四月には当島大工の雇用もめざされるが、当初依頼した一四名は無理で、結局三名を頼んだだけだった。

④それらにかわって雇用されたのが奥阿武宰判の須佐大工であり、九〇年三月一〇名以上を依頼。たしかに一定の数を確保できている。さらに八月からは大島大工も雇用されるようになった。

②・③にあるように安い作料では市中や周辺農村の大工は雇用できなかったのに、④の須佐大工や大島大工は雇用されていたのである。技術の問題ではなく、作料額という経済的な動機によって出稼ぎ大工は雇用されていたことになる。

以上のことから、一八世紀半ばから御木屋が招致しようとした田舎大工とは、北浦の須佐大工や阿川大工、あるいは大島大工といった出稼ぎ大工にほかならなかったことがわかる。町大工よりは安価で雇用される、遠隔地に向かう出稼ぎ大工の形成が領内でみられ、それにあらたに依拠するようになったのである。

したがってその招致策は町大工の反発をかったはずで、実際田舎大工流入許可は一八〇三年（享和三）には停止されてしまった。町大工が水役負担を梃子に団結し、他所からの新規参入を排除するよう働いた結果と予想できよう。したがって先にみたような御大工頭を頂く萩市中の大工仲間が存在したのなら、それはこの時期一層結束を強めていったはずだろう。一八世紀後半から領内で増加する出稼ぎ大工は、萩城下の大工組織のあり方にも影響を及ぼしたことになる。

おわりに

本章では城下萩における大工編成の推移を概観した。それによってつぎの二つの特徴を摘出できた。

第一に、萩藩は萩城や周辺の寺社、諸施設の営繕を御木屋の直営体制で当たろうとしていたことである。一八世紀初めに一旦請負制に切り替える動きはあったようだが、そのご一八世紀半ば以降は一貫して直営で臨んでいる。その体制の下で町大工は御木屋への登録や水役負担を通して横断的な同職集団を結成することになった。そのさい御大工頭は町大工の集団を保障する権威であることに存続の基盤をみいだしていた。さらにこの同職集団は、江戸や京都など中央の権威を場合によっては必要とすることがあり、その意味でも両者を媒介する御大工頭は必要とされた。このことからは御手大工も、御大工頭を頂きながら町大工に権威を付与する存在でありつづけたと予想できる。さらに地方の大工がこうした動きを示したことからは、京都や江戸の大工のなかに、それらの家元的な存在であることに基盤をもつものがいたことも想定できよう[29]。

第二に、そうした市中の横断的な集団が近世後期にも存続しつづける背景に、新規参入への対抗、とくに一八世紀後半から顕著になる出稼ぎ大工の存在を想定できることである。藩が直営体制をとりつづけるなかでめざした出稼ぎ大工の招致策への対抗もあって、市中の大工としての結集は強まっていったはずである。そうしてかれらが従来の職場を独占しようとするとき、御大工頭・御手大工のもとに結集することの必要が一層高まってゆくのではなかろうか。門閥大工との拮抗よりも、他所からの新規の参入に対抗することの方が意味をもったことになり、門閥大工――町大工の二重組織は変質しつつも存立しつづけたといえる。ここからは出稼ぎ大工の供給地を抱えるという萩藩の独自な事情も指摘できるだろう。

役を勤めることで職人身分としての地位を得た御大工頭・御手大工があって、その配下に町大工が位置づけられるという二重の組織自体は、冒頭で述べたように三都を初め全国の都市域でみられるあり方だろう。しかしそのごの領主による編成の仕方、領内での新興大工の形成の仕方はさまざまであって、そのことに規定されて地域ごとに多様に変容を遂げていったと考えられる。

註(1)　横田冬彦「近世都市と職人集団」高橋康夫・吉田伸之編『日本都市史入門　Ⅲ人』東京大学出版会、一九九〇年。
(2)　吉田伸之「江戸の桶樽職人と役システム」小泉和子『桶と樽――脇役の日本史』法政大学出版局、二〇〇〇年。
(3)　横田冬彦も、一七世紀半ばから末にかけて労働力を役によって直接徴発するのではなく、代銀で上納させて商品として購入したり、業者に請け負わせることで公儀の普請は遂行されるようになるとしている（横田冬彦「近世的身分制度の成立」『日本の近世七　身分と格式』中央公論社、一九九二年）。
(4)　拙稿「加賀藩作事所と職人」『ヒストリア』一四二号、一九九四年。
(5)　山口県文書館毛利家文庫「旧記」三「大記録」二〇。
(6)　たとえば一六六九年（寛文九）のものをみると（毛利家文庫「給禄」三八（六）「分限帳」）、佐伯源左衛門組御大工七人・木挽一人一五一石、藤井治右衛門組御大工八人・木挽一人一七七石、藤井七左衛門組御手大工七人一三八石とある。
(7)　毛利家文庫「目録」一二「諸役所控目録」九「御木屋方御正拠物其外控」。
(8)　毛利家文庫「目次」五八「御職代々交割物目録」。
(9)　毛利家文庫「継立」一六「[萩町御手大工・町木挽作料帳]」。なお原題は「萩町大工作料帳」である。またこの史料についてはすでに伏谷聡「萩町大工組について」『文化史学』四八、一九九二年、で検討されているが、ここでは作料改の対象や目的についてあらためて分析しなおしておきたい。
(10)　大工の書き上げとつぎに引用する奥書のあとに木挽五六名も登録されている。

（11）町大工の御用への動員例として、一六六一年（寛文元）のつぎの史料をあげておこう。これは国元から江戸に当てた御用状である（「大記録」四一）。

一来年ハ禁中様御普請、再来年ハ仙洞様・新院様・女院様御普請被仰付之由候、然時ハ上方大工共手間料以之外高直ニ可有之候間、萩・山口町大工百人計差上せ候は御勝手ニ可相成候間、此段も爰元ニて沙汰仕、神谷・仲・神代所江申遣、少成共御勝手ニ相成候様ニ被仰付度儀と被仰聞、無余儀存候、爰元町大工大分指上せ候ハヽ、御城其外諸所破損所取繕等も不相成、御家頼中家普請なとも罷成間敷候、乍去作料之差別沙汰申付、御勝手ニ相成儀ニ候ハ、町大工五、三十人之間自爰元指上せ候様ニ可申付候…

「京都竹君様御普請」にかんするやりとりの一節であり、上方大工は手間料高直だとして国元から萩・山口の町大工一〇〇名を上京させてはどうかとの江戸方からの諮問に対する回答である。国元は御城其外諸所破損所取繕や家中の家普請に町大工は必要だとして、一定の作料を交付する条件で三〇〜五〇人程度の拠出に同意している。紹介したように一六五三年（承応二）には作料改が実施されていることが確認でき、ここにいう町大工もすでに御木屋によって把握済みのものであろう。かれらはふだんから萩城など御悩所の作事に動員されていたことがわかる。しかも「作料之差別沙汰申付」とする表現を、ふだんの作料よりも上乗せして、と理解できるのであれば、国元での御用には水役による無償のものばかりでなく、公定の作料を支払っての場合も多かったことを想定できる。

（12）『萩藩閥閲録　第四巻』（山口県文書館）、二一七〜二一九頁。

（13）権左衛門以外では津和野一名、岩国一名、浜田一名がある程度であって、全体として少人数である。

（14）東京大学史料編纂所益田家文書一五—二三「諸所江之御状並御奉書控」。

（15）なお同じ時期の山口町のうち下立小路には住民の「家内付立」が残されている。そのなかに大工が三名、小引が一名おり、いずれも家族を持っている。そしてうち三名は「生所」は山口で、一名が三年前に近隣の佐波郡右田村から転居したものとされている（毛利家文庫「諸省」七一「山口市中之内立小路家付人付帳」）。

（16）同じ時期、地方（在方）においても郡ごとに大工の水役編成がなされていたようである。たとえばつぎの引用は一六五三年（承応二）正月に大津郡所務代八木又兵衛が郡奉行に提出した問箇条およびそれへの回答（肩書物）であ

る（山口県文書館遠用物近世前期二九五「覚」）。

此段前々より如被相定、ふち人大工と候は、主人之細工之外作料細工於仕ニは、同前之沙汰ニ可被召仕事
一右之御普請（深川茶屋など）之儀大津郡私才判所御蔵入・給領共ニ大工水役ニ可申付と存候、若水役ニて不相調候ハヽ、作料ニ遣可申と存候、此段如何可有御座候哉、大寧寺客殿御普請有之之由候間、寺家抱之大工門前御上地ニ罷居候大工理り被申候ハヽ、指除可申候哉、左候ハヽ、水役大工余村ニハ三人御座候条、水役計ニて深川長や其外御茶屋取繕御普請調かね可申候哉之事

ここで八木又兵衛は「才判所」の大工を御普請に動員しようとしており、地方にも水役による編成を受けた大工がいたことがまずわかる。そして大津郡深川にある古刹大寧寺が抱えている大工の動員の如何をうかがい、これに対しては抱えられた先以外で作事に携わるものであれば水役大工として使役せよと指示されている。このことからは寺社や家中が抱えて使役する以外の、町方や在方で雇用される大工はすべて水役編成の対象とされたことが明らかである。民間での需要を受けて増加してきた大工を編成する手段として、在地においても水役が機能していたことがわかる。

もっともここでは水役で不足ならば作料を給付し雇用すると述べていて、水役だけでは必要を満たしきれていない。この点にかんして、一六五二年（慶安五）八月に佐波郡所務代吉原九郎右衛門が提出した問箇条の一部とそれへの肩書物（a）（遠用物近世前期二八六）、および一六七〇年（寛文十）四月に都濃郡末武村庄屋が所務代に提出した飯米の請取（b）（益田家文書五三―一「請取渡申大工木挽飯米之事」）をそれぞれ引用しよう。

a此段承届候、今年ハ水役大工・木引ハやゝ無之由、左候て作料之大工・木引可被申付事
付り、右之作事（西仁井令井手普請）大工・木引入可申候、当年之水役大工ハ早無御座候、作料大工・小引を以可被仰付哉之事

b請取渡申大工木挽飯米之事
合六斗三升定

但、大工・木挽共ニ六拾三人、壱人壱升宛

内

拾弐人　水役大工

弐拾九人　作料大工

廿弐人　木挽水役

以上

このように佐波郡や都濃郡でも水役による編成がなされていたことがわかる。しかもこの段階では銀納化されてはおらず、実際に労働を供出していることも確認できる。しかし年間の定量が定まっている水役大工だけでは不足し、作料大工でともに補っている。ただし地方には萩の御手大工に相当するものはいない。所務代が直接水役大工を編成しているようである。

(17) 毛利家文庫「諸省」五二「触書抜」三。
(18) 毛利家文庫「法令」一六〇「御書付控」五。
(19) 毛利家文庫「法令」一六〇「御書付控」七。
(20) 毛利家文庫「諸省」五二「触書抜」三。
(21) 毛利家文庫「法令」一六〇「御書付控」一七。
(22) 毛利家文庫「法令」一六〇「御書付控」六。
(23) 毛利家文庫「罪科」一九九「常御仕置帳」。
(24)～(26) 毛利家文庫「諸省」五五〇「萩市中内外大工職場争一件」。
(27) 「諸省」五二「触書抜」三。
(28) 毛利家文庫「法令」一六〇「御書付控」三五。
(29) この見通しについては拙稿「盛岡藩石垣師の江戸稽古」『地方史研究』二六七号、一九九七年で触れたことがある。

第七章　防長地域の新田開発と石工

はじめに

近世の瀬戸内地域において、島嶼部に出自しながら遠隔地まで出稼ぎする大工などさまざまな職種の職人が広汎に存在したことは広く知られている。これについては、たとえば「島嶼村落の有する豊富な労働力は、……大坂および瀬戸内周辺における活発な経済活動の原動力となっていた」とされるように[1]、周辺地域の労働力需要を中心になって支えたものとして注目されるところである。従来こうした存在については、その広域に及ぶ活動範囲の指摘や[2]、主として聞きとりによる技術や個々人の生活実態の調査[3]などの形で検討がなされてはいるが、しかし当時の社会構造のなかにおいて、その存在形態を考える作業はほとんど手付かずというべきであろう。それではそのことは、一体どのような分析視角によって果たされるのだろうか。

そこで近年の近世史の側からの職人研究のうち、とりわけ地域社会論を意識した議論を取り上げてみたい。すなわち篠宮雄二は、八〇年代の地域史研究における村々連合と対立する職人という位置付けを批判し、近世後期には得意場の所有も大工の側が一方的に決定するのではなく、雇用者側との「相互の意志疎通による」関係に変化していたことに注目している。そしてその背景として、職人が「生活の共同性の場でもある村やその連合」の意向を無視できなかったことをあげている。[4] つまり職人それだけをみるのではなく、あくまで地域社会の一つの構成要素として、そのなかでの位置付けを考えるべきだとする視点が打ち出されているのである。出稼ぎ職人をみる場合もこうした視点は有効なのではないだろうか。

ただし篠宮の結論は、生活の共同性が生産のうえでの融和をもたらすという見通しになっているが、たとえば近世後期になると職人のなかには農業生産から、さらには共同体からも遊離するものも部分的にではあれ、生まれていたはずである。[5] こうした存在についても村との融和をみてとれるのか。ましてや出稼ぎ職人のように村の外部からやって来る職人に、この議論をそのまま当てはめることは困難であろう。むしろ篠宮が依拠する塚田孝の社会集団論に学べば、[6] なにより生産や生業の局面において取り結ばれる、より具体的な諸関係が問題とされるべきではないか。たとえば資材の調達であるとか、現場での労働組織のあり方といったことは職種ごとにそれぞれ固有なあり方があったはずである。さまざまな職種を職人として一括して、しかも生産のうえで取り結ぶ関係については、得意場の所有であるとか、大工組という編成上の組織しかみないのでなく、職種ごとに、資材の調達から施工に至る一連の過程を再現することがまずは必要であり、そのうえで初めて問題とするような地域社会との関係も議論できるのではないだろうか。

このように考えれば出稼ぎ職人の存在形態を考えるうえでも、第一に職種ごとの固有性に注意すること、第二に生産の全過程を明らかにすること、少なくともこの二つのことを前提に、生産の局面で取り結ばれる諸関係のなかに位置付ける必要があろう。地域社会との関係についても、そうした位置付けを基軸にして考察されるべきだと考える。そこで本章では、対象を石工に限定し、資材となる石材の産出から需要地の動向にいたる、石材業に関する全過程を構造的に明らかにすることを課題としたい。[7] そしてそのなかに出稼ぎ石工の存在も位置付けることによって、近世の出稼ぎ職人を分析するうえでの試論としたいと思う。なお対象地域は瀬戸内のなかでも防長地域に限定

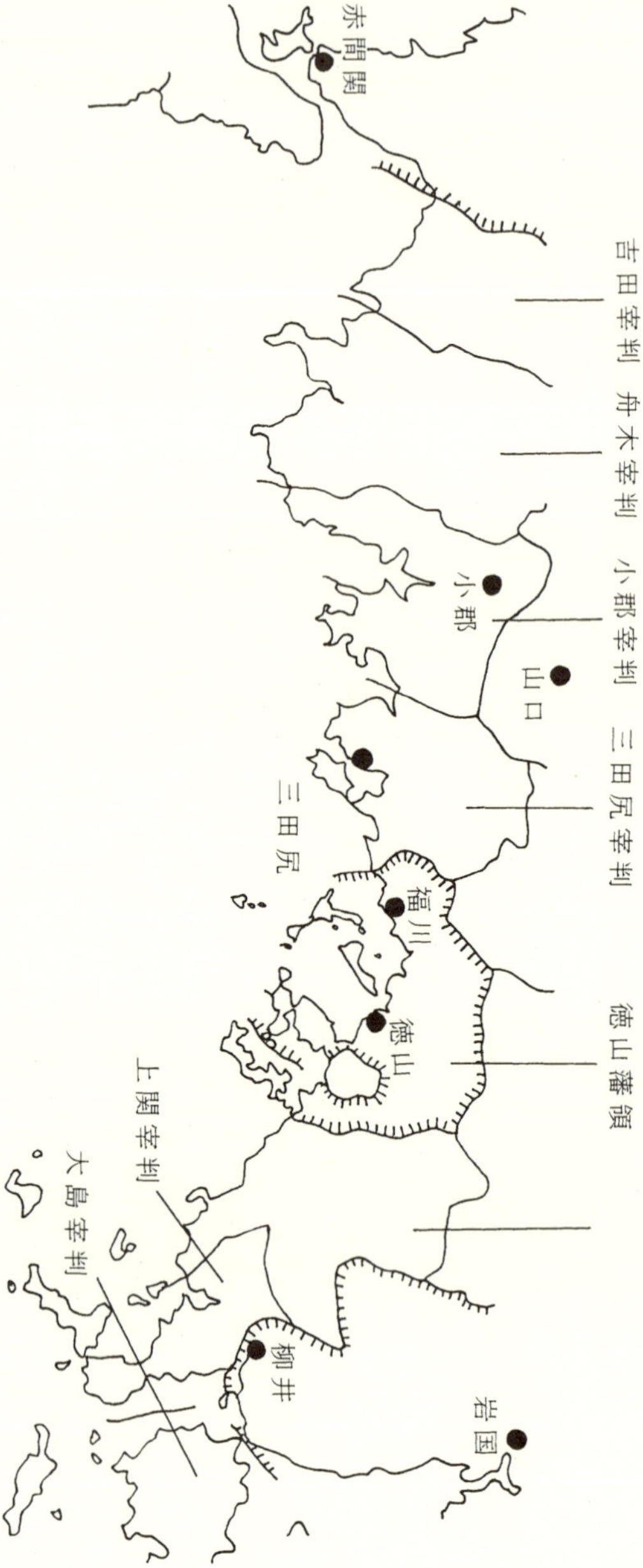

図7　防長地域の瀬戸内海沿岸部

し、[8]時期も近世後期とする（関連地域は図7参照）。

一　石材産出地の動向

(1) 石材移出への規制

防長地域における最も著名な石材の産地として、萩藩の支藩徳山藩の支配下に置かれていた大津島や仙島、沖島や蛙島などの徳山沖に浮かぶ島嶼部があった。ここでは、近世後期の石工の存在形態を考える前提として、その資材となる石の供給地の動向をみておくことにしよう。

表43は、徳山藩領のうち町奉行支配下の諸町の宗門改によって、一八世紀末から一九世紀半ばにかけての石工数の推移を示したものである。なおこの藩の城下町徳山は本町七町と新町七町から成っており、それに船町も付随して存在していた。このほかの遠石・下松・富田などはそれとは離れて存在する独立した町場だった。そしてこの表から指摘できることは、①徳山本町で著しい増加がみられ、また船町もそれに準じて増加している、②しかしそのピークは表中では一八二八年までであり、四〇年のデータでは本町の部分のみ大幅に減少している、ということであろう。こうした石工数の大幅な増加と、そのごの徳山本町における減少にはどういった背景があったのだろうか。

そこで注目されるのは、島嶼部からの他所への石材販売に対して、一九世紀になると繰り返し規制が加えられていることである。その最初は一八〇一年（享和元）に出されたつぎの沙汰である。[9]

表43　徳山領諸町の石工数の推移

年	町	人数
1798	徳山町	13
1816	徳山町	17
	徳山新町	2
	遠石町	1
	下松町	1
1822	徳山町	28
	徳山新町	3
	徳山船町	8
	遠石町	1
	下松町	2
1828	徳山町	43
	徳山新町	5
	徳山船町	11
	遠石町	1
	下松町	2
	富田平野町	1
1840	徳山町	25
	徳山新町	4
	徳山船町	11
	下松町	1
	富田平野町	1
	富田新町	1

典拠：山口県文書館徳山毛利家文庫「寺社・町方」142「徳山本町惣人数附帳」、143、148、151、158「御領内諸町人数書取」。
凡例：1798年は徳山本町のみのデータ。1840年は表示以外に1町1人分がある。

覚

徳山并下松町石工共

右御領沖嶋之石ニ而令細工候処、近年三田尻辺其外江（専御領外江）積出遂売買候由相聞、左候而ハ追々御用之石払底御差間ニ相成候間、向後右嶋之石并遂細工候分共御領外江積出売買之儀堅差留候、万一猥筋之取斗相聞候ニおゐてハ厳重之咎可申付候事

辛酉十一月八日　　御蔵本

町御奉行所

みられるように「御用之石」が払底するという理由で、沖嶋からの他領への石の売買を禁止している。なお「三田尻辺其外専他領江」とあるのを「専御領外江」と書き替えているから、他領といっているのは、本藩（萩藩）領の

表44　徳山藩領島嶼部での採石例（1801～20年）

年	申請者	記事	類型
① 1801	高洲屋重次郎	粟屋村新開作築立に入用につき、大島の内小々路を除く磯辺にて採石許可。	A
② 〃	徳山町増屋三左衛門	遠石浦川筋の開立に入用につき、蛙島・大島磯辺にて採石許可。	A
③ 1811	富田村藤井栄次郎	古市浦での開作築立に入用につき、仙島・大島・馬島にて採石許可。	A
④ 〃	富田新町糸屋勇助	富田浦沖手に新波戸築調につき、大津島磯部にてころ石採取許可。	A
⑤ 1816	石工和泉屋伊兵衛	大津島のうち黒ケ浴より亀ケ鼻まで石取場のところ、引き続き5ケ年採石許可。	B
⑥ 1818	徳山町石工 若崎屋与次右衛門	大津島のうちみかどにて採石許可されているが、宜しき石がないので、和泉屋治兵衛石取場の南にて新規に採石許可。	B
⑦ 〃	徳山町石工 岩佐屋幸左衛門	大津島近江御立山のうち浜田屋七兵衛石取場近くにて5ケ年採石許可。	B
⑧ 1819	徳山町石工 若崎屋与次右衛門	是迄許可されている場所に宜しき石がないので御用石場廻り白浦辺にて採石許可。	B
⑨ 1820	粟屋村新右衛門など	大潮で破損した磯辺の田地の石垣修復のため、沖山方の差図を受けて採石許可。	A

典拠：徳山毛利家文庫「沖山方全録」12から13。

なかでも三田尻周辺のことを中心には想定していることになる。そこでの需要が高まり、そのことに連動して徳山藩領の石材産出地への規制が始まっているのである。

そのご徳山藩は、一八一一年（文化八）、徳山東西浜崎町の六軒の石工を対象にして、一〇年の年限付で他所移出を解禁する沙汰を出している。[10]そして同様な方法での解禁の沙汰は、一八二三年（文政六）[11]、一八三六年（天保七）[12]にも繰り返されている。要するに移出の全面禁止から、制限付きでの解禁を行う一九世紀前半にかけては、徳山沖の島々からの領外への移出が増加していたことになる。

それではこのとき藩が移出を許可した石工とは一体どういった性格のものだったのだろうか。表44は、一八〇一年から二〇年にかけて藩が許可した島嶼部での採石の事例である（ただしこれは島嶼部を管理した沖山方役所のある記録から作成したものであり、もとより全体像ではありえない）。この表によれば領内での採石にはつぎの二類型があるといえよう。すなわち一つには、類型Aとしたような、必要に応じてそのつど許可する場合である。この用途としては開作（新田開発）の土手の石垣のためのものが多いようだが、こうした場合は「磯辺」での採石が中心だといえよう。いま一つは、類型Bのように「石取場」という特定の場所から、一定期間（五年間が多い）採石する場合である。しかもこの場合は百姓や町人の肩書ではなく、石工と呼ばれている。要するに、藩から「石取場」を与えられた石工が採石する場合と、それ以外のものが必要に応じてそのつど「磯辺」で採石する場合との二通りがあったことになる。

　ところで注目されるのは、ここに登場する「石取場」を与えられた石工は、先にみた他所への移出を許可された石工に一致することである。すなわち①一八一一年に他所切出を許可されたのは、徳山の東浜崎町和泉屋伊兵衛・浜田屋孫七、西浜崎町若崎屋与三右衛門・岩佐屋幸左衛門・浜田屋平左衛門・和泉屋治平の六軒であり、②また一八二三年には、浜田屋孫七にかわる浜田屋七兵衛と残りの五軒が許可され、③しかもこの六軒は一八三六年にもそのまま許可されている。つまり他所切出を認められたのは、領内の採石のために藩に「石取場」を与えられたものにほかならなかった。(13)

　そもそも徳山藩領においては、採石できる場所は藩（沖山方役所）の管理下にあり、藩の許可を得なければ採石できなかった。そうした関係の下、藩によって「石取場」を与えられた六軒の特権的な石工＝採石業者が恒常的には採石権を独占していたわけで、それ以外のものは、臨時に認められるにしても、「磯辺」での「転石」の採取に限定されていた。そして同時に、他所への移出もそうした特権的な石工に限って認められていた。その意味では、株化した六軒の業者に特権を与えることの延長に他所への切出も許可したのだし、逆にいえばそれによって切出の規制を実現しようとしたのだともいえよう。こうした政策は、「御用」の石の安価な確保を目的に、特権的な業者を介して規制を加えてゆこうとするものであり、したがって自由な営業・販売を認め、そこからの運上徴収に眼目を置くような政策とは対立するものだったと評価できよう。

（2）「石場改革」と新興業者の登場

ところで他所移出の解禁策は、すでに触れたように一八一一年以降、途中一時的な中断はあるものの、ほぼ同様な内容が継承されていた。ところが一八五二年（嘉永五）四月に、つぎの史料にみえるように「石場改革」が行われ、そうしたあり方が大きく改変されることになった。(14)

徳山石工中

覚

右石工商売方之義ニ付、此内以来及沙汰置候通ニ候処、近来猥ケ間敷儀間々有之趣追々聞込有之、既ニ以此度心得違之取計有之、沖山方ゟ差留候次第全抜々之作舞と相聞、沙汰筋等閑相心得、専利欲のみニ相耽り、御国産之石軽々敷取扱候段甚以不謂事ニ候、右ニ付而は此度御吟味を以石方御改革被仰付、是迄行形株と唱候儀都而被差留候、仍而先当分之内諸規定旁左条之通申付候

一大津嶋石場是迄石工中より店運上八〇三百目・他処運上同弐貫目、都合弐貫三百目之処、他処運上弐貫目之分ハ差除、尚又是迄纔之運上差出、石壱ツ弐ツ、被下来候得共、此儀は以来差留、石場不残此度取上申付候、尤是迄被下置候石割取残り之分は上納銭割方ニ〆下ケ可被下候、左候而改而来ル十五日ゟ割石才運上ニ申付候、尤石取場・石工小屋等は是迄有来之分ハ其侭ニ〆割懸ケ石取方可申付候、上納向之儀は兼而注文書を以其内役座江及届出、其度々役人乞懸、才揚り改相済候段切手を取、左候而積出之儀は免しを受可及船積候、

右筋ニ付而は時々役人見廻りニ及ひ候而、決而不都合之儀無之様沙汰筋屹度相守、職業可相励候、万一不心得之もの於有之は厳重可申候事

一右ニ付石工職相始度者ハ聞届之上可差免候事

……

みられるように、「徳山石工中」という六軒の石工だけに認めていた「石取場」を取り上げ、また株として認めていた独占的な採石も禁止してしまった。そして特定のもの（六軒）に定額の運上銀上納のみかえりに「石取場」を与える従来の方法にかわって、必要とするものは誰でも「注文書」を持って藩に申請を出して、そのつど運上銀を上納すれば採石を許可されるようになった。(15) 要するに六軒の特権的な採石業者を廃止し、かわって自由参入を認める「改革」だったことになる。

ただしこの「改革」は、しばらくのちに業者たちの抵抗にあって撤回され、再びかつての特権を回復せざるをえなくなっている(16)（なおそのとき業者は八軒に増えている）。その意味では一時的な改革に過ぎないものであったが、それでもそれまでの編成策の大幅な転換が図られたことは注目すべきであろう。そこでそうした「改革」が行われた理由が問題となるが、この点については、冒頭で「改革」の直接の理由として述べている、六軒の特権的な業者の、「猥ケ間敷儀」の内容が問題となってこよう。

そこで「石場改革」の直前のつぎのような事例をみておきたい。それは、一八四八年（嘉永元）に和泉屋喜三郎が「石取場」での採石を申請しようとしたのに、石工のなかに他所運上を上納しないものがいるとして、許可されなかったというものである。(17) この和泉屋喜三郎だが、実はかれは特権的な六軒ではなかった。そのかれがなぜ六軒と同様に他所運上を納め、また「石取場」を許可されているのかというと、それは一八四二年（天保十三）に、「難

渋ニ而上納方便無之ニ付」手放さざるをえなくなった、六軒のうち岩佐屋幸左衛門の株を、一〇年の期限付で譲られていたからである。[18] したがって「改革」の直前に、六軒のうち岩佐屋といま一軒という、少なくとも二軒が運上上納ができなくなっていたことがわかる。しかも岩佐屋は一八五九年（安政六）には船町の角屋新蔵にまた「拾ケ年之約束ニ而預」けている。[19] したがって「石場改革」が行われた背景に、規定の運上さえ上納できないほどの特権的業者の零落という事態を想定できるのではないだろうか。[20]

それでは六軒にかわって新規に採石業に参入するようになったのは、一体どのようなものだったのか。実はいま紹介した船町の角屋新蔵であるが、一八四八年に他所積出の鑑札を交付された「積船」の船頭のなかに西船町新蔵の名前をみいだすことができ、[21] かれは元来船頭だった可能性がある。さらにこの点がより確実なのは伊予屋儀兵衛である。すなわちかれは、そもそもは船頭として登場するもので、すでに一八二七年（文政十）、藩が「御用石場」からの荒割石の他所移出を行ったとき、「御用船」として「積方」を命じられ、「持掛り之船ニ而ハ御用難相勤」、大坂まで出向いて「相応之船買得」している。同時に、「石工六人之者共江被仰付候細工石・荒割石共他所ゟ誂等御座候節御売出之分、不残往々私江積下被仰付候」ことも出願している。[22] そのかれ（もしくはその倅かも知れない）が、幕末になると、「釜石」の採石を行ったり、ほかの採石業者と同様に、大津嶋での採石を行ったりしているのである。[23]

藩の許可によって初めて採石が認められるという制度の下で、六軒は特権的に「石取場」を与えられており、ほかに比べてはるかに有利な条件で営業できていたはずである。ただしこの六軒は、たとえば「石積船賃」が「追々直増、石工中迷惑筋も有之」などとされるように、[24] 船賃を支払って採取した石の運送をしていた。したがってそれを凌駕しようとすれば、運送と採石を一体として行うことで、より安く販売しうる業者でなければならなかったのではないか。実は「石場改革」自体、「元来大津嶋石場才運上之御仕法ハ乍恐私気附を以御仕法立仕候訳」だとするように、伊予屋儀兵衛の進言で実施に移されたものであり、[25]特権的な六軒の独占にかわる自由参入を求めたのは、伊予屋儀兵衛的な採石＝運送業者にほかならなかったのである。

最初に掲げた表43で、徳山本町の石工数が一八二八年のデータから一八四〇年のデータにかけて大幅に減少していたが、それは本町に属する東西浜崎町の石工、すなわち特権的な業者の配下にあった「手間」とよばれる職人の減少を意味したことになろう。一方そうして徳山本町の石工が減少しているのに、船町では増加傾向にあることもよみとれる。たとえば「両船町石工職人中」の惣代が採石の許可を申請している事例があるように、[26]幕末になると船町を中心としたあらたな採石＝運送業者の仲間が形成されていたのではないだろうか。

以上みてきたように、防長地域でも著名な石材産出地だった徳山沖の島嶼部では、一九世紀に入ると採石業者の顕著な成長がみられた。しかもやがては、藩から特権を与えられたものだけが採石を行うという本来のあり方を掘り崩しながら、運送と一体となった経営を行おうとする新しいタイプさえ成立するまでになった。その成長ぶりは、特定の石工に特権を与えて採石場の「所有」を保障するという、いわば近世社会における本来的な編成策を解体の方向に向かわせるほどのものだったのである。こうした一連の過程からは、この時期の石の需要＝商品化の急激な進展の様子をうかがい知ることができよう。

ところで一八五二年（嘉永五）の「石場改革」にさいして、「石積船」の出港先として想定されていたのは、東は岩国領柳井まで、西は長府・清末・小月・下関までの防長両国の瀬戸内海沿岸地域であった。[27]これらの地域での石の需要増が一九世紀に入ると顕著にみられ、そのことがここまで述べたような状況をもたらす背景になっていたことになる。そこでつぎに、以上に対応する防長地域の石材需要地の動向をみてゆくことにしよう。

二　石材需要地の動向

（1）開作の盛行

a 近世後期における石材需要

まず近世後期における防長地域での石材需要の動向を表45を通してうかがっておこう。これは一九世紀半ばの宰判別の石工数をまとめたものである。ここからただちに指摘できることは、それが瀬戸内海沿岸部の宰判に多く存在しており、なかでも四〇人も記載される小郡宰判を中心に、三田尻・舟木宰判に最も集中していることだろう。ただしこのデータでは石切を指すのか石組を指すのか明確には区別できないが、先にみた採石業の中心地である徳山領にほぼ匹敵するだけの石工が、この三宰判に集中していたことは注目される。一八〇一年の徳山藩の触が、三田尻周辺への移出を問題視していたことをあらためて想起しても、防長地方でもとりわけこの三宰判のある地域が、石材の中心的な需要地だったと想定できるのではないだろうか。

それではこの地域での中心的な石材の需要とは一体なにか。このことを考えるうえで注目されるのは、近世後期になっても盛んに開作（新田開発）が行われていたことである。そこで今度は図8をみよう。これはこの三宰判のうち小郡・三田尻周辺で行われた開作を、時期別にまとめたも

表45　萩藩領の宰判別石工数

宰　判	石工　人	石組　人
大　島	11	0
山　代	4	5
都　濃	3	0
徳　地	4	0
山　口	5	0
三田尻	11	0
小　郡	40	0
舟　木	7	14
吉　田	6	0
美　祢	0	0
先大津	3	0

典拠：山口県文書館旧藩別置記録「郡中大略」。

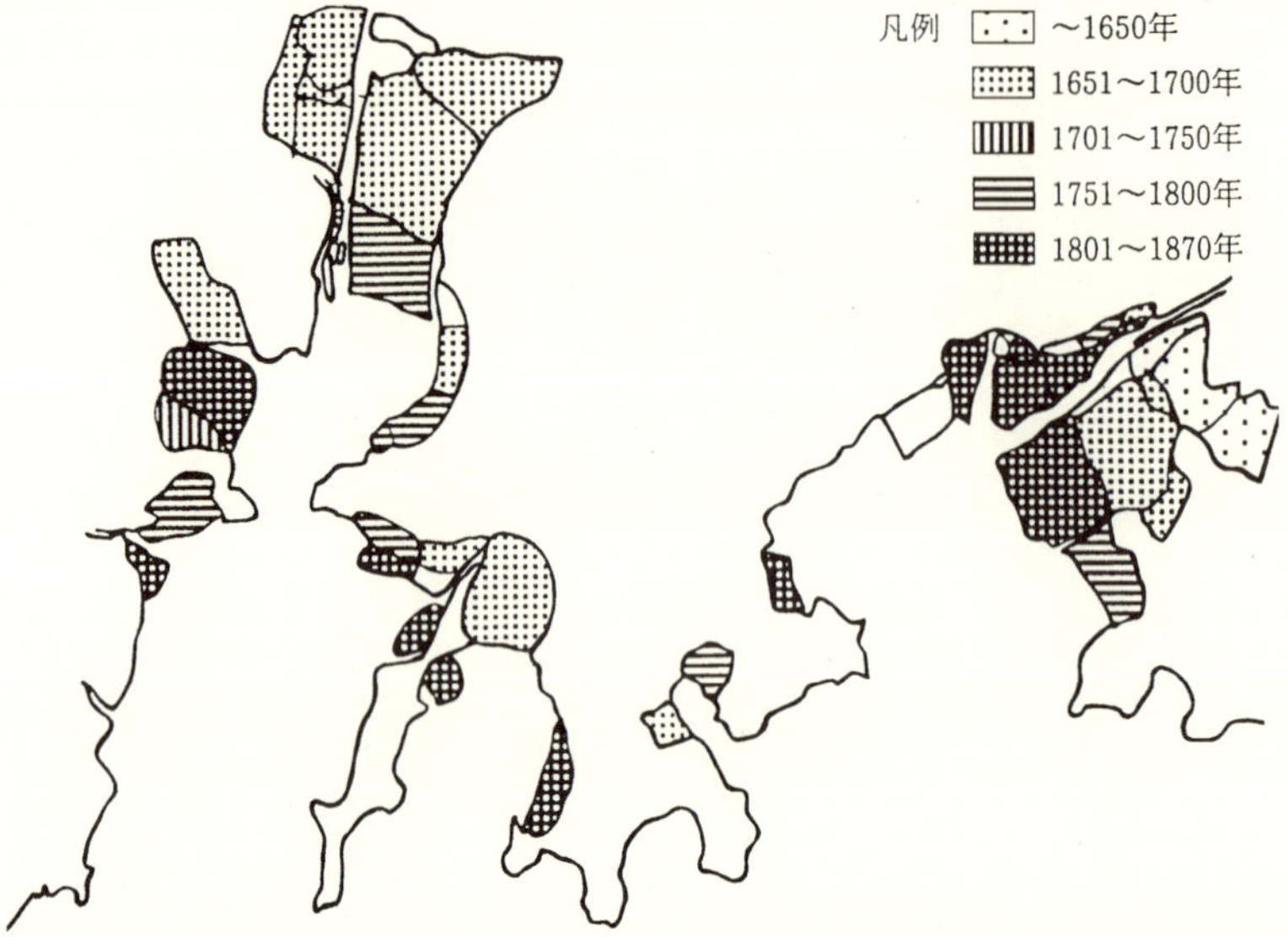

典拠：『角川　日本地名大辞典 35　山口県』角川書店，1988 年所収「参考地図・山口県主要干拓地区」

図8　小郡・三田尻周辺の開作地の造成年代

のである。これによれば、①近世前期、とくに一七世紀後半に大規模な開作が行われている、②そのご一八世紀前半にはほとんどみえなくなる、③一八世紀後半から一九世紀半ば頃にかけて、近世前期に匹敵するほどの開作が再開されるようになる、という大まかな推移を把握できよう。なお近世前期のものは主要には耕地の拡大を目的にするものだったのだろうが、近世後期の開作は、塩田開発や石炭の産出など「産物」の生産と結びついていたり、あるいは藩主導での商業活動の拠点作りのためであったりしたことがすでに指摘されている。[28] もちろん石材の需要は開作地の造成に限られるわけはなかろうが、干潟を締め切るための長大な石垣や、排水のための石樋を伴う開作地造営が、近世後期において最もまとまった形で石材が必要とされる事業だったことはまちがいのないことだろう。

b 開作普請の概要

そこで以下では開作普請に焦点を絞って、そこでの労働編成のあり方をみてゆくことにしよう。まずここではその前提として、開作普請において石材が使用される局面を概観しておきたい。そのため三田尻宰判西ノ浦新開作を事例としてとりあげてみよう。[29]

この開作は藩（撫育方）の直営の開作所であり、一八二二年（文政五）から二四年にかけて造営されたものである。その総面積は一四〇町程だったが、北（佐波川土手）・西（沖土手）・南（入川土手）の三方の周囲に海水を遮断するための石垣（土手）が築かれており、佐波川土手三六、沖土手三四、入川土手三六、計九九丁場（一丁場＝二〇間）に分割して普請が遂行された。

これらのうち、沖丁場のなかにある、すべての丁場が完成したあと最後にジョイントする「潮留」三丁場分と、排水施設である樋を設置する「仮樋所」五丁場分は「御手丁場」とされていて、藩（撫育方）が直接に造営に関わる箇所となっていた。うち「潮留」は、「両羽口」と呼ばれる二つの接合面をタイミング良く一致させないと、それまで折角築いた石垣のなかに海水が浸み込んでしまう箇所で、藩の担当役人の臨席で、「石頭」と呼ばれる石工の統括者以下たくさんの石工が出向いて作業に当たっている。ここは多数の石工が最も集中的に投下される場所だった。

それに対して「仮樋所」の方は、高い技術が求められたことが藩の直営とされたことの要因だったと思われる。石樋には南蛮樋、石唐樋などの種類があり、たとえば別の開作の事例になるが、小郡宰判の北ノ江開作に設置された石唐樋は、花崗岩製の三本の柱を建て、その間にはめ込まれた高さ五尺・幅四尺の二枚の板門樋が、潮の干潮で自動的に開閉する仕組みだった。そのため干潮時には開作地内に溜まった水を排水し、満潮になると水圧で門樋が閉まって海水が流入しなくなった。[30]もちろんこの設計と建設には高い技術が必要だったことは容易に想像がつく。こうして集中的に石工を投下する必要があった箇所、および高い技術が必要だった箇所は藩の直営とされたのである。

そしてこれら以外の大多数の丁場には、あわせて三名の「石頭」が一名ずつ丁場を担当し、それとは別に丁場ごとに一～六名の請負の石工がいて施工に当たっている。ここでの作業は、満潮のうちに船から石を投げ入れ、それを干潮の間に水に浸かりながら組み立てることが基本だった。そのさい大きな石は「表石」、中の石は「裏石」、小は「中込ミ」にすることや、鼠色のような石は取り除くなどの経験に基づく判断も必要だったし、なにより水中の作業であることから、危険をものともしない「剛情成」人柄が求められた。同時に隣丁場や海水面との関係を見極めながら、築く高さを決めるなどの作業進捗の統括も必要だった。[31] その意味では一定の専門的な経験や集団的な統制が求められてはいるが、しかしそれは石樋の製作に比べればはるかに低位な専門性というべきだろう。

こうして開作普請での石垣普請では、①高い技術力を有する石樋、②集中的に石工を投下する必要がある「潮留」、③技術面でも労働の集中投下性の面でも、それらに比べれば劣る大多数の丁場、といったおおまかに三層の部分から成り立っていたことをまず確認しておこう。以下ではこのうち②・③を担当した石工の動向をみてゆくことにしたい。①については最後に特権的な石工の動向をみるなかで関説する。

(2) 石垣普請における労働編成

a 出稼ぎ石工

述べたように、西ノ浦新開作においてそれぞれの丁場を担当するのは「石頭」と請負石工という二重の関係から成り立っていた。最初に後者の動向をみるために、「御手丁場」を除いたすべての丁場の請負状況を表46にまとめておいた。これはたとえば二名で催合で請負っていれば、それぞれは〇・五丁場として計算したものである。まずここで注目されるのはその人数の多さであり、全部で一一二名にものぼっていることであろう。同時に、催合で一丁場以下を請負うものが多いこともわかる。大半が小規模な石工の請負からなっている。

またここに表示されたうち、「潮留」にも使役された何人かについては、在所を知ることができる。それをみると、三田尻の千代松、小郡の甚平など近隣のものに加えて、岩国ノ仁右衛門や下松の大五郎などもみえ、かなり遠隔地からも参加していることがうかがえる。

こうした点は一八一七・一八年（文化十四・十五）にかけて行われた船木宰判妻崎開作普請の事例[32]でも同様で、たとえば「今朝三拾番上拾間（熊毛郡）平生ノ清十郎、下拾間同所市左衛門受丁場」のように記録されていたり、あるいは「樋口ハ芸州者受負居候ニ付、即刻ゟ取掛り組せ候……尚東ノ弐丁分樋口大嶋之安兵衛其外へ受負ニ相成候由」であるとか、「今日樋前西側石垣江大嶋郡之者取付候、……芸州之石組東側、大嶋郡之者西側、壱坪六十五匁ニ〆裏石迄組付候筈、右石直段・組賃も篭居候由」などと記録されるように[33]、大島郡近辺と芸州の石工が多く登場している。

さらに一八五九年（安政六）七月から十二月にかけて、妻崎開作のさらに南方の沖合に作られた妻崎新開作の場合にはつぎのように記録されている[34]。

表 46　西浦新開作石垣普請における石工ごとの請負丁場数

丁場数	人数
0.5 未満	48
0.5 ～ 1	36
1 ～ 2	18
2 ～ 3	5
3 ～ 4	1
4 ～ 5	0
5 ～ 6	3
6 ～ 7	1

典拠：谷若六『周防西浦新開作の研究』防長文化研究会、1938 年。
凡例：1 丁場を複数の石工が催相で請負っている場合は、その人数で除した数値を表示した。

①五月十日ごろ、諸郡請負の者に入札を募集し、六月五日ごろ開札して、大島郡石工忠吉らが落札したが、「船手当等目途」が立たないとして断った。

②そのご、大島郡宇兵衛・熊蔵、都濃郡福川の六右衛門が坪当り六五匁で落札し、九丁場を引き渡した。

③さらにそのご備後阿伏兎の亀十がやってきて、坪

当り六〇目で請負うというので一丁場を渡したが、「喰込借銀」になり、諸道具を質入にして九月二十日に、「漸石船計乗帰」ってしまった。

④また秋には備前児島の石工頭和次郎がやってきて、「石船」を数十艘も連れてくることができるというので、一五丁場を渡した。しかし八艘が来ただけでそのご一向に来ず、結局一〇丁場は断ってきた。

このほか三田尻の孫太郎や妻崎の磯五郎など五名が五丁場を請負っていたりするが、やはり大島郡を中心に、各地から集まってきた石工たちがいくつかの丁場を渡され、請負っていたことが知られよう。また九月には「直段増」を要求して、「石船中」が「仕役」を止め、「丁場揚」というボイコットを行っている[35]。「元来大造之御丁場ニ付、諸方ゟ群集可仕処、最初ゟ厳重之御次第ニ而、稼ニ罷越候者も引相兼候故、追々分散等も仕候」とされるように[36]、かれらはよりよい金銭的な条件を求めて各地の普請現場を移動するものにほかならなかった。

このように近世後期における開作普請での石垣普請を担ったのは、近隣の地域のほかには、一つには周防大嶋が多くあるが、それ以外にも芸州・備後・備前など瀬戸内海一帯から集まった石工だった。石工たちは、瀬戸内海一帯の各地の開作を、よりよい条件を求めて移動していたことになるだろう。近世後期には瀬戸内海一帯に各地を移動して普請を請負う出稼ぎ石工が広汎に存在し、それが開作普請も担っていたことをまず確認しておこう。

b「石頭」

それではこうした請負石工とは別に、各丁場に必ず配置されていた「石頭」はどのような存在だったのだろうか。ここではまず普請で果たしていた役割を明らかにし、そのうえでその性格を考えてゆきたい。

今度は一八五九年（安政六）の妻崎新開作の事例を取り上げてみよう。この普請のときには、先に紹介した丁場を請負う石工とは別に、吉田宰判梶浦の利吉が「石頭」に任命されていた。ところがそれに対して別の「石頭」妻崎の平蔵が反発し、「見積り方」役人の渡辺権八の「悪口」をいう事件を起こしている。つぎの引用はこの一件に関する打廻手子の報告で、普請が始まる前の六月に提出されたものである。[37]

一豊前小倉御領之内井川と申処ニ新開有之、大嶋郡・福川辺之石船無数罷越居候ニ付、梶浦利吉使として壱人差越、此度妻崎新御開作棟梁ハ利吉江被仰付候付、雇入旁ト〆罷越候趣申候由之処、兼而御開作ニ棟梁罷居候事故、石船之者共不審ニ思ひ、脇方江被仰付候段様子相尋候処、利吉使之者申分ニ、平兵衛事ハ御遣ひ方無之、当節ハ御咎被仰付居候抔申候儀も御座候由

ここで注目したいのは、「石頭」の利吉が棟梁と称して「石船」の雇入れを行っていることである。少なくとも開作普請の始まる前の段階で、やはり開作普請が行われていた九州の小倉領まで出向いて、大島郡や都濃郡福川から来ていた「石船」をチャーターしようとしている。「石船」が各地の開作所を移動するものだったことがわかるが、それを雇入れるのが「石頭」の役割だったわけである。

それではこの「石船」とは一体何を指すのだろうか。今度は、入札に先立って隣接の小郡宰判の村々に出されたつぎの沙汰をみよう。[38]

今般船木宰判妻崎沖干潟御撫育方御用地之内、新御開作御築立被仰付候ニ付、御宰判中石船之者共江石堀立・組立等之御用有之候条、船持之者勿論、船所持不仕石堀之者共迄も相応之仕役有之候間、彼地罷越、御用相勤候様可被成御沙汰候、右ニ付石垣組付・土手築立之儀入札請負被仰付候ニ付、別紙石垣・土手雛型好注文等差越候条、村々石船名前并石船頭取之者名前をも書分ケ、早速付立御撫育方江差出候様御沙汰可被成候、尤入札

当月廿三日限り彼地持参方御沙汰可被成候、以上

五月十五日

木原源右衛門（開作方頭人）

植木五郎右衛門（同）

述べたようにこの普請での開札は六月五日であり、この史料は入札に参加する請負人を募るものだったことになる。そこで注目したいのは、その対象が「石船」とされている点である。すなわち冒頭では「石船之者共江石堀立・組立等之御用有之候」と述べているから、「石船」とは、単に石を運搬するだけにとどまらないで、採石や石組も行うもの、石工そのものだったことになる。また後半で「村々石船并石船頭取之者名前」を提出せよとするのも、請負入札に先立って候補者をあらかじめ把握しようとしたものと考えられる。先にも述べたように普請現場では、いさば船や平太船で潮が満ちている間に石を投げ入れ、潮が引いたときにそれを組み立てており、船は資材の運送や移動の手段にとどまらないで、普請に不可欠な用具でもあった。石工とは「石船」と一体化した職人だったわけである。

だとすれば、「石船」＝石工を「石頭」がまとめてチャーターしているわけだから、個々の丁場を請負う石工も実質的には「石頭」を介して請負っていたことになるはずだろう。たとえばこのとき利吉がチャーターした大島郡と福川の「石船」も、先に紹介したように、落札して九丁場を請負った大島郡の宇兵衛・熊蔵、都濃郡福川の六右衛門を指すことになる。かれらは入札に参加する前に、まずは「石頭」に「雇入」れられ、その仲介で入札に参加していた。

また渡辺権八は、妻崎の「石頭」平蔵に対して、「近年犬尾御開作築立之節土ノ手口銭何歩取候哉」と尋ねたところ、かれは「犬尾開作棟梁役相勤候処委細存居候」としたうえで、「三歩之口銭取候様承り候由」回答している。(39)

つまりそれぞれの丁場は石工が請負い、当然請負賃も直接受け取っていたはずだが、「石頭」はそうした石工から「口銭」を徴収していた。このことからも出稼ぎ石工が普請を請負うときに、「石頭」を媒介にしていたことが確認できるであろう。

なおこうした「石頭」は、単に必要な石工を集めてくるだけではなく、普請に先立つ見積もりをしたり、あるいは普請現場で石工を差配することもあった。(40) つまり普請を実質的に経営するものだったのであり、それを介して初めて石工は普請に参加できていたと考えられる。

それではこうした「石頭」には一体どのようなものが任命されていたのだろうか。

たとえば西ノ浦新開作の場合だと、三名の「石頭」のうち二名は三田尻宰判や隣接する福川町のもので、石工がかなり遠方からも来居していたことと比べれば、むしろ地元のものだったように思われる。そこでこうした見通しについて考えるため、この三名のうちの一人、福川の利右衛門の場合を取り上げてみたい。実はかれは西ノ浦開作の完成直後、一八二八年（文政十一）の小郡宰判深溝開作にも「石頭」として登場してくる。この開作は福川に近い都濃郡富田の酒造家小川権兵衛らを「銀主」として始まったものだったが、かれが「銀主」となる経緯について記録したなかの、つぎの一節をみてみよう。(41)

> 抑文政十年戌夏、小郡里於深溝、宍戸主計様・佐瀬六郎左衛門様知行所御開作築立現場凡百丁余之所有之、銀子も場所ニ引合候而は多分之義ニも無之、右開作銀主ニ相成呉候様萩御撫育御普請役杉山平兵衛殿と申人より御内談有之、追々福川町いよ屋利右衛門度々参り、右開作於場所而ハ両国無類之地面ニ御座候、何分銀主ニ相成候様毎事申入、杉山氏ゟ使ト〆桑原宇兵衛ヲ以被仰越…
>
> …亥正月八日杉山氏ゟ彼桑原使トして被仰越候ハ…貴家ゟ繰出相成間敷哉、格断杉山ゟ振、尚書状も候間、篤

等御報之上御相談ニ御入可被下候様御内頼仕候との義、折節彼地揚酒場宜敷地理ニ付、此義相調申間敷哉、桑原江相談仕候処、右一条杉山江御相談被成候ハ、相調可申哉、兼而石頭利右衛門へ右を此内咄候所ニ相調申事と申…

この開作地は、一七世紀末に宍戸・佐世両氏に与えられた勤功開作地でありながら手付かずになっていたのを、このとき撫育方の主導で造営に着手されたものだった。そこでまず指摘できることは、藩の主導といっても資本を提供する銀主が必要だったことであり、この場合はこの小川といま一人別の酒造家の二人が出資して着手され、完成後は両者がこの開作地の地主となっている。ただしそれにいたるまでの鍬下は三〇年もかかっており、資本を投下してもただちに回収できるはずはなかった。そこで直接の動機となったのは、この場合だと「酒屋」を出店することに求めているように、商業活動が行えるかどうかにあったのだと思われる。いずれにせよ近世後期の開作は、こうして商業資本による資本投下という性格が濃厚だったことをあらためて確認できよう。

ところでこの事例で注目したいのは、小川に「銀主」になることを、撫育方の役人とともに福川町の「石頭」利右衛門が依頼している点である。つまり「銀主」が資本を投下してその回収・増殖をめざしたのと同様に、「石頭」も普請を事実上請負うことで、石工たちからの口銭によって利潤を得ることをめざして、開作を積極的に推進しようとした勢力だったことになろう。つまり「石頭」とは、出稼ぎ石工のリーダーとして沢山の石工を率いて移動しながら各所の普請を請負う存在というよりは、その地域に土着して、行政機関や有力な豪商農とのネット・ワークを持つ請負業者としてその性格を想定した方がよいのではないか。

また妻崎新開作の事例に再び戻れば、やはり「石頭」の同様な性格をみいだせる。つぎに示すのは、最初の開札で、大島の石工忠吉が落札したにも関わらずのちに辞退した経緯について、直横目が報告したものの一部である。(42)

> …且又最初前積出役之節吉田才判梶浦ニ而石頭等仕候利吉と申者其外呼出、遣方相成、其後定盤立調之節ハ利吉・忠吉等十人計も手伝として罷越、権八殿居固屋相滞り、此者共石頭等仕候様申触候哉、然ニ中野御開作ニ居候平蔵と申者、前々御撫育方御普請江被召遣、近辺開作ニ付石頭等を仕顔利之由ニ而、此度も石頭可被仰付思ひ入候哉ニ而、他郡其外受負方之者ハ彼者を目当、便り来り候処、権八殿ニハ利吉其外遣方相成候故、双方迫合之気方有之、折柄下ノ関先帝祭り之節、梶浦之七介・留蔵と申者平蔵江出会候処、御開作一件ニ付権八殿を悪口仕たる由利吉承り、…

ここで何より注目されることは、隣接する中野開作の「石頭」平蔵が「顔利」と呼ばれ、他所からやってくる石工も、かれを「目当」にし「便り来」るとされている点であろう。「石頭」とはその地元をテリトリーとする「顔利」にほかならなかった。ただし先にも述べたように、このとき役人の渡辺はかれを「石頭」に任命せず、やや離れた吉田宰判の利吉を任命したためにトラブルを起こしているが、それは権八が、利吉と結んだ石工忠吉と「内縁」があったことによるもので、実際そうした癒着を疑われて渡辺自身のちに役を罷免されている(43)。したがってそのような渡辺と石工忠吉との癒着がなかったのならば、必然的に地元の「顔利」の利吉が「石頭」に任命されていたはずだろう。

たしかに先にも紹介したように、この普請のときには遠隔地の備後阿伏兎のものや備前児島の石工頭と称するものが、破格の安い額で請負うことや多数の「石船」を用意できることを条件にして、藩に直接売り込みに来てはいる。しかし結局どちらも破綻して、約束どおりには普請を仕上げられなかった。地元の「石頭」の独占を打破しようとする同業者は存在したとしても、結局それは叶わなかったというべきであろう。

表47　丸尾崎普請の算用例①（1835年7月、波戸その他損所仕戻普請）

請負	額匁	費目
三蔵受	639	石工役106．5人
		内　備前藤吉分15人
		備前弥五郎分16人
		床波三蔵ら7名および弟子1名分71．5人
三蔵受	47	波戸目石ニ相成候石代・船賃
三蔵受	50	内側こけ石巻仕調入用之古あみ代、諸道具共

典拠：山口県文書館部坂家文書232。

c 地元の業者

ところで表46によって西ノ浦開作での請負状況をあらためてみると、たしかに半丁場以下の請負が最も多く、それに一丁場以下を加えたものがほとんどだが、他方で五丁場程度を請負うものも存在している。つまり「石頭」の差配下にある石工といっても、内部にはさらに階層性があったことが想定できるのではないだろうか。

そこでつぎに開作普請からは離れるが、小郡宰判丸尾崎の波戸普請の場合をみておくことにしたい。ここには一七世紀後半に造られた一三〇間の波戸があったが、一七八二年（天明二）に修復されて以降、破損したままになっていた。それを修復して湊に船を呼び集めることが一八二七年（文政十）に目論まれ、翌年に普請が実施されている。[44]これは開作普請での丁場割でいえばほぼ六〜七丁場分に相当することになる。そして造営後も大風などでたびたび破損し、毎年のように「仕戻普請」を必要としていた。

まず表47・48に一八三五年（天保六）の「仕戻普請」における算用帳を二例掲示した。このうち表47ではすべて床波浦の三蔵という石工が請負い、石工への賃銀や石代をまとめて会所から受け取っている。そしてこの石工のなかに備前の石工二名も含まれている。また表48では大工吉兵衛がそのほとんどを請負って、石工賃や石代の支払いを受け、それとは別に床波の三蔵も石工賃を受け取っている。そして表47にも出てくる備前の藤吉はこちらでは吉

表48　丸尾崎普請の算用例②（1835年3月、波戸その他損所仕戻普請）

請　負	額　匁	費　目
吉兵衛受	391.6	石工役106・5人
	内162	石工4名分30人工役、
	160	長さ2間の土台石
	61	踏段石11本
	8.6	石工共入用の［　　］代
吉兵衛受	45.5	備前藤吉分石工工役7人
吉兵衛受	25	日ノ山の市五郎分石工工役5人
吉兵衛受	21	石水揚の人足賃
三　蔵　受	20	石工工役4人

典拠：山口県文書館部坂家文書254、255。

兵衛の側に雇用されている。

なおこのうち、同じ岐波村にある床波浦の三蔵はこの時期の「仕戻普請」に繰り返し登場するもので、(45)たびたび普請を請負う地元の有力石工だったことが想定できる。また吉兵衛とは近くの岐波浦のもので、大工を率いて燈籠堂普請を請負ったり、そのための御立山からの伐採を木挽を率いて行ったりしている。あるいは湊内堀浚を請負ってもいて、(46)要するに土木から建設まで幅広く請負う、やはり地元の業者にほかならなかった。とりあえずここでの事例から、遠隔地の石工は、普請のある地元の石工や業者に雇用されて普請に参加する場合があったことを確認できるだろう。なおそうした業者がともに床波浦、岐波浦という湊の近くを拠点にしていることにも注意を払っておきたい。このことには、おそらくは資材の購入のうえでの便利さがあったのではないだろうか。

また一八四二年（天保十二）の「仕戻普請」のときには、大嶋日前の石工庄右衛門と熊毛宰判の石工佐二兵衛の二名の石工が普請を請負い、二月から三月にかけて会所から直接に請負銀を受け取っている。そして石工三蔵もかれらとは別に請負銀を受け取っていた。(47)こうして表面的にはそれぞれ独立して請負普請に参加しているようにみえる遠隔地の両名であるが、勘場からの呼び出しに対して、「床波ノ三蔵同道ニ而今朝下筋へ罷越候」と宿の「亭主」が答えていることからもうかがえるように、[48]三蔵の仲介で普請に参加していたと考えられる。雇用されるのではなく、直接請負っている場合でさえ、実は地元の業者を介して遠隔地の石工は普請に参加していたことになる。

断片的な事例ではあれ、これらをみる限りでは、普請が行われる地元には「石頭」とは別に有力な石工や請負業者もおり、出稼ぎ石工がかれらに雇用されたり、あるいはその紹介で請負いに参加する場合もあったことがうかがえる。

以上のことから、開作という大規模な普請に関してはつぎのような重層的な石工の関係が形成されていたと考えることができるだろう。

α「石頭」。これは、藩の役人や地元の豪商農に働きかけて普請を行うことを勧め、自身は見積もりから、石工の調達、現場の監督など普請そのものを実質的に経営する土木業者であった。そしてたとえば舟木宰判の平蔵や吉田宰判の利吉、あるいは三田尻・小郡宰判の利右衛門のように、ほぼ一〜二宰判程度の範囲をテリトリーとしていた。この範囲で行われていた開作普請については、かれは調達した石工に丁場を請負わせて、口銭を取って収入源としていた。

β中小の業者。そしてこうした「石頭」の周囲には、たとえば床波浦の三蔵や岐波浦の大工吉兵衛のような、ふだんから石工を雇用して石垣普請を請負ったり、あるいは他所の石工の仲介をして請負をさせるような中小の土木・建設業者もまた存在していた。

γ出稼ぎ石工。さらにその下に各地を移動する多数の石工が存在した。かれらはふつう、αやβに雇用されたり、その仲介で請負に参加していた。

こうした重層的な関係が、とくに開作が盛んに行われていた地域には形成されていたことになる。いいかえれば各地を移動する石工は、直接施主から請負っていたのではなく、こうした関係に入りこむことで初めて普請に参加できていた。そして石工の需要が一定度ある地域には、おそらくは同様な重層的関係が形成されていたはずであろう。

(3)　特権的な石工との関係

それでは最後に、こうした形成されていた社会関係の、藩の分業編成との関係をみておくことにしよう。その場合、小郡宰判には一宝藤左衛門という萩藩の特権的な石工が存在していたこととの関係が問題となる。

かれはもともと和泉国のもので、大坂で石工を営んでいたのだが、近世初頭から代々藩の御用に従事していた。ここでは幕末に提出された勤功書を通して、こうした特権的な石工の動向をみておきたい。そこで表49にまとめた勤功書の内容から、つぎのことを指摘しておこう。

まず第一に、近世前期に領内の開作普請にかなりな権限をもって関わっていることである。表示したように、「御国中御開作始而御築立之砌」、三代庄兵衛に「御開作御築立之御仕法御尋被仰付」ており、近世前期の開作普請が上方の高い技術を移植することで初めて可能だったことが知られる[49]。しかもこの勤功書とは別に残された一七三五年（享保二十）の日付を持つ「先祖ヨリ申伝置キ候事」[50]では、「追々御築立之節度々頭取」に任命されたとするように、普請全体の責任者を勤めていたようである。さらに同じ史料によれば、初めて開作の頭取に任命されたとき、「上ノ関御宰判石場ニて御用細工相調、又其後徳山之石場ニ相調、明暦年中ニ当御宰判（小郡宰判）之石場へ被仰付」とするから、藩から採石場も与えられていたことも想定できるし、あるいはこうした「勤功」に対して苗字帯刀を許可されてもいる。

表49　一宝家の勤功

当　主	年　代	記　事
先祖市宝藤左衛門		・泉州日根箱作に住居。
2代庄左衛門		・大坂で石工を習う。
	輝元様御代	・大坂木津屋敷より初めて御用を仰せ付けられる。
		・京都大仏建立のとき御手伝の石細工御用。
		・萩築城のとき石垣その他石細工御用。
3代庄兵衛		・初めて御開作築立のとき召寄せられ、築立仕法を尋ねらる。そのさい惣頭取を勤める。
	1668年	・船木宰判高泊切貫南蛮樋を初めて石で仕調え。
		・小郡宰判名田島両開作の惣頭取を勤める。
	1650年	・南蛮樋・石唐樋など仕調え。
		・山口大神宮石華表御建立のとき、萩の石工と相棟梁を勤める。
		・三田尻宰判問屋口南蛮樋切調え。
(先祖よりり8代藤左衛門の間、引き続き御用を仰せ付けらる)		
8代藤左衛門	宝暦年中	・萩城御用の蔓石などを仕調え。
	1761年	・江戸御用の法林印様石塔を切調え。
	1752年	・三田尻宰判大浜・鶴浜開作などの石樋仕調え。
		・三田尻宰判西ノ浦開作御築立のとき鎮守社建立切石。
		・三田尻宰判にて橋柱のない石橋を初めて仕立。
		・小郡宰判御開作南蛮樋仕調え。
	1782年	・船木宰判中野御開作南蛮樋仕調え。
9代藤左衛門		・船木宰判中野御開作築立につき南蛮樋・石唐樋仕調え。
	1817年	・船木宰判妻崎新御開作築立につき南蛮樋仕調え。
	1826年	・萩城内東園御茶屋石場仕調え。
	1828年	・小郡宰判丸尾崎波戸築調え。
	1830年	・都濃郡沖御開作石門樋を南蛮樋に居替え。
	1833年	・船木宰判妻崎御開作南蛮樋を三挺石樋で仕替え。
	1836年	・小郡宰判新開作南蛮樋を長石で仕替え。
	1837年	・小郡宰判西新御開作南蛮樋を長石で仕替え。
	1837年	・萩橋本大橋作事につき石柱仕調え。
		・萩三殿様御霊屋の華表の切調え・建調え。

典拠：一宝家文書「勤功書」。

ただし近世前期の開作普請の実施状況の具体相は必ずしも明らかではない。ここでは少し時期が後になるが、一六九九年（元禄十二）の三田尻宰判の沖開作普請を取り上げてみよう。[51] このときまず石樋については「大坂」が担当しているが、もちろん一宝が関わったものであろう。ところが土手の普請については全領を対象に郡別に担当箇所が割り振られ、それをそれぞれから出る郡夫が担当している。もっとも安芸江波船や御影船も登場するから、専門的な業者も関わってはいるのだろうが、主要には徴発された人足が担当していることになる。つまり高い技術を要する石樋の製作と、郡夫が担当する石垣普請という二重の構成で普請が遂行されたことが知られる。これがそれ以前からもみられるものだったとすれば、一宝の技術力とは、石樋を設計・製作する専門性と、たくさんの人足を監督して普請の指揮を下すという二面において発揮されたものと考えられよう。

表49から第二に指摘したいのは、そのご四代から七代にかけてはほとんど記事が空白になっていて、一八世紀後半の八代藤左衛門のときに再び詳細に記録されているということである。先の図8においても空白の時期だった一八世紀前半に、一宝家が関与した普請もやはりほとんどなかったことになる。またこの表には示さなかったが、それまでは毎年大坂と萩藩領との間を往復していたのに、一七七一年（明和八）からは、良質な花崗岩の産出地であり、藩の御立山となっていた小郡宰判岩屋に定住するようになっている。近世後期からの開作地の再度の増加に対して、一宝家は積極的に関与しようとしていた。

第三に、ところがそうして再度増加したあとの開作普請への関わり方は、近世前期のあり方とは異なっている。すなわち地域的にはほぼ船木・小郡・三田尻の三宰判に限定されており、またそこでも南蛮樋・石唐樋という石樋の製作にのみ専ら従事している。開作地の石普請のうち、より高い技術を要した石樋の製作は幕末まで独占するものの、もともとが比較的単純な労働力によっても担当しえていた石垣の部分は一宝の手を離れるようになっているといえよう。つまり「石頭」が各所から集まった石工を統括して石垣普請を担当するあり方は、一宝のような特権的な石工にとってかわるものだったことになろう。

ところでこの表をみると、九代藤左衛門のときに小郡宰判岐波村の丸尾崎の波戸普請に関わっているが、これは石垣普請なのであって、これまでみてきた開作所の石垣普請と基本的には差はないはずである。しかしこのときの一宝の請負にはつぎのような事情が存在した。この史料は、丸尾崎の問屋の権利をめぐる仕組方の部坂発蔵と大庄屋小野善治の対立を記録したものの一部である。(52)

一（小野）善治自分姦曲之所作不相成ニ付私（部坂発蔵）を嫌ひ候儀ハ只今ニ始リ不申、…亥（一八二七年）暮波戸御築立之御詮儀被仰付候間も、引受之私を不呼出、唯自分手内之（一宝）藤左衛門のミを御勘場呼出、石船并諸道具共ニ御勘場ゟ御仕入被仰付、其余之所は弐尺八寸ゟ三尺五寸迄之石を以築立候而、石巻坪ニ付代銀九拾五匁程ニして藤左衛門江受負ニ被仰付候様子ニ而、既ニ田辺伝二郎と小倉表迄石船買得ニ差越筈之処江、私行懸リ、いか様之御様子歟と相尋候処、前断之趣ゆへ、余リ立腹の儘私申分ニは、波戸築立銀多分余リ、仕様共無之而一宝藤左衛門江右様高直ニ被仰付候哉と申候処、上田五郎右衛門申分ニ、いケ様之儀ニ而右様申述候哉と相尋候故、私申様ニは、発蔵ハ不案内者ニ而波戸築立様・石垣之組様存シ不申候得共、藤左衛門より申出之三尺五寸之石より壱間又ハ八尺・九尺・壱丈之石を以組立候ハヽ、其方□大丈夫ニ可有之歟と相考候、其趣は、私より当夏差出置候波戸積書ハ、波戸沖側鼻をハ壱間より短石ハ壱基も組入不申、其間々江は八尺・九尺・壱丈之長石を貫キ石ニ組入、其上石船・巻道具等も不残自分より仕拵候而、壱坪ニ付銀六拾五匁ニ〆受限ニ可仕と石工西村喜七郎差出候分を私ゟ勘場江差出置候…

ここに出てくる西村喜七郎とは同じ岐波村にある床波浦に居所を持つ石工だった。ここでは当初大庄屋と結んで普請を独占しようとした一宝に対して、部坂発蔵が押す西村喜七郎がより有利な条件を梃子にして途中から参入した経緯が記されている。そしてそのなかでもとりわけ注目したいのは、一宝は「石船・巻道具」を勘場に用意してもらおうとしており、ために田辺という村役人とともに小倉まで出向いて調達を図っているのに対して、西村は自身で用意できるといっている点である。西村は各地を移動する「石船」＝石工を調達するルートを有していた。しかも坪当りの単価も九五匁の一宝に対して六五匁と格段に安かったわけだが、そもそも石取場を持たないはずの西村がこれだけ安く請負うのだから、石工を安価で調達できることとあわせて、石材の確保ルートも抑えていたはずである。そのさい床波浦という湊を拠点にしているように、産出地から安価で購入していたことが当然想定できるだろう。

この事例を参考にするならば、石垣普請を繰り返し担当していた「石頭」は、なにより広域を移動する石工のネット・ワークを直接押さえ、また石材の購入ルートも押さえることによって石垣普請を独占していたのだと考えられよう。高い技術を要する石樋の製作については特権的な石工が最後まで死守するものの、それ以外の比較的単純な石垣普請については、直接施工のうえでの技術力よりは、労働力の編成や資材の確保における有利性を持つもの、つまりは資本力を持つものが特権石工を凌駕していったのではないだろうか。「石頭」が地域の石垣普請を独占する背景に、こうした事態を想定しておきたい。

最初にみたように、徳山領の採石地ではとくに幕末期になると既存の特権的な採石業者を凌駕する形で新興業者が成長するようになっていた。そうした動きと連動する形で、防長地域の瀬戸内海沿岸部では、やはり特権的な石工にかわって「石頭」を頂点とする地域ごとの重層的な構造が形成されていたことになる。盛んな開作普請が生み出した石垣普請の需要に支えられる形で、石の採石地・需要地それぞれであたらしいタイプの業者が、相互規定的に成長していたことが注目されるところだが、こうしたありかたは、近世社会本来の権力による分業編成が変容したうえに成立していたわけである。

おわりに

本章を通して述べたことを再度簡単にまとめておこう。

（1）近世後期、防長地方の瀬戸内海一帯には、主として藩主導の商業活動と結びつく形で盛んに開作が行われており、そのことが石材業の恒常的な需要を形づくっていた。

（2）まず石材産出地では、元来は藩に特権的に採石場を与えられていた特定の業者が採石・販売を独占していた。しかし主として防長地域の瀬戸内海沿岸部で開作などで石材の需要が高まってくるとその商品化が進むようになった。そのことに規定されて、採石だけではなく運輸も一体となって行うような新興業者がとりわけ幕末になると成長するようになり、やがてはそれが特権的な業者の存在を凌駕するまでに至っていた。

（3）また石材の需要地では、近世前期にはやはり藩に特権的に採石場を与えられていた大坂石工が存在していて、開作普請を独占していた。しかし後期になるとそれが担当するのは石樋の製作に限定されるようになり、たくさんの石工が必要な石垣普請は、ほぼ一ないし二宰判をテリトリーとする「石頭」という実質的な普請の経営者によって担われるようになった。またその周辺には自身も請負に参加するやはり地元の石工や業者も存在した。それらの下に、瀬戸内海一帯のたくさんの石工が雇用されたり、もしくは仲介されて請負うことで普請に参加していた。こうして「石頭」――地元の業者――出稼ぎ石工という重層的な関係が、特権的な石工にかわって形成されていたことになる。もちろん、かれらは自身では石場は有さないので、こうしたことは採石地における石の商品化の進展と連動する動向だったことになる。

（4）以上のように特権的な石工や業者にかわって、採石地・需要地それぞれで相互規定的に新興業者が成長していたことになる。おそらくは近世後期において新田開発が盛んに行われたはずの瀬戸内海一帯には、ここでみたような需要地における重層的な関係と、それに連動する採石地での新興業者という関係が連鎖的に展開していたと考えられよう。各地を移動する石工も、こうした構造に包摂されることで初めて存立しえていたことになる。

以上にみたように、近世に本来的な職人編成のあり方が後退したからといって、ただちに自由競争の段階が訪れるのではなく、あらためて独特な社会構造が形成されたはずだ、ということが本稿を通して主張したかったことである。そしてその社会構造とは、石材の産出地を多数抱え、またなにより瀬戸内海という流通上の大動脈を抱えるこの地域に固有に発達したものとみなすこともできよう。そうであれば、幕藩領主による地域編成を凌駕する形で瀬戸内地域に独自に発達した分業構造の一端だったともいえるはずである。ほかの職種の事例も積み重ねる必要があるが、近世社会が独自に生み出した、この地域の分業構造の特質を明らかにしてゆく作業の一環として本章の分析を位置付けたい。

註（1）渡辺則文「日本社会における瀬戸内海地域」『日本の社会史　第一巻　列島内外の交通と国家』岩波書店、一九八九年。

（2）たとえば最近では、岡山県下の棟札の調査によって近世後期における塩飽大工の広域的な活動を明らかにした研究がある（北脇義友「岡山県における塩飽大工について」『岡山地方史研究』八九、一九九九年）。広域的に活動する大工の「市場」の推移を明らかにした点で貴重な成果だと思われるが、しかしそれがいかなる社会構造の下に存立していたのか、という点の解明は必ずしも十分ではない。

（3）主として民俗学的な見地からの検討は一定の蓄積を有している。また本稿が直接の対象とする石工についていえば、たとえば田淵実夫『石垣』法政大学出版局、一九七五年などがある。

（4）篠宮雄二「日本近世の職人集団と地域社会」『歴史評論』五八七号、一九九九年。
（5）渡辺尚志『近世村落の特質と展開』校倉書房、一九九八年、第五章。
（6）塚田孝「社会集団をめぐって」（同『近世日本身分制の研究』兵庫部落問題研究所、一九八七年）では、「共同組織の重層と複合として近世の全体社会を把握する方向」が提起されたが、そこで具体的にあげられるのは、非人と町の仕切関係であるとか、あるいは集団間を律する宗教者や職人の旦那場のような所有の対象としての空間であり、何より生業や生産の局面での関係が重視されていたのではないか。
（7）神田由築は、上方を起点にしながら瀬戸内海一帯を移動する芸能者集団のあり方に注目し、それがいくつかの地域的なルートを形成していること、しかも興行地それぞれにおける侠客のネットワークがそうした広域的な移動を支えていたことを明らかにしている（神田由築『近世の芸能興行と地域社会』東京大学出版会、一九九九年）。もちろん直接に職人や労働市場の問題を扱ったものではないが、近世の瀬戸内海地域において、一見すると広域的で自由な人の移動とみえる事態にも分節的な社会構造が存在することを明らかにした点は分析上の重要な示唆となった。
（8）対象とする防長地域は、全部で一八の宰判からなる萩藩領と徳山領などのいくつかの支藩領から構成されている。
（9）山口県文書館徳山毛利家文庫「大令録」二二。
（10）「大令録」三二。ただしこの解禁にはつぎのような規制が付随していた。それは、①解禁の期間は一〇ケ年とする。②六軒のなかで「頭取」を決め、他所への取引のたびに販売先や販売額などをそのつど報告させる、③他所積出しのさいには規定の船以外を使ってはいけない、④「切出而已ニ而細工無之石」は他所へ販売してはいけない、⑤他所売りのための石は沖嶋の石取場でのみ採石のこと、⑥運上として販売額の一二％を上納のこと、といった内容である。
（11）「大令録」一九。
（12）「大令録」六〇。
（13）なお六軒の石工がいた東西浜崎町とは、山陽道添いに東西に延びる徳山本町から、それぞれ南方の海岸に向かって直角に延びた町であり、海岸に添って東西船町という町を随伴していた。そして少し時期が遡るが、一七九二年（寛政四）の調査で町方の船数をみると、徳山本町が大坂廻・瀬戸内廻合わせて六艘でしかないのに、船町では三二艘を数えた（徳山毛利家文庫「寺社・町方」二六一「町方支配之船数」）。文字通り運送関係の業者が集中していたわけで、当然両浜崎町に六軒の石工が集住するのも、石の運搬のうえで好都合だったからであろう。実際、幕末の事例だが、藩が石工から「石取場」を取り上げようとしたことに対して、「石船中」が、「石場引取方仕候而は、石工見世中は不及申ニ、手間等・水主・私共ニ至迄数多之人数渡世相成不申候」として反対の願書を提出しているものがある（徳山毛利家文庫「願事録」二二七）。両浜崎町の「石工見世」＝採石業者の下には、「手間」とよばれる職人（石切）や、運送業者・水主などが採石関連業として集積していたのである。したがって六軒の石工というのも、実際にはたくさんの採石関連の職人を配下に持つ採石業者にほかならなかったことになるし、表43でとりわけ徳山本町で石工が増加しているのも、その配下の東西浜崎町にいる「手間」の増加を意味したことになる。

(14)～(16)「大令録」八四。

(17)「願事録」一九九。

(18)「大令録」八二。

(19)「大令録」一一二。

(20) もちろん「猥ケ間敷儀」の内容としては、註10に示した諸規制への違反が考えられ、たとえば「細工石」以外の「荒割石」を移出しただとか、六軒以外の「下職」のものが採石したなどのこともあったはずである。ただし、「石場改革」にいたるまでの藩の規制をみると、たしかに註11の一八一一年の規定の多くがそのまま継承されてはいるのだが、唯一運上銀の額だけは何度も改変をみている。それは定率性を定額性に変えたり、また額そのものを変更したりすることだった。したがって「御用」の石の安価での確保という本来の政策意図にも関わらず、結果的に藩が最も関心を払っているのが、運上銀が規定どおり上納されるか否かという点にあったことになるわけで諸規定のなかでも、この点がとりわけ問題化していたことになるではないか。

(21)「願事録」一九九。

(22)「願事録」一六四。

(23)「願事録」二二七、二四二。

(24)「大令録」八四。

(25)「願事録」二二七。

(26)「願事録」二四二。

(27)「大令録」八四。

(28) 小川国治『転換期長州藩の研究』思文閣出版、一九九六年。
(29) 西ノ浦新開作については、谷苔六『撫育局経営周防西ノ浦新開作の研究』（防長文化研究会、一九八三年）によっている。
(30) 石川卓美『長州藩新田開発の研究』、一九八六年。
(31) 山口県文書館塩田家文書四〇九「長浜妻崎開作一件」。
(32) 妻崎開作は厚東川の河口部東岸、中野開作の沖合に築かれた一一〇町歩余の面積からなるもので、やはり二〇間を一丁場とする、沖土手三一丁場、川筋土手二八丁場の計五九丁場からなる石垣が造営された（塩田家文書「長浜妻崎開作一件」）。なお妻崎新開作とともに開作の概要については、前掲小川国治『転換期の長州藩の研究』で触れられている。
(33) 塩田家文書九二、九三「日記」。
(34) 妻崎新開作は一二〇町歩程の面積で、厚東川筋の東土手三九六間、南沖土手三五〇間の、やはり二〇間ずつの丁場からなる石垣が造営された（山口県文書館毛利家文庫「地誌」七二「船木妻崎御開作一件」）。
(35)(36) 「船木妻崎御開作一件」。
(37) 毛利家文庫「諸省」四六九「船木宰判妻崎沖開作聞繕書」。
(38) 山口大学付属図書館架蔵林家文書一五一―八「秋穂浦干潟ニ而塩浜自力を以御築立公銀之姿ニして一件御取捌一巻」。
(39) 註37史料。
(40) 普請に先立つ「前積」といわれる見積もりを「石頭」が行っていることは、たとえばこの普請の事例だと後掲史料からうかがうことができる。また普請現場で果たして役割については、別の開作の事例になるが、一八七〇年（明治三）の小郡宰判千歳開作にさいして、「石船中」が「砂船中」とともに提出した請状から確認しておくことにしよう。以下にこの請状のなかから、いくつかの箇条を抜き書きにした（註38史料）。

1一石垣本坪壱坪ニ付銀
　但、沖土手・登り土手・入川土手共、荒石垣・添石垣共、小口壱尺余、入弐歩五厘之石、面坪三拾六基之見渡を以念を入組調、……

2　一同断銀
　　但、笠置石垣定盤雛型通念を入組調、成就本坪壱坪ニ付右之辻
6　一丁場之儀は弐拾間宛ニ定盤御調之分、其丁場々々ニ而石垣・土方共ニ坪数御定被仰付可被下候事
7　一石垣・土方共ニ築立之儀定盤雛型之通諸事棟梁差図を請、築立可仕候事
8　一脇方丁場ゟ築後れ、汐留之間ニ合不申節ハ、半途ニ而も丁場御取揚被仰付、仕役銀之儀ハ七歩方之御払ニ被仰付可被下候事
11　一金銭之儀は時々相場を以御払方被仰付被下候事
15　一此度御築立御開作之儀ハ下御救之儀、棟梁江歩方差出候儀ハ被差留候段被仰聞奉畏候

ここからまず明らかなことは、「石船」が石垣の築立を行うもので（第一・二条）、二〇間を一つとする丁場をいくつか渡され、その普請に責任をもっているということであり（第六条）、また請負銀も直接受け取っているように（第八・一一条）、丁場の請負の主体にほかならないということである。丁場を請負う石工＝「石船」ということがあらためて確認できよう。同時に、丁場では「棟梁」の差図を受けているし（第七条）、またこのときには禁止されているものの、ふつうは一定の「歩方」を差し出していることもわかる（第一五条）。普請現場には、丁場を請負う石工を統括するものとして棟梁が存在し、丁場を請負っている石工から口銭を徴収していることも確認できる。この棟梁は別の箇所では「石方棟梁」ともいいかえられるのだが、妻崎新開作の事例をふまえれば「石頭」に相当することはまちがいなかろう。（補注）

(41) 山口県文書館林家（新南陽）文書四〇「深溝開作築立日記」。
(42) 毛利家文庫「舟木宰判妻崎沖開作聞繕書」。
(43) 毛利家文庫「諸省」四三九「土木ニ関スル旧記書抜」。
(44) 山口県文書館部坂家文書八九「丸尾崎波戸御築立願其外」。
(45) たとえば一八三八年（天保九）には「燈籠堂控柱・張石損所」の普請を、七月十八日から九月四日にかけて、「小共」二人を含む一二人の石工を率いて請負っている（部坂家文書一九六）。あるいは一八四一年（天保十二）三月晦日から四月十六日にかけては一〇名の石工を率いてやはり波戸の「仕戻普請」を請負っている（部坂家文書一三四）。

このほかの年にもたびたびその名前を見いだすことができる。
(46) 部坂家文書九三「丸尾崎燈籠堂并内堀越石垣御普請受状類」。
(47)(48) 部坂家文書一四九「丸尾崎波戸腰石垣御仕戻御普請一件要用物入」。
(49) なお岡山藩においても、近世前期の用水などの石普請を大坂から「御抱え石工」として招いた河内屋治兵衛という石工に担当させている（『岡山県史　近世Ⅱ』一九八六年、二三頁）。瀬戸内海沿岸の諸藩において、近世前期に治水・用水や新田開発に必要な石普請を上方の技術を移植して実施するということは広くみられたことだったのではないだろうか。
(50) 一宝家文書「先祖ヨリ申伝置キ候事」。
(51) 毛利家文庫「地誌」二三「三田尻御開作一巻」。
(52) 部坂家文書七四二「丸尾崎問屋掛合一件」。
(補注) この棟梁を地元の「石頭」とみなしたのは誤りであり、大島石工の棟梁だった。補論でも述べるように、出稼石工が棟梁を擁する集団をなしていたことを本章では見落としていた。

補論　福田新田開発と瀬戸内の石工

はじめに

近世の瀬戸内海地域には広域を移動するさまざまな労働力が存在した。その一つに石工がある。かれらは石船に乗って各地を移動し、近世後期になっても盛んに行われた新田開発の堤防普請にも携わっている。かつて筆者は瀬戸内海西部地区、防長地域沿岸での開発を取り上げ、それに関わった石工のあり方を検討したことがある[1]。そこでは、移動・資材運送の手段であると同時に普請現場での用具でもあった石船と一体化して石工が存在しており、周防以外にも備前・備後・芸州などかなり広域から参入していたことを述べた。またかれらは普請現場では、一郡程度の範囲をテリトリーとする「石頭」――そのもとにある中小の業者、という重層的な請負業者のもとに包摂されて雇用されていた事実もあわせて指摘した。瀬戸内海一帯を移動する遍歴石工のあり方を西端から概観したことになるが、では逆に東部地区から概観したらどのようになるのか、そのことがずっと気に掛かっていた。

ところでこのたび倉敷市史編さん事業に関わるなかで、著名な備前児島の野崎家文書のなかに福田新田開発に関わるたくさんの史料が残されており、とくに上述の石工の活動を知ることのできる貴重なものが含まれていることを知った。もっとも文政年間の野崎浜開発にさいして、安芸瀬戸田・伊予岩城・備後因島など遠隔地の石工が普請に携わっていたことはすでに指摘されている。[2] ここから、とくに芸予諸島に出自する出稼ぎ石工が中核的な役割を果たしていたことを予想しうる。[3] しかしそれら遠隔地からの石工のより具体的な雇用環境、たとえば地元の請負業者との関係であるとか、石工の集団としてのありかたなどの検討は、課題として残されたままであろう。ひいてはそのことは、周縁的な諸存在への注目を通して近世社会の構造そのものを問い直そうとする近年の提起[4]に連なりもしよう。

野崎家文書に残された関連史料の丁寧な分析は、こうした問題を考えるうえで二つとない貴重なデータを提供するはずである。しかし如何せん史料の量が膨大で、全面的な検討については後日を期すしかない。幸い今回執筆の機会を与えられたので、分析途上ではあるけれども、その一端を紹介して問題の所在だけは差し示しておきたいと思う。

一　石船勘定帳の分析――その1

福田新田の開発の経緯については、『新修倉敷市史　第一〇巻』に関連史料がまとまって掲出されているし、絵図も収録されているので詳しくはそちらに譲りたい。それまで岡山藩から開発を請け負っていたものが資金調達に行き詰まっていたところへ、野崎武左衛門があらたに加わるようになったのが一八四七年（嘉永元）のことであり、一八五一年（嘉永四）には完成させている。今日、野崎家文書のなかに残されるのはちょうどこの期間に相当するものである。膨大にあるなかから、ここでは「御新開築立石船勘定帳」と題された数冊の帳簿を取り上げることとする。なお裏表紙には「野崎武左衛門控」と記されていて、野崎家で作成された帳簿だったことがうかがえる。新田の堤防造営に当たって野崎家が調達した石船への賃銀支払い台帳だったことを予想できよう。

いま同様なものが数冊残されているといったが、それぞれに「六冊之内何番」と表紙に記されており、元来同様なものが六冊あったことがわかる。残っているのは一番（嘉永元年九月）[5]および二番（嘉永二年四月）・三番（嘉永二年七月）・四番（嘉永二年七月）[6]の四冊だが、同様な表紙を持つ嘉永三年正月の一冊も別にあって、[7]これが五ないし六番に相当するのではないかと思われる。ここでは手始めに「六冊之内四番」とされ、嘉永二年七月と記された一冊を取り上げてみよう。ここには石船個人別に代銀の出入が記載される。そして登場する石船を分類すれば、以下のaからeの五つに大きくは区分しうる。順にその内容をみてゆくことにしよう。

a宮の浦八蔵と配下の石工三〇名

まず最初に記されるのは宮の浦八蔵への支払いである。児島郡宮浦は福田新田からやや離れたところに位置している。彼の項での記載はつぎの通りである。

①嘉永元年八月二十九日から十二月六日にかけての一八筆、計五貫四三四匁九五の銀高。それぞれには「金弐両」、「銀札かし」、「加島屋林介仕入」、「富岡屋利介仕入」などの注記がなされている。

②嘉永元年十二月十九日から嘉永二年閏四月十一日にかけての四〇筆。①と合計して二七貫六五五匁七五の銀高。①と同様な注記がみえる。なお三月二日の一貫目については、「野崎ニ直受取」と記される。

③四月二十一日から閏四月二十二日にかけての八筆。これらはそれぞれに「入」と記されて、①・②の合計二七貫六五五匁七五から差し引かれており、残額が二二貫二四八匁三七とされる。内訳は四月二十七日受取の丁場八坪一一の代銀一筆（四二二匁二二）と、「宗左衛門指引詰」や「多二郎取替ニ出ス」など個人名が付された七筆である。

④つぎに「内」としたあと六兵衛など個人名が付された二三筆、合計二七貫六八一匁三が記される。

⑤③の残額二二貫二四八匁三七から④の合計二七貫六八一匁三が差し引かれ、差引き五貫四三二匁六六としたう

えで、「此金六拾六両　外ニ五拾三匁六分六厘　五月二日相渡し」とされる。
⑥さらに五月二日から七月十四日までの二六筆の銀高。集計はされていない。①・②と同様な注記がされる。
⑦「内」としたあと、六月二十二日受取の丁場二〇坪九一二・代銀一貫四五匁六五、七月三日受取の四〇坪四二・代銀二貫一〇一匁二四、七月四日割石八四、代銀三七匁五、七月八日受取丁場五七坪六四、代銀二貫九九七匁二八、の四筆が記載される。そしてこの分については「弐番石船帳尻ニ而勘定ニ立、并右算用決算も有之」と注記されている。

ここから八蔵分の記載が、嘉永元年八月から嘉永二年閏四月まで、①＋②－③－④＝⑤で一旦決済。そのあと五月から七月にかけての⑥－⑦が続くが、それは別の帳簿で処理されていたことがわかる。そして⑤の額は野崎家から八蔵に渡しているのだから、①・②・⑥が八蔵にとっての収入、③、④、⑦が同じく支出に相当すると理解できよう。つまり八蔵は嘉永元年八月末から嘉永二年閏四月までに二七貫目以上になる大金を札銀や金として受け取ったり、あるいは富岡屋などに立て替え払いしてもらっていたことになる。他方これだけの金額を八蔵が何に支出しているかが問題である。その内容としては、一つには丁場の請負代銀があった。ただし五月二日の決済までの段階ではその額は四〇〇目強でしかなく、残りの大部分は宗左衛門や多二郎ら三〇名に支払った額なのであった。あとでみる「二番」の帳簿において「石船頭」とされる八蔵とは、配下にたくさんの石船を抱える請負業者にほかならなかったことが予想される。

　果たして③・④で八蔵から支払いを受けている三〇名はこの帳簿につづいて登場する。それらをまとめて示したのが表50になる。各人の記載は、富岡屋仕入分や八歩銀などすでに支払われたことになっているものと、丁場の請負銀など受け取るべき分とが書き上げられ、両者が差し引きされて今回の支払い額が計上されるが、それらは例外なく「八蔵座へ出す」と記されていて、帳簿上は八蔵の項で決済されることになっている。実際この額は八蔵の項にあった③・④の個人別支払い額とちょうど一致する。つまりこれら三〇名は、それぞれが独立して丁場を担当するものの、その経費のうちおよそ半分は八蔵から受取り、残りについては富岡屋の仕入銀と八歩銀なるものとで相殺していたことになる。富岡屋（ないし加島屋）からの仕入や八歩銀の意味については現段階では詳らかにできず、保留せざるをえないのだが、これら石工は宮浦八蔵を介して丁場を請け負っていたと理解して差し支えなかろう。またそれぞれが丁場を請け負っていて、その額は銀二貫目から三貫目という結構多額のものが多いこともわかる。

そして表にみえるほとんどは日前（ひのくま）（日熊）のものであり、それに隠戸（音戸）の石船が若干混じっている。日前とは、さまざまな種類の出稼ぎ労働力を輩出していたことで著名な周防大島の日前であろう。ここ出身の二〇名ほどは、集団をなして瀬戸内海一帯を移動していたことがわかる。しかしかれらは直接に野崎家から普請を請け負ったのではなく、普請現場近くにいる八蔵を介していた。防長地方の新田開発には「石頭」と呼ばれる一定の範囲をテリトリーとする請負業者が存在したことは述べた通りだが、宮浦の八蔵もまた、児島郡一帯をテリトリーとする請負業者だったとみなすことが可能ではなかろうか。

b伊予北浦丈吉と配下の石工一二名

ところで帳簿上、八蔵の直後にみえるのは伊予北浦の丈吉の項である。実はこの丈吉の項も、八蔵と似たような内容である。先の紹介にならって丈吉の分をつぎに示しておこう。

①嘉永元年九月二十一日から十二月六日までの一三筆、計一貫一〇八匁八の銀高。それぞれは「金三両」や「札かし」、「富岡屋仕入」などと注記される。これらは「申十二月相済」とあるので、別の帳簿で決済が済んだものであろう。

②嘉永元年十二月十一日から嘉永二年七月四日までの五一筆、計一六貫三九一匁七二の銀高。各筆①と同様に注記されている。

表50　宮の浦八蔵を介して丁場を請け負った石船

	名前	既払分				丁場請負	差引き	
		富岡屋仕入 匁	八歩銀 匁	他 匁	小計 匁	代銀 匁		決済
一	日熊　六兵衛	五九六・八三	五九六・三八		一一九三・二一	二五七二・九六	一三七八・二〇	八蔵座に出す
二	日熊　清次郎	五六〇・五六	三六四・二二		九二四・七八	二五九一・九六	一六二九・〇〇	五月一日八蔵座に出す
三	日熊　文之助	五一八・九九	五〇一・三三		一〇二〇・三二	二〇三九・九六	九五八・六四	四月一四日八蔵座へ出す
四	日熊　伝三郎	六七五・五五	五〇八・九八		一一八四・五三	二三六五・七四	一一四五・四五	五月一日八蔵座に出す
五	日熊　卯三郎	七一八・四一	四四二・三九	二九九・六〇	一四六〇・四〇	二三七五・二五	九二七・四一	五月一日八蔵座に出す
六	日熊　平蔵	六〇八・四七	五六三・七九		一一七二・二六	二二七三・四四	一〇三二・九八	五月一日八蔵座に出す
七	日熊　又五郎	五四九・三二	六〇三・九六		一一五三・二八	二三三八・一二	一一一四・七〇	五月一日八蔵座に出す
八	日熊　熊蔵	六五四・五六	四九二・二四		一一四六・八〇	二五三三・二八	一三三六・四三	五月一日八蔵座に出す
九	隠戸　作右衛門	五七一・〇二	二三七・五七		八〇八・五九	一三〇五・五六	四五七・八〇	閏四月一九日八蔵座に
一〇	直次郎	三八四・七六		三九〇・五二	七七五・二八	一二八三・七〇	四六七・三七	五月一日八蔵座に出す
一一	日熊　卯七	六七七・四六	五五二・九九		一二三〇・四五	二四八八・六八	一二二〇・四一	五月一日八蔵座に出す
一二	日熊　利八	三八四・六三			三八四・六三	九四四・五五	五三三・九九	五月一日八蔵座に出す
一三	隠戸　勘五郎	五九七・一〇	九六・二〇		六九三・三〇	三三〇五・七二	五九五・一九	四月一一日八蔵座へ出す
一四	日熊　万吉	五八六・三二	五八〇・九六		一一六三・二八	二四四七・一二	一二六二・二七	五月一日八蔵座に出す

一五	日熊　重兵衛	六七一・八二	四七五・五六		一一四七・二八	二六一四・三〇	一四八・四三	五月一日八蔵座に出す
一六	日熊　保吉	六三五・六〇	四五四・五〇		一〇九〇・一〇	二七六二・二七	一五八九・三〇	五月一日八蔵座に出す
一七	日熊　初五郎	五九五・三六	五三二・九三		一一二八・二九	二七一七・三六	一六五三・一一	五月一日八蔵座に出す
一八	日熊　吉兵衛	五一八・九九	四一四・二五		一〇一三・二四	一八四三・五〇	一一二四・九九	五月一日八蔵座に出す
一九	日熊　幸助					七七四・二四	七四二・四八	六月一二日八蔵へ渡す
二〇	日前　直次郎					七四二・四〇	七五〇・四〇	六月三日八蔵へ渡す
二一	隠戸　惣左衛門	三六八・二七	二三三・八〇	五五・六〇	六五七・六七	一二九三・二一	五九四・二〇	四月一一日八蔵座へ出す
二二	日前　平兵衛	五五六・五二	二七二・六二		八二九・一四	一八六五・六〇	一二〇六・一一	五月一日八蔵座に出す
二三	日前　佐平	三一〇・三九			三一〇・三九	七八五・四六	五一三・〇〇	五月一日八蔵座に出す
二四	伝之丞	九二二・七六	五八二・九八		一五〇五・七四	二六二六・二八	一一六三・二八	五月一日八蔵座に出す
二五	友平	三二七・九二		三一二・三五	六四〇・二七	一一一九・四〇	五〇三・四六	五月一日八蔵座に出す
二六	富五郎					九九二・一八	九六二・四八	六月一二日八蔵へ渡す
二七	松蔵	二三五・〇七		二四八・二三	四八三・三〇	二四二三・五一	一九〇八・一三	五月一日八蔵座に出す
二八	文九郎	二八九・〇三	七〇八・二二		九九七・二五	二一五六・九六	一三八〇・六三	五月一日八蔵座に出す
二九	幸助	三七一・三五		九三九・〇九	一三一〇・四四	二三六三・四五	一〇八三・二三	五月一日八蔵座に出す
三〇	隠戸　庄右衛門	二六七・〇七		二・三〇	二六九・三七	五二八・五二	五六四・三六	閏四月一九日八蔵座に

凡例：丁場請負代銀のほかに石代などが記載される場合があるが、略した。
また代銀から既払分を差し引いたあと、三歩引きなどの操作をしているがそれも略した。

③「内」とされたあとに、四月二十五日改から六月十二日改にいたる二六筆、計一六貫四八六匁二八の銀高。各筆は「茂三郎へ渡す」のように、ある個人へ渡したとされるものがほとんどである。また閏四月十九日に受け取った丁場請負代銀、二貫三〇七匁九七もみえる。

④②から③が差し引かれ、九五匁三六と計算される。これにほかの帳簿からの清算分も合算されて、三八二匁七一が決済分として計上されている。

ここでも八蔵の項と同じく、①、②が丈吉にとっての収入、③が支出と理解できる。①はすでに決済済みとあるから、嘉永元年十二月から嘉永二年七月までに一六貫余の銀高を受け取っており、その多くをやはり八蔵と同様、配下の石船に支出していたのである。そして③にみえる石船一二名は、表50と同様な形でたしかにこの帳簿のあとに登場する。こちらはほとんどが伊予の誰、と記されていて、丈吉と一緒になって伊予から来た石船であったことがわかる。

c笹沖石船六名

宮の浦八蔵・伊予北浦の丈吉の項のあとには、述べたようなそれぞれ配下の石船の項がみえるが、それらの後ろにも記載はつづく。まず笹沖口の石船六名の分がある。かれらもやはりそれぞれに丁場を受け取っており、その代銀計八貫七一九匁〇一は一括されて、うち八貫八五一匁一九は七月八・十一日両日に徳四郎・九郎つぎに「相渡す」とされる。両人は帳簿に登場する石船ではないので、おそらく使いのものであろう。笹沖の石船には野崎家から直接支給されたことになる。

d丁場を請け負う石船一四件

つづいて個別に丁場を請け負う石船の記載がつづく。まずは宮の浦の重太郎である。かれは嘉永元年九月十四日から嘉永二年七月八日にかけて六貫七八匁八六の銀高を受け取り、五月十四日から六月二十一日にかけて四ヶ所の丁場を請け負っている。小石四四坪分も含めた代銀は七貫七〇三匁一二。記載はそこでとどまっていて、決済はほかの帳簿でなされたものと思われる。

このほかには催合で請け負う場合が多い。日熊富五郎・六兵衛の両名が三箇所五貫一五七匁四三を、あるいは又五郎・友平・熊蔵・平蔵の四名は二箇所二貫九八七匁三を請け負っていたりする場合である。こうして嘉永元年七月までで、複数もしくは個人で丁場を請け負う一四件が記載されている。なおこれらのうち、このほか地名が付されるのは、いまあげた以外には隠戸の三名、宮ノ浦の三名、塩生の一名などである。ただしこれらの決済はこの帳簿では完結していない。別の帳簿に引き継がれたものであろう。

ｅい四五番から五四番まで一〇名

つづいては、い四五番から、い五四番と番号を付された一〇名がみえる。これらはほとんど伊予の石船である。ただし時期は嘉永二年九月から十二月にかけてのものである。そして丁場を請け負うだけでなく、石の代銀を受け取っている場合も多い。たとえば、い四七番伊予雛吉は、十一月七日に割石一艘二七匁、十日に石七合三勺、二九匁四、十一日に割石一艘二九匁などである。なお三番と記される別の帳簿には、い一番から四四番までの記載があるので、ここにあるのはそれにつづくものであろう。

以上、帳簿の記載を順にみてきたが、決済が完了しているのはｃ笹沖石船六名までだった。そこでこの範囲で、したがって主要には嘉永二年前半の期間に限られることになるが、堤防普請にあたった石船の構成を再現しておけば、それはつぎの三パターンになろう。

α地元の業者を介して丁場を請け負う遠隔地の石船。周防大島の日前を中心に、集団をなしてやってきて普請に参加しているが、それは地元宮の浦八蔵＝石船頭を介して丁場を請け負っていた。

β集団として丁場を請け負う、遠隔地の石船。伊予からもまた集団をなしてやってきているが、これは集団の頭

表51　石船別丁場請負額の分布（嘉永２年４月～７月）

請負額	a 宮ノ浦八蔵座				b 伊予北浦丈吉座			c 笹沖口	小計
匁	八蔵	日前	隠戸	不明	丈吉	伊予	不明		
6000 ～ 7000	1								2
5000 ～ 6000									
4000 ～ 5000						1			1
3000 ～ 4000			1						2
2000 ～ 3000		15		4		3	2		21
1000 ～ 2000		1	2	1		4		4	12
0 ～ 1000		4	1	1			2	2	10
小計	1	20	4	6	0	8	4	6	48

典拠：野崎家文書別蔵 1-1「御新開築立石船勘定帳　四番」。
凡例：表中数字は石船数。上記帳簿での請負丁場額を個人別に集計。ただし腰巻丁場は除く。

に相当するものが直接請け負い、そのもとで個々が丁場を担当している。

γ地元の石船。笹沖の石船は直接丁場を請け負っている。

なおかれらが請け負う丁場だが、たとえば日前の六兵衛の場合だと、長さ一六間六合六勺、根一間七合、天四合、上り二間七合と寸法が記されたあとに坪数が四九坪四合二勺と計算され、代銀二貫五七二匁九六と記されていた。つまり一坪当り五二匁で請け負っていることになる。そこでa～cに登場する石船それぞれの丁場請負額を表51によって概観してみよう。するとたくさんの丁場を六貫目以上の額で請け負う八蔵のようなものは例外的で、ほとんどが二～三貫目程度、一ケ所かせいぜい二ケ所の丁場を請け負っていることがわかる。日前、音戸、伊予そして地元の笹沖と在所は異なっても、普請に参加したのはほぼ均質な石船だったことをこの表から読み取ることが可能であろう。

こうした丁場を請け負う場合上述のα～γ三パターンを検出できるが、圧倒的に多いのはαとβであって、結局は堤防普請は遠隔地を移動する石船によって担われていたことがあらためて確認できる。同時にそれを野崎のような開発の出資者であり経営者でもあったものと媒介させるのは、一つには前項でも注目した地元の斡旋業者があるとともに、いま一つには集団の頭が直接に請け負う場合がありえたことも、これによって浮き彫りになった。

二　石船勘定帳の分析――その2

以上にみたのと同様な記載内容のものに、一番（嘉永元年九月）、三番（嘉永二年七月）、および番号は不明ながら嘉永三年正月があり、ここでみた嘉永二年七月の四番もこれらの内容を引き継いだり、また引き継がれたりするものだったことがわかる。ところが同じ表紙の記載を持ちながら、嘉永二年四月の二番は内容が異なっている。その記載例を示してみよう。

新壱番　　宇野　友右衛門

閏四月三日

一、四匁七分二厘　　砂五合九勺壱

六日

一、七匁弐分　　石弐合八勺八

十一日

一、拾三匁壱分　　同五合五勺四

(中略)

〆百五拾四匁弐分四厘

内

四匁六分三厘　　　　三歩引
引百四拾九匁六分壱厘
さし引
八拾八匁壱厘
五月廿一日相渡ス
（下略）

このように個々の石船ごとに新何番と番号が付されている。そして一八四七年四月以降十月にかけて（一部十一月・十二月のものを含む）、砂や石の数量とその代銀が一日ごとに記録され、ほぼ二ケ月程度ごとに集計している。なお砂は一合当り〇・八匁、石は二・五匁であり、おそらく石船がその日に運び込んだ分量なのではあるまいか。なお掲示した事例では、合計一五四匁余のところ「三歩引」という操作を加えて、九七パーセント掛けの額を計上し、そこから一定額を差し引いているが、これは五月二十一日以前に部分的に支払われたものである。そして未決済分だった八八匁余を「相渡ス」とあるのだから、これは野崎家から直接に給付された分だったといえる。

こうした記載がつづくわけで、こちらは丁場を請負うのとは違って、（少なくとも形式的には）野崎家に直接雇用され、石や砂の搬入（ないし構築にも）に当たる石船だったことになろう。そこでその全貌を表52によってみてみよう。すると全部で九四名の石船が登場しているが、四月以降十月頃までの支払い額が合計でも四〇〇匁以下がほとんどであり、とくに一〇〇匁以下が最も多い。これは先の丁場の請負額に比べれば断然少ない。また居所をみるとほとんどが福田新田周辺の浦々である。かれらは自身が丁場を請負うのではなく、野崎家が直接経営している丁場に石や砂を運び入れるか、もしくは先にみた遠隔地の石船が請負った丁場に運び入れたか、どちらかなのではあ

表52「石船勘定帳　二番」に登場する石船

受取代銀 匁	在所 福田	広江	呼松	宇野津	宇藤間	通生	塩生	味野	連島	水島	番田	高嶋	鶴新田	寒河	和気郡	摂州	瀬戸田	不明	小計
1000～1100					1														1
900～1000																			
800～900																1			1
700～800																			
600～700																			
500～600				1		1	1												3
400～500				1															1
300～400				5		2	1	2	1									1	12
200～300			1	2	4	1	3	1	1			2					2	2	19
100～200	1		1	2	1		3						3				1	7	19
0～100		2	5	6	3	2			1	1	1	2		2	1		1	12	39
小　計	1	2	7	17	8	6	8	3	3	1	1	4	3	2	1	1	4	22	94

るまいか。そう考えられるのであれば、小規模な船を持つ近隣の浦々のものたちにとっても、よしんば丁場の請負は困難であっても、そのもとでの補助的な部門に雇用の機会をみいだしえたことを意味するのではなかろうか。(8)

おわりに

以上に述べたことをあらためて述べておけば、つぎのようである。

第一に、幕末に行われた福田新田開発に際して堤防築造に関わったのは遠隔地、とくに周防大島や伊予からやってきた石工＝石船であった。かれらはおそらくは集団をなして移動するもので、それぞれが丁場を請負っていた。周防大島から芸予諸島にかけての島嶼部に出自する石工集団が瀬戸内海東部地区での新田開発に関わっていたことがあらためて確認できる。西端の防長地域でも同様だったから、結局はここに出自する出稼ぎ石工集団が、瀬戸内海一帯の新田開発を手広く手掛けていたことになろう。こうしたあり方の形成過程が是非とも知りたいところである。

第二に、彼らを開発資本・経営者と引き合わせるものとして、一つには「石船頭」と呼ばれる、宮の浦の八蔵のような地元の請負業者と思しきものがあった。ちょうどこれは防長地域で確認した地元の「石頭」に相当するのであろう。別稿で述べた見通しをこの地域でも確認できたように思う。ところがいま一つ、伊予の丈吉のように移動する石工の頭そのものが請負う場合もありえたようである。そうした場合、地元の「石船頭」と軋轢は生じなかったのか、両者の関係が疑問となってくる。

第三に、遠隔地からやってきた石工ばかりでなく、地元にとっても船を持っていれば砂や石の運送、場合によっては築き立ても含めて雇用の機会となったようである。もちろん船がないものはより単純な人足としての労働の機会もあったことだろう。こうした地元の石船や労働力と、遠隔地からの石工との関係も整理する必要があろう。

繰り返しになるが、以上は膨大な関係史料のなかのほんの一端から、普請遂行の様子を垣間みたに過ぎないものである。こうした見通しや疑問点について考えてゆくためには、とりあえず残された大部の帳簿の分析を進めねばならない。この課題については機会を改めて是非果たしたいと思う。

註(1)　拙稿「近世瀬戸内海地域における石材業の展開と石工」『社会経済史学』六五巻六号、二〇〇〇年三月（本書第七章）。

(2)　『備前児島野崎家の研究――ナイカイ塩業株式会社成立史――』山陽新聞社、一九八七年。

(3)　渡辺則文「日本社会における瀬戸内海地域」『日本の社会史一』岩波書店、一九八九年。

(4)　第二次身分的周縁研の成果の刊行（『シリーズ近世の身分的周縁』全六巻、吉川弘文館、二〇〇〇年）を経て、とくに都市史研究を中心として身分的周縁論の蓄積が進んでいる。

(5)　野崎家文書別蔵一―一五。ここでは倉敷市史編さん室所蔵マイクロフィルムを利用した（以下同じ）。

(6)　同一―二。これは三分冊からなる。

(7)　同一―二六。

(8)　なお表中に摂州とある摂州石船亀蔵の項については、ほかと記載が異なっている。すなわち五月二十九日以降、日別に石数と「福田　吉蔵」や「広江　由蔵」のように人名が記され、合計が石数二四五四、代銀八四七匁九六とされ、七月九日に未払いの分を「相渡す」とある。その性格が疑問となる。

第八章　倉橋島の造船業と船市

はじめに

近世瀬戸内海における造船拠点として、備前牛窓とならんで著名なところに芸州倉橋島があろう。その倉橋島の庄屋と与頭が、一七四九年（寛延二）四月に提出した願書の一節につぎのようにある。[1]

船市立之儀、拾弐年以前午年御願申上、御赦免被遊、午・未両年市立仕、船入札落しニ仕、諸方ゟ人寄多、其上入札払之船之外誂船・繕作事船大分届参、諸職人不足ニ付下筋へ参居申者呼ニ遣シ申程ニ御座候而、入札落シ口銭・徳用銀等も余程余力御座候而、所殊之外賑々敷、浮過之者ハ日用働仕、小百姓迄一同ニ競奉悦、此向ニ御座候得は御影ニ而一両年之内先年之通繁昌之場所ニ成行可申と上下おしなへこぞつて難有大慶仕候処、翌申之年ゟ御免不被遊相止居申、夫ゟ以来益困窮仕候ニ付、近年御拝借銀并船入札落し御願申上候処、船板材木御買方并船市立被仰付、御陰ニ而唯今ニ而ハ板材木之儀ハ指問不申難有奉存候得共、船入札落し御免不被遊候ニ付諸方人寄無数、却而物入御座候ニ付、市立近年相止居申候ここでは以前、船市立を船入札落しとセットで開催したときには所の賑わいになった。しかし近年、船板材木御買方と船市立は許可されたものの、肝心の船入札落しが許可されないので船市が成り立たずとりやめているとしている。願書の趣旨はその船入札再開を訴えたものである。ここにいう船市や船入札とは一体どういったものだったのだろうか。また造船拠点である倉橋島が、一八世紀半ばにこういったものの開催を必要とした背景には何があったのか。

近世の造船業の展開についてはすでに篠宮雄二の整理がある。(2)それによると「資材調達に必要な流通機構」と「技術労働力」の整備を条件として、中核としての大坂、そこに依存し端緒的な造船拠点にとどまる場所、両者の中間にあたる造船拠点といった分類が可能であり、とくに三つめの成長によって大坂の地位は相対的に低下してゆくと見通している。しかしながら倉橋島の造船業に関していえば、①一七世紀末から一八世紀初めの繁栄、②一八世紀半ばの衰退、③一九世紀前半の繁栄、④幕末の衰退、と繁栄と衰退を繰り返したことが従来から説明されてきた。(3)そうであれば、少なくとも地方の造船拠点を大坂からの自立・発展の一本調子だけでは把握できないはずで、相互の競合や需要地との関係も含めた説明を試みるべきだろう。

そして冒頭にあげた史料は、需要の確保において船市や船入札という方法に頼る場合があったことを物語るものである。すでに神田由築が明らかにしたように、(4)瀬戸内海一帯では芝居興業や富籤などとセットになった市が随所に存在していた。また筆者自身、相互に競合しながら、連続開催の市が近世後期の瀬戸内海沿岸に普及してゆくと見通したことがある。(5)こうした市の開催に、造船業における集客・販売が密接に関わっているのであれば、それは瀬戸内海地域に独特な分業構造の一端を垣間みれる事例ともなるはずだろう。本章はこうした関心から、倉橋島で開催された船市・船入札に注目してみようとするものである。

一　一八世紀半ばの衰微

冒頭のような市立や船入札を求める願書は、一八世紀半ばに集中的に出されていたようである。実はこの願書は「入札一件諸書付類」と表紙にある帳簿のなかの一点だった。これは一八六〇年（万延元）に板屋吉兵衛が「年々書附控覚書之内ヨリ抜取写」したものであり、そこに収録されるものを表53にまとめておいた。するとそれらは、一七四九年（寛延二）から一七五五年（宝暦五）の期間に集中しているのである。おそらくは幕末にあっても、この時期に同様な出願が集中したと記憶されていたのではないか。しかも一八世紀半ばに市立や船入札を申請する場合も、先例とするのは冒頭の史料にみられるように一七三七・八年に許可された船市なのであって、それ以前の事例を引き合いに出すことはない。倉橋島造船業の衰退期と目されてきたこの時期に、特徴的に市立・船入札の開催がめざされたことになる。したがってそれが造船業の復活という課題と深く関わるものだったことは当然に予想できることである。そこでまず、従来衰退期といわれてきたこの時期の造船業の動向をあらためてみておくことにしよう。

表のうち№1が冒頭にあげた史料にほかならない。これ自体長文の願書なのだが、そのなかから当時倉橋島が置かれていた状態を述べている箇所を以下に抜き書きしておこう。

a近年不作打続、其上時節柄悪敷追々及困窮ニ、別而本浦之分衰微仕、板材木得買不申、当所船作事を見掛ケ、船代請取候上ニ而板材木才覚仕候躰ニ御座候故、夫程船代も負遣シ、旁以不勝手多御座候、就夫他所ゟ船造入込都而無届□船、作事届参候而も船代不残当銀払ニ御座候故、譬は拾艘誂参申候得は漸弐三艘迄造リ申躰ニ

表53　1860年「入札一件諸書付控」に収録された願書

No.	年・月・日	差出	出願内容
1	1749・4・	庄屋・与頭	船入札願
2	1749・6	庄屋・与頭	船入札願
3	1749・11	庄屋・与頭	船入札願
4	1750・3	船大工棟梁・小商人・百姓 庄屋・与頭奥書	銀300貫目拝借願
5	1752・10	庄屋・与頭	鉄5000貫目拝借願
6	1753・3	庄屋・与頭	「取続候様如何様共御仕向」願
7	1755・9	長百姓・材木屋・棟梁・諸職人 庄屋・与頭奥書	船入札願

典拠：広島県立文書館複製資料 P19-1A11「入札一件諸書付控」。

御座候而、相残ル分は上筋へ罷登、牛窓表ニ而相調、是耳残念
千万奉存候
b大坂・牛窓表ニ而船代半分は借請造リ申様ニ相聞へ申、当所之
儀懸方不仕候ニ付、大方上方ニ而造リ申様ニ相見へ申、船代半方
も貸シ候得は下筋は代々馴染之船客ニ而御座候故、少々高直ニ而
も当処ニ而造リ申度存念ニ相聞へ申候、其上当所より牛窓表へ
罷登申往来物入有之ニ付、畢竟難儀仕上筋へ登リ申趣ニ御座候
而別而残念ニ奉存候
c只今ニ而ハ誠ニ船作事場之名目失申躰ニ御座候、就夫当所ニ細工
無御座候故、近年は諸職人之内大勢下筋へ働ニ罷下リ、銘々口
過共仕候
d去秋之大風五嶋・平戸表破船多ク御座候ニ付、追々船作事□参
候得共、第一船代懸方不仕故新船誂申者少ク御座候
e此向ニ御座候而は忽亡所ニ落入申躰を、日向・肥前・五嶋・平戸
之馴染之船客中ゟ申出候へは、何とそ此場所宜取立申度存念ニ
候

ここではまず、「下筋は代々馴染之船客ニ而御座候」（b）とか「去秋之大風五嶋・平戸表破船多ク御座候」（d）、あるいは「日向・肥

前・五嶋・平戸之馴染之船客中」（e）といった記載からうかがえるように、倉橋島の造船の需要が主として九州方面だったことが指摘できる。ところがその需要が「上筋」、なかでも牛窓に取られてしまい（a、b）、「馴染之船客中」が心配するほど「亡所」に陥っているという（e）。これによれば牛窓との競争に敗れて、九州の需要を奪われてしまっていたことになる。

ただし九州方面の「馴染之船客」といっているのは、五嶋・平戸や日向・肥前なのであって、博多を含む筑前は登場しない。ここに五ケ浦廻船が活躍していたことはつとに有名だが、それと倉橋島との関係はどうなっていたのだろうか。そこでこの点を篠宮雄二の紹介する事例からみておくことにしよう。[6] 篠宮は、一七二七年（享保十二）以降一九世紀初頭にかけて明らかになる五ケ浦廻船の建造場所を一覧にしたうえで、それが大坂に集中していることを指摘する。そして「こうした造船拠点大坂への依存状況は、弁財船が全国に普及していく一八世紀中期前後において、支配的な状況」だとするように、その根拠を弁財船建造の技術を大坂が独占していたことに求めている。またこの五ケ浦廻船は大型廻船をたくさん所持していたともいう。したがって瀬戸内海一帯では、大型の弁財船建造は大坂に依存し、それ以外の中小の廻船もしくは漁船はそのほかの造船拠点に依頼していたのではないか。たしかに「頃日ニ至、五嶋・平戸表ゟ大分漁船誂□候得共、板無御座皆々上筋へ罷登申」（一七四四年正月）[7]とか、「壱両年は本浦中ニ小船・中船取合せ、一ケ年之内ニ弐三拾艘之余造リ申事は無御座候」、「小船并ニ五六拾石積、又は網船抔之外造リ申事ハ無御座候」（一七五〇年三月）（表53№４）などの文言にあるように、倉橋島は小規模な廻船や漁船を主要には建造していたことがうかがえるのである。だとしたら、大型の廻船建造は大坂、それ以外は牛窓や倉橋島と住み分けがなされていたなかで、さらに中小の造船をめぐって牛窓との競争に敗れるに至っていたことになろう。

またあわせて注目したいのは、ｃで船大工が九州方面に出稼ぎに出ているとしている点である。やはり同様な文言はこの時期のほかの願書でもたびたびみいだせることであって、一七四四年（寛保四）正月の願書にも「近年職人之内大方ハ下筋へ働ニ罷下リ申」とあるし、[8]一七四五年（延享二）に船市立を出願したなかにも、「一先九州表へ妻子等召連、働ニ罷出申度旨下方より願出申候」[9]とある。あるいは冒頭にあげた史料では、以前、一七三七・三八年（元文二・三）の両年に船市が許可されたときのことを、「諸職人不足ニ付下筋へ参居申者呼ニ遣シ申程」だったと記録していた。このように九州方面へ出稼ぎに出る船大工が一定数存在したことは間違いないと思われる。しかも倉橋島ではそうしたあり方をなるたけ制限しようとしているようで、たとえば№５で鉄の交付を出願したことに関して、その用途を報告したなかに、「他国へ船釘持参仕度由ニ而、大工共ゟかぢやへ相願申者も可有御座と奉存候、此類江鉄相渡シ候而は他国ゟ右之大工戻リ申程も知不申候」と述べている箇所がある。したがって船大工が九州へ出稼ぎに出るという事態は、そこでの新しい生産地の形成と結びついたもので、倉橋島の造船業を脅かすものだったのではないだろうか。

こうして中小の造船をめぐって牛窓という既存の造船拠点との競争に敗れたばかりでなく、需要先九州の地元の新興生産地にも脅かされていたことになる。「舟造リ作事も先年とハ拾歩一も無御座筈之処」（一七五〇年）[10]とか、「従先年ゟ見合候時百歩一之渡世も無御座」（表53№６）とする表現はたしかに大げさなものではあろうが、しかしそれを単にレトリックといって済ませるわけにはゆかない、衰微した状態にあったことは間違いないだろう。九州方面の中小の廻船や漁船の需要と結びついて発展していた倉橋島は、一八世紀半ばに同様な造船拠点だった牛窓との競合に敗れ、さらに地元九州での新興の生産地の形成にも脅かされて、造船業としての危機に直面していたことになる。従来からいわれている一八世紀半ばの衰微という事態を、このような内容のものとしてまずは押さえておきたい。

二　衰微の理由と振興策

それでは一体なぜ、倉橋島の造船業はそれほどまでに零落してしまったのか。その理由として先の史料が述べるのは、資金不足とそれによる材木確保の困難化という問題だった。aでは材木の注文があっても事前に買い置くほどの余裕がないから、「当銀払」を客に要求し、そのことが需要を牛窓に取られる原因だと述べている。またbでも大坂・牛窓では注文を受けたとき、倉橋のような即金ではなく半分は後払いだとしている。なおほかの願書でも同様な説明は共通してみられることであって、一例だけあげておけば、表53№4で銀三〇〇貫目の拝借を願ったなかにも、「当所板屋共内証衰微仕候而、以前之通板材木等余慶取なやみ得不仕候故、船具之具合六ケ敷相成、造リ船高直ニ出来仕候」と材木確保が困難となっている状況を述べ、そのため「以前所繁過之時分ハ不足銀も不構、貸懸ケ造リ」にしていたようなことは、いまはできていない。しかし「船余多造リ可申儀は此事第一ニ而御座候」とある。資金不足から資材の事前購入ができず、やむをえず即金での支払いを客に求めざるをえないことが、牛窓との競争に敗れる理由だというのである。

ちなみに造船に掛かる経費のなかで、材木代とは果たしてどれだけの比重を占めるものなのだろうか。たとえば一七四六年（延享三）正月に、船市立にさいして建造する船の経費を報告したなかには、二〜五反帆というから小船だろうが、これを二〇艘造るのに掛かる経費が銀一二貫目、うち材木代が五貫五〇〇目、大工の扶持・作料二貫九六四匁、大鋸が六五〇目、木挽が六〇五匁としているものがある。[11] 半分近くが材木代であり、それは職人の作料を大きく上回っている。たしかに船をより安く仕上げるうえで、材木値段の高低が意味を持ったという説明は納得がゆく。

そこで倉橋島は、資金確保を藩からの拝借銀で補おうとしている。つぎの引用は一七四六年正月の銀二五貫目拝借願の一部である。(12)

元来材木船ニ小船無御座候ニ付、銀高少う候而も大船積参リ候故、大船運賃取申候ニ付、殊之外材木高直ニ相当リ申候間、銀高余慶程材木下直ニ付申道理ニ御座候間、右之銀高申遣度奉存候、尤例年二、三月頃ニ材木船参申候得共、大形ハ大船向之材木ニ而御座候ニ付、買置申候而も急ニ売方無御座候ニ付、倉橋向之材木註文ヲ以申遣候得は、中船ゟ以下之材木積参候ニ付、材木売方もはか取申候間、早々下筋へ申遣度奉存候、只今申遣候而も風相能キ候二月中旬頃ニも罷登リ可申候、天気悪敷候得は延引仕候間、一日も早ク申遣し度奉存候間、右御銀御役人方之趣意ニ被為仰付被下候様奉願上候…

これによれば材木を九州地方から購入していたことがわかるが、大量購入による単価の引き下げを図り、ために必要な資金の融通を藩に願っている。なお産地に注文をして材木を送らせようとしているのは、造られるのが「大船」ではなく「中船以下」なので、「倉橋向之材木」が必要なことに配慮したものといえよう。より安価で、しかも造船の内容にみあった材木を確保できることをめざし、その実現のために藩からの資金援助を期待するのである。

また引用を略したがこれに続く箇所に、「備前山師之方へ粗噂仕申候処ニ、との道二月中ニハ材木船罷登リ申候ニ付、相応成材木心当積セ、其節倉橋江乗寄セ、承合可申由申候」とするものがある。材木調達を「備前山師」に相談しているわけだが、これは牛窓と結びついた材木業者であることを予想できよう。ここで、この時期の牛窓での材木調達の一端をうかがえる事例を紹介しておきたい。牛窓の後背地帯に邑久郡東須恵村があるが、ここからは

表54　牛窓近郊の村（東須恵村）からの木山稼ぎ

年・月	稼ぎ人	行き先	期間	雇頭
1752・9	五兵衛弟平次郎	肥後国求摩	9月15日～再来年8月	牛窓村長左衛門
1753・4	作兵衛倅市十郎	肥後国求摩	4月13日～再来年4月	尻海村源三郎
1754・8	作兵衛倅市十郎	肥後国求摩	再来年8月まで	牛窓村善次郎
1754・10	加右衛門倅勘右衛門 同人孫亀次郎 五郎太夫倅伝五郎	肥後国求摩	10月5日より再来年10月	牛窓村又六
1756・8	作兵衛倅市十郎	肥後国求摩	8月4日～再来年8月	牛窓村五郎右衛門
1757・4	五兵衛倅三治郎	肥後国求摩	4月26日～再来年4月	

典拠：『長船町史　通史編』岡山県長船町、2001年、508頁。

一八世紀半ばにおいて、肥後国球磨地方に「木山働」に出ているものがあった。残された史料から判明する限りのものを表54にまとめておいた。みられるように牛窓や近くの同様な港町尻海の「雇頭」に率いられて、出稼ぎに出ているのである。もちろんこれは牛窓の造船業と結びつくものだったことは容易に想像がつく。こうした「雇頭」と「山師」との関係はよくわからないが、牛窓は産地から直接材木を伐採し、調達するルートを有していたことになる。「荷主」から買い付ける倉橋島よりたしかに安価に確保できていたのだろう。なお倉橋島では、「以前当島繁栄之時分は、所々買請居申候諸材木其外日向・薩摩・牛窓辺ゟ積込」んでいたと述べる史料もあって（一七五〇年三月、表53№6）、産地の南九州とならんで、牛窓からも材木を買っていたことが知られる。牛窓は九州からの材木を調達する独自なルートを有していたのである。[補注1] したがってこうした牛窓に対抗するためには、船の価格に及ぼす影響の大きい材木の安価な調達が重要な課題だったことを予想できるであろう。

ところで冒頭にあげた一七四九年の史料をあらためてみると、「近年御拝借銀并船入札落御願申上候処、船板材木御買方并船市立被仰付」と述べていた。これは一七四六年の二五貫目拝借をさすものだろうが、藩からの拝借を申請したところそれが認められ、「船板材木御買方」を命じられたと回顧している。拝借銀と材木「御買方」とは具体的にはどのように関係していたのか。さらにそれと船市・船入札はどう関わったのか。そこでまず拝借銀と材木「御買方」の関係をみてゆくことにしよう。つぎの引用は、一七四六年正月に材木「御買方」の開始に伴い作成された仕法書の抜粋である。(13)

a一材木代拾貫目ニ付五百目之口銭荷主ゟ出シ申候、此分唯今迄ハ宿仕候者取申候得共、此度之材木口銭之儀は庄屋平兵衛方宿ニ被仰付、右之内弐歩半方宿賃ニ被遣、弐歩半方ハ支配仕候元〆役并朝夕材木へ潮懸修覆仕候もの賃銀、其外納屋賃銀［　　］被遣可然奉存候

b一材木ニ而ゟ元買百目之物、木筋能候得は弐百目ニも売申候、木筋悪敷候得は元買百目之内百目位ニも売申儀ニ御座候、惣□算用ニ而唯今之模様［　　］三、四割も利潤懸リ申物ニ而御座候、此上買方過分ニ御座候得は四割余も相当リ可申と奉存候

c一右之材木、棟梁方へハ元買弐三割も懸ケ当銀買可申候

ここから材木「御買方」がつぎのように実施されていたことを知ることができよう。

まずaでは、「荷主」が倉橋の「宿」に運送していたものを、庄屋があらたに「宿」になってそこに送るようにするとある。ただし「荷主」は「宿」に口銭を支払うのだから、これは売買の関係ではないはずで、材木屋が購入したのだろう。つまり「荷主」→（「宿」）→板屋→棟梁という流通ルートがもともとのものだったのだろう。(14) ところでここで今後は庄屋が「宿」を務め、それに加えて新たに本〆役を設けるとあるが、浜田屋新五右衛門と宮屋太郎右衛門が板材木売買支配人と材木商売元〆役にこのとき任命され、それぞれに藩から給銀が支給されていた。かれらはおそらくは材木屋だったのではないか。さらにbでは材木売却による「利潤」に触れ、それが三〜四割にも

表55　1747年分「材木勘定帳」

	33貫021匁	
内	25貫	拝借銀
	8貫421匁	寅年（1746）利潤
	14貫008匁	板材木売払代
	20貫405匁	残材木
	6貫539匁	当年分掛ケ方、年内中取立申分
〆	41貫053匁	
内	1貫800目	拝借銀之内15貫目之利銀
	[　　　　　]	右判賃
	2貫□□9匁	雑用銀
〆	3貫923匁	
残テ	37貫130目	
内	25貫目	拝借銀
	8貫421匁	去寅年分利潤
残	3貫708匁	当卯ノ年（1747）分御利潤

典拠：広島県文書館複製資料P19-1A10「安芸郡倉橋島板材木船作事覚書」。

なるはずだと述べている。なおcに販売先としては棟梁が想定されているから、元〆から棟梁に売却したはずである。要するに従来の流通ルートを変更し、荷主→藩（それを代行する庄屋・元〆役）→棟梁という形で、藩が材木を買い上げ棟梁に売るようになったといえる。それが材木「御買方」といっていることの内容だった。

そうだから、庄屋のもとから売上状況を報告した計算書を定期的に提出させている。たとえば表55は翌一七四七年（延享四）一年分の計算書である。これによれば二五貫目の拝借銀がつぎのように運用されていたことがわかる。①拝借銀二五貫目と前年の「利潤」を合計したものを運転資金とする。②その運転資金によって材木を購入、販売する。③売上額のなかから雑用銀と藩への利息を支払う。④収入＝②から元金＝①と雑費＝③を差し引いた残りが「利潤」となり（三貫七〇八匁）、翌年に積み立てられる。つまり拝借した二五貫目を増殖しながら、毎年利息を支払っているのである。しかもその増殖分は「当卯ノ年分御利潤と相見へ候」と藩に報告するのだから、藩の収入とされたことになろう。形式的には二五貫目を元手に藩が材木を買って、棟梁に販売していたのであり、藩が資金提供に同意したのも、それによる収益が見込めたからだというべきだろう。藩は資金を単に貸与しただけではなく、それをもとに庄屋や材木屋に利殖させ、利益をあげようと目論んでいたわけで、拝借銀の許可はしっかりと藩自身の利害に裏付けられていたことになる。拝借銀と材木「御買方」がセットになっていた事情をこのように理解することができる。

　このことをいいかえれば、資金を提供して利殖のできる見込みがある限りにおいて藩は拝借銀を許可したのであって、倉橋島の救済などは藩の預かり知るところではなかったことになる。したがって倉橋島としても拝借銀を引き出すためには、販売強化を必ず実践しなければならなかったはずであろう。他方、藩から売りつけられることになった棟梁の側も、大量仕入によって安価に材木を入手することでの利益をめざしていたわけだから、それまでより多くの材木を購入すること、つまりそれだけの量の船を生産し、販売しなければならなかったことになる。いずれにせよ拝借銀を許可された以上、それを原資にした販売拡大は必須の課題だったはずである。

　では果たして所期の通り拝借銀を運用できていたのであろうか。そこで毎年の「利潤」に注目してみると、表55にあるように一七四六年は八貫四二一匁だったものの、翌四七年には三貫七〇八匁となり、さらに翌四八年も四貫六匁と半減している。[15] しかもこの表をみると、販売できずに現物で積み越された材木が二〇貫目余と、計算上の収益の半分を占めていた。この分がそのごも増えてゆくようで、たとえば一七四九年暮には銀高三三貫五八二匁になっている。実際の購入＝販売額そのものは減少し、ために「利潤」も収縮していたといえよう。それが続けばやがては大量購入による単価の引き下げ自体、実現できなくなるはずである。「御買方」開始の一七四六年こそ一定の「利潤」をあげているが、それ以降の年は半減させていたといえる。

　実はこうした状況の打開を図ったのが、表53で一七四九年に三度にわたって出願された船入札にほかならなかった。なお材木「御買方」の開始とあわせて一七四六年正月にも船市立が出願され許可されていた。そしてこの年の

「利潤」がそれ以降の年の二倍ほどあったのだから、それがあるかないかで「利潤」に倍の開きが出たことになる。板材木「御買方」での「御利潤」維持のためにも船市を開催しての販売強化が必要であり、さらにそれを成功させる手段として船入札があったことがわかる。

以上、一七四六年から四九年にかけての拝借銀出願と船市・船入札出願の経緯をやや詳しくみてきた。そこからあらためて指摘したいのは、第一に、この時期倉橋島がめざしたのは、もともとの販売先であった九州方面での売上の回復だったことである。そのことを藩からの資金提供によって実現しようとしていた。第二に、しかし藩からの融資によって資材確保に乗り出したとしても、それだけでただちに販売が回復するものでもなく、売上を補完するものとして船市開催を必要とした。その意味では船市とは本来の販売を補完するものだったといえる。第三に、しかも現実には船市・船入札を開催しないと販売に大幅な差異が生じていた。したがってそれは、単なる補完という位置を越えて、むしろ新しい販売方法そのものとして定立するようになっていたことを想定できる。こうして本来の需要地である九州方面への販売回復をめざしてとった対応が、結果的に船市という新しい形での販売方法の重要性を浮かび上がらせることになったといえよう。

三　船市の開催要求

そこでつぎに船市の内容をみてゆくことにしよう。

表53にあったように、一七四九年には三度にわたって船入札を出願したもののいずれも却下されてしまい、あらためて一七五五年（宝暦五）九月に出願していた。一体なぜ藩は倉橋島がこれほどまで求める船入札を許可しないのか。

表56　船入札落しの見積もり例（1755年）

銀　高	費　　目	枚数	備　　考
20貫目	船入札高	2000枚	1枚につき手附銀10匁
内 5貫目	銀高2割半引		
内 2貫目 1貫目 2貫目	銀高1割。入札取次之者へ口銭 手伝之者共飯米・賃銀共。 其外諸入用 徳用銀		
残 15貫目			
内 6貫目 1貫目 1貫目 300目 350目 750目 5貫600目	 200石積船1艘 20石積船2艘 50石積船1艘 漁船1艘 小網附船1艘 小船5艘 橋船70艘	 1枚 2枚 1枚 1枚 1枚 5枚 70枚	
	〆81艘	81枚	

典拠：表53に同じ。

まず船入札の内容について、一七五五年の出願に付された「船入札落し積り方」という見積書からみておこう。そのうち船入札の見積が表56である。ここからは船入札のつぎのような運営計画を知ることができる。①一枚銀一〇匁の札を二〇〇〇枚販売し、その合計銀二〇貫目が収入となる。②「入札取次之者」へ支払う口銭一割分、銀二貫目、③雑用銀など銀一貫目、④八一艘の船を造る経費銀一五貫目が支出となる。⑤収入＝①から支出＝②・③・④を差し引いた銀二貫目が収益（徳用銀）となる。いってみれば八一艘（八一枚）の船＝景品の獲得をめざす入札者を集め、入札額と船＝景品の経費の差額を収益とするものだったといえよう。ただしこの表による限りは、二〇〇〇枚が完売されてようやく銀二貫目が収益となるのであって、売れ残りがあればそれだけ収益は圧縮されることになる。とはいえ先の開催を求める経緯をふまえても、入札興行による直接の利益は大した問題ではなく、場合によっては赤字になったとしても、船市の成功を支える波及効果こそがめざされたのではないか。

　そもそもこのときは、表53№７にあるように、長百姓一三名・板材木屋・棟梁・諸職人が庄屋に宛てて開催を要望したのだった。そこでは出願の理由がつぎのように述べられていた。

右船入札落十八年以前午年御願申上、御赦免被為仰付、午未両年□市ヲ立、舟入札落仕候処、諸方へ聞へも宜、第一ニ予州・防州・長州ゟ大勢入込、殊ニ通船旅人聞及罷越候故、追々景気宜御座候処、未暮ゟ御領内都而鬮引ニ似寄候儀御停止被為仰付相止申候、其已後一両度市立仕候へ共、入札落不仕候而ハ他所ゟ旅人入込も無数、市立不景気ニ御座候間年々差延候御願申上、今以時節を見合居申候、当島之儀ハ予州・周防・長門程近ニ御座候故、旅人大勢入込申候ニ付、末々迄も問屋口銭又ハ宿ちん、肥灰等迄余勢ニ相成申候故、所一統之潤ニ罷成申候、其外船作事等之相談も弥増出来可申と奉存候、自船数艘造リ立候而一ケ年ニ六ケ月宛市立仕、一ケ月ニ三度宛船入札落シ仕申候ハヽ、年分ニハひね板等余分銀ニ相成可申奉存候

船入札を開催すれば市立に「旅人」が集まるが、それがないと集まらず、市立そのものも休止せざるをえないというのだから、船入札を船市を成功させる必須の手段として位置付けていることがわかる。もちろん出願している板屋や棟梁、船大工が、船入札の運営で直接に利益をあげるとは考えがたく、彼らにとってみれば「船作事等之相談」をはじめとする市立による「余勢」をこそ求め、「旅人」を大勢引き込む効果を船入札に期待していたといえよう。

　またこれ以前の、一七四九年の三度にわたる願書はいずれも庄屋・与頭が提出したものだが、たとえば冒頭に掲

げた史料でも、入札落しのときには「入札払之船之外誂船・繕作事船」がたくさんあったと述べることをはじめ、出願する理由の説明はいまの史料とほとんど同じである。やはり背景には同様に島内の板屋や棟梁・船大工らの要請があったことを予想できるのではないだろうか。船入札を経営する主体そのものが明らかにできず、今後の検討が必要なのだが、少なくとも棟梁や船大工にとってみれば、それは客を呼び込むためのもので、たとえ赤字になっても構わないものだった。それを目当てにして集まった客に、市で船などを販売することこそが目的だったと理解しておきたい。

ところがこうした再三にわたる出願にも関わらず、このときも船入札は許可されなかった。その理由は、いまの史料からは「鬮引ニ似寄候儀」だからと説明されていた。同様に一七四九年（寛延二）十一月の願書（表53№３）にはつぎの記載がある。

尤鬮引ニ似せ申儀故御免難被遊旨被仰付候得共、此度之入札落は銀子之取遣リも不仕、其侭船相渡シ申儀ニ御座候、縦鬮引ニ似せ申たる儀ニ御座候而も御城下表江は方角違ニ而殊之外遠方之儀ニ御座候ニ付、参候物も無御座、第一他国を引請申儀ニ御座候…入札払御免被遊候ハヽ、場所之儀本浦ニて仕存念ニ御座候得共、与州表ゟ鹿老渡ニて入札払仕呉候様ニ望申候、左候得は誠ニ他国同前之所ニ御座候ニ付、御当国ゟは近在之者ニても参候者御座有間敷哉と奉存候

やはり船入札が落札者に船＝景品を渡すのではなく、それに相当する現金を渡すもので、したがって富鬮となんら変わらない実態であるとして許可されなかったことがわかる。もっとも今回の分については必ず船を渡すとするが、後半では場所が僻地で領内のものは来ないだろうから鬮引であっても差し支えないはずだと述べており、船入

札＝富籤にほかならないことを、はしなくも認めているのである。

なお一七四六年正月の船市に船入札は許可されなかったといったが、実はつぎのように芝居の興行は許可されていた。(16)

覚

一芸州倉橋島船市立御赦免ニ付、弐反帆ゟ五反帆迄之新船数艘造リ立、尤芝居等興行当三月朔日ゟ同晦日迄、日数三〇日之間市立仕候間、御望之方々早々御出可被下候、以上

延享三年寅正月　　　　安芸郡倉橋島

これは芝居を通知するため各地に立てられた札の文言である。「新船数艘」といっているが、このときは二〇艘を造っている。その販売が、芝居興行とあわせてこの年三月の一ケ月間行われることを通知したものである。また前年暮に出した願書では、船市を一回三〇日宛、年三度開催を要請したうえで、「人寄無御座候而は所潤ニも相成不申候間」として芝居の開催を求め、それによって「作リ船・作事船望申者も参リ込可申奉存候」と述べている。(17)やはり船市にはなんらか「人寄」の手段が必要だったことになる。

船市の開催にはこうして船入札や芝居など「人寄」の手段が必須だったのならば、当然船市で販売しようとした客も、「旅人」と呼ばれる不特定多数のものだったことになろう。ではどういったものが集まってきたのだろうか。そこで一七四六年正月に芝居興行の立札を立てた範囲を図9によってみてみよう。すると倉橋島のごく周辺、広島藩領の安芸郡・佐伯郡・賀茂郡などや、周防や伊予でも広島藩領に近接する場所に立てられていたことがわかる。また先に引用した史料では一七三八・九年（元文三・四）に船入札を実施したさいのことを、「諸方へ聞へも宜、第一ニ

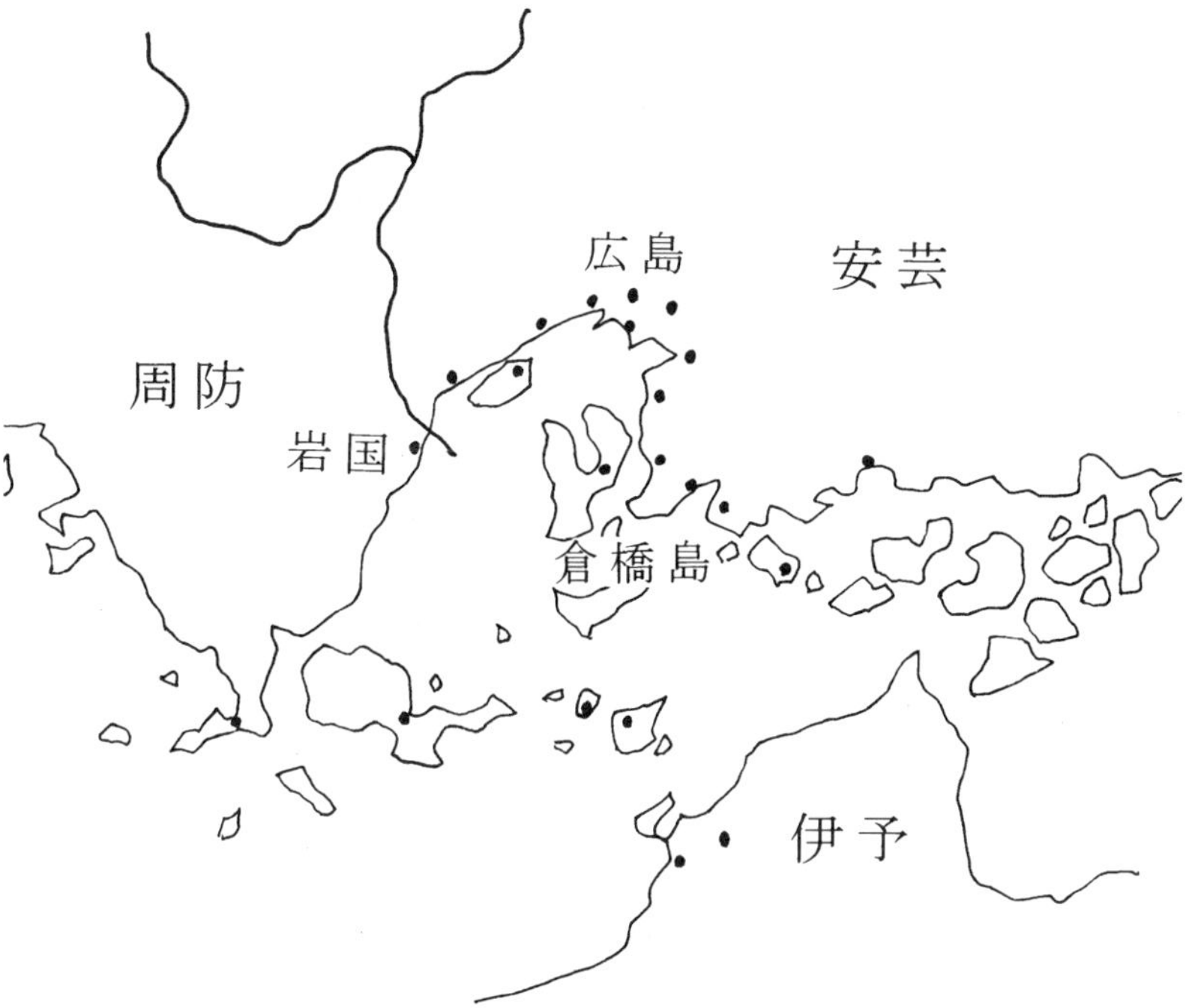

図９　芝居興行の立札が立った場所

予州・防州・長州ゟ大勢入込」と記録していた。やはり周辺地域から集まる「旅人」を販売対象としていたことがうかがえよう。

このように「馴染之船客」という特定の顧客への、しかもできれば代銀後払いを実行しようとしていた九州方面とは全く異なって、ごく周辺地域の不特定多数を対象に、即金払いでの販売をめざすのが船市だったことになる。拝借銀を通して売りつけようとする対象と、船市による販売対象とが二重化していたわけである。しかも先の整理を振り返れば、船市があるかないかで棟梁の材木購入額に倍の差があったのだから、本来は補完的な位置にあったはずの後者が、結果的には販売のうえで一定の比重を占めるようになっていたと考えることができる。

四　地域的な需要への対応

そのご一八世紀後半から幕末にかけて、この二つの需要がどのように推移し、倉橋島の造船業が展開したのか、是非知りたいところである。また最大の問題だった九州からの資材調達がどう処理されたのかも気にかかる。しかしながら史料的な制約もあって、こうした問題を充分に明らかにすることはできない。ここでは間接的ながら、需要の動向を観察し、それによって倉橋島の造船業のそのごの状態を類推してみたい。

まず広島藩領での廻船数の推移をまとめた表57および図10をみてみよう。ここで明らかなことは、倉橋島も属する安芸郡が一八世紀前半には群を抜いて多くの廻船を有していることである。そしてそのご一九世紀前半にかけて安芸郡の廻船はやはり大幅に数を延ばしているが、それとならんで豊田郡が急増しているのが注目される。両者とも島嶼部を抱えた郡であり、つまりは一八世紀半ばから近世後期にかけて、広島藩領のなかでも瀬戸内海沿岸部の島嶼部を中心に廻船数が大きく増加していた様子を知ることができるのである。なお倉橋島にある廻船は、一七五三年（宝暦三）の調査で五反帆四艘、四反帆六艘、三反帆一〇艘、二反帆二九艘、計四九艘だったのが、一八六八年（明治元）の調査では八反帆一艘、四反帆一艘、三反帆一七艘、二反帆一〇三艘、一反帆六八艘、計一九〇艘と推移している。[18] 廻船数で約四倍に増え、しかもそれが二反帆や一反帆という小規模な廻船増によってもたらされていたといえる。

また倉橋島の西方、萩藩領での廻船数の推移をまとめた表58もみてみることにしよう。この表で北浦とあるのは日本海沿岸部をさし、南前とあるのは瀬戸内海沿岸をさす。すると一九世紀初めで総数は千艘に満たないから、広島藩領と比較して断然少ない。もっとも調査対象となる廻船に違いがあるのかも知れないが、逆にここから広島藩

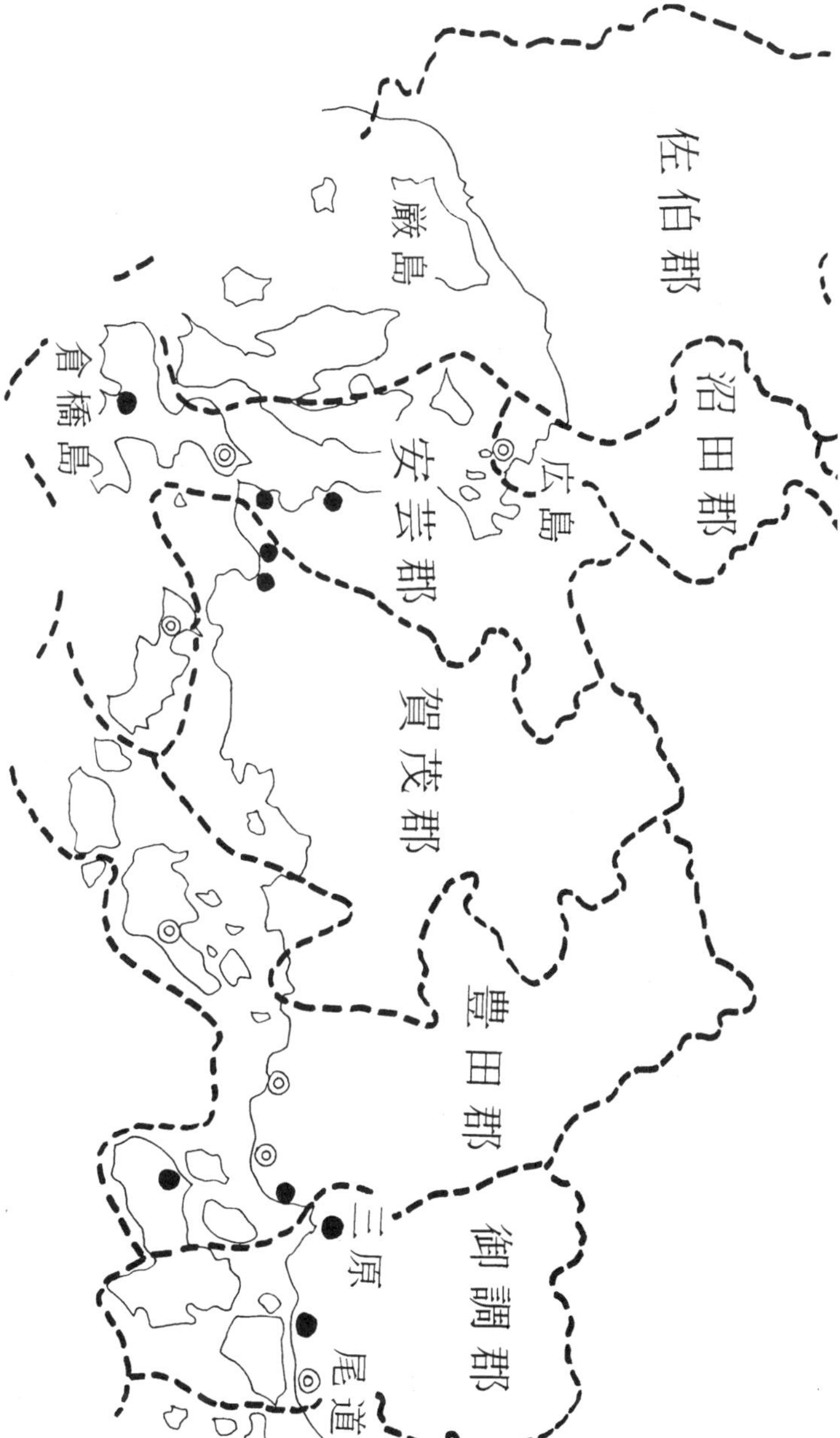

凡例：●は廻船数100～200艘の町・村、◎は同200艘以上（1820年頃）。典拠は表57に同じ。

図10　広島藩領の概観

表57　広島藩領の廻船数の推移

地　域	1725年	1820年頃
沼田郡	173	48
安芸郡	1336	1812
佐伯郡	438	744
賀茂郡	889	793
豊田郡	679	1821
御調郡	506	643
広　島	161	44
厳　島	151	79
尾　道	192	235
三　原		126
計	4525	6345

典拠：『広島県史　近世２』1984年、表273。
凡例：尾道は1726年のデータ。1820年頃とあるのは、文政初年のデータ。

領、とくに安芸郡や豊田郡などでの多さが際立つところでもあろう。とはいえこの表によると、一八世紀末から幕末にかけて、やはり瀬戸内海沿岸部で廻船数が大幅に増加していることはまちがいない。とくに多いのは中部の小郡・三田尻宰判と、東部の大島・上関宰判であって、前者にあってはほぼ一〇倍、後者についても数倍の伸びを示している。

こうして一八世紀半ば以降、倉橋島の周辺地域で大幅に廻船需要が拡大していたこと、しかもその主力は中小の廻船だったことが確認できるのである。だとすれば倉橋島の造船業にとってもかつてのような九州の需要を当てにしないでも、ごく周辺地域の需要に応える道が開かれたといえるのではないだろうか。そこで今度は、幕末における倉橋島への注文数を地域別にまとめた表59をみてみよう。するとかつて「馴染之船客」が多いといっていた九州、とくに五島・平戸を含む肥前や日向は全体のなかで占める割合は小さくなっている。そしてそれにかわって広島藩領内と伊予が群を抜いて多く、さらに周防、また九州のなかでも瀬戸内海に面した豊後が多くなっている。たしかに九州方面から周辺地域に需要地がシフトしているといえる。

もちろん一八世紀半ばからそこに至るまでの経緯についてはより詳しく検討されるべきではあるが、それについては今後の課題とせざるをえない。[19] ただし一八世紀半ばにおける近隣地域への販売とは船市を通してなされるもので、しかもそれは富籤や芝居などの「人寄」を必須とするものだった。「人寄」を抜きにした船市単独で集客し、船を販売することなどできていなかった。ところがそのご、船市自体が要求されることはなくなったにもかかわらず、近隣地域に販売を伸ばしていたことになる。だとすれば船市の開催とは、そうした地域的な需要を新たに掘り起こすきっかけだったと評価できるのではないか。それまで倉橋島が依存していた九州方面の需要を、ごく近隣地域に振り向けるきっかけとなったのが富鬮などを付随した船市だったことは認めてよいだろう。造船業が新しく「市場」を開拓しようとする場合、市が集客の手段として存在し、実際に機能していたとみなすことができるのである。

表58　萩藩領における廻船数の推移

地域	宰　判	1792年	1824年	1834年	1856年	1868年
北浦	当　島	1		1	1	3
	浜　崎	17	18	19	10	13
	奥阿武	4	19	20	11	11
	前大津	40	36	35	29	25
	先大津	54	80	78	81	125
	小　計	116	153	153	132	177
南前	吉　田	17	38	29	25	36
	舟　木	30	61	76	146	206
	小　郡	34	81	229	302	350
	三田尻	20	92	125	147	207
	徳　地				1	1
	都　濃	2	6	2	9	77
	熊　毛	24	71	91	98	89
	上　関	78	114	154	196	232
	大　島	57	245	307	233	212
	小　計	262	708	1013	1157	1410

典拠：1792年は山口県文書館毛利家文庫「政理」83「戸籍帳」、1824年以降は、吉本一雄「諸郡戸籍帳と廻船数」『山口県文書館紀要』7号、1980年。

ところで最初に述べたように、一八世紀半ばに行われた船入札の関連史料が、一八六〇年に編集され記録されていた。このことは幕末になって再び船市・船入札の開催が必要になったことを意味するものではないか。そこで想起されるのが、一九世紀に入って繁栄を迎えたとされる倉橋島が、幕末になると再び衰微するといわれていることである。これに従えば、表59に示されるのは再度売上が落ち込んだ時期のものだということになる。こうした再度の衰微については、近隣地域のなかでも新たに競合相手が生まれ、独占的な地位を脅かされていたと考えるしかないだろう。

いまそのことを萩藩領に即してみておけば、ここではたしかに造船業が成長しているようである。たとえば熊毛宰判室積浦には熊毛宰判船大工棟梁を務めていた庄兵衛というものがあった。その六代前の先祖が倉橋島へ七年間修業したあと帰国し、弟子を取るようになったという。ただし祖父の代に三田尻で「御用船」の造船を命じられたにも関わらず、いまだ「同職之者至而無数」だったので断り、結局倉橋島に注文するということもあった。しかしいまでは弟子筋に棟梁九人、脇大工が九〇人もいて各地から幅広く注文を受けているから今後の「御用船」はすべて受注させてほしい、と願い出たのが一八四七年（弘化四）のことだった。[20] 萩藩領でも幕末になると、倉橋島に依存せずとも必要な船を供給するだけの造船拠点が形成されていたと考えられる。

またつぎの引用は、一八六八年（慶応四）十月に、小郡宰判阿知須の船大工武次郎が提出したものである。[21]

表 59　幕末期、倉橋島の地域別造船注文数（1863 ～ 1869 年）

地域	国	造船数
領　内		98
中国	備前	6
	備中	8
	周防	34
	長門	4
	石見	1
	計	53
四国	伊予	116
	讃岐	10
	計	126
九州	対馬	4
	豊前	18
	豊後	28
	日向	4
	薩摩	4
	筑前	7
	筑後	3
	肥前	11
	計	79
畿内	淡路	2
	大坂	1
	摂津	1
	紀伊	3
	計	7

典拠：『倉橋町史　資料編Ⅲ』、310 頁。

私義芸州倉橋島ニ而船大工棟梁之家筋、中国屋房吉と申者之次男ニ而御座候、然処父房吉義ハ船木御才判藤曲浦船頭中之問屋仕来申候、其因を以過ル弘化三午年宇部新川之浜と申処江挊ニ参リ申候内、嘉永四亥年岐波浦貞右衛門と申者心遣を以、同浦家大工之富五郎養子ニ契約仕、罷帰申候所、翌嘉永五午年右富五郎方不縁仕、宇部之浜江罷越、宇部之琴柴村之万介と申者心遣を以、舟木御才判上山中村ゟ妻合仕候、其後安政弐卯年比床波之道蔵と申者心遣を以、床波今村之弥兵衛と申者跡式後家身壱人之処江養子ニ参リ、七ケ年程罷居候処、彼養母病死仕候、其後文久弐戌三月火難仕候間、十月阿知須浦江罷越申候而毛利筑前様御家来石井□様内下人育ニ相成居申候

これによると彼は倉橋島の棟梁中国屋房吉の次男であり、①父が藤曲浦の「船頭中之問屋」をしていた縁で一八四六年（弘化三）船木宰判宇部新川に来住、②一八五一年（嘉永四）年、岐波浦のものの仲介で岐波浦の大工の養子となる、③翌年不縁となって宇部の浜へ来て、上山中村のものと婚姻、④一八五五年（安政二）床波浦のものの仲介で、床波浦の後家の養子となる、⑤養母の病死と火事をきっかけに、一八六二年（文久二）に阿知須浦へ来住、倍臣の「下人育」として宗門改を受けた、とある。このように船木宰判から小郡宰判西部の主として湊町を養子・婚姻などの形をとりながら転々としているのである。それは船大工棟梁として、造船の需要を求めてのものだったと思われる。すなわち同じ一八六八年七月に提出した願書では、「阿知須浦ニ而弐百石内外之新船数艘是迄造リ立、私壱人ニ而ハ不相調、追々船木御才判藤曲浦江広島ゟ船大工多人数参リ居候内之者雇立」てたいと申し出ている。(22) すなわち倉橋島からは集団で職人が出稼ぎに出、需要があるところを転々としていたことが知られる。需要地で造船が盛んに行われており、倉橋島の船大工もそこに出向いていって造船にあたることが広く行われていたことになる。

このように幕末になって、瀬戸内海地域一帯に新たに船の生産地が族生してくる具体的な経緯についても、残念ながらいまは明らかにできない。ただそこで注目されるのは、この時期倉橋島で過去の船入札の先例を調査するにとどまらず、実際に再び船入札が行われていることなのである。たとえば一八四九年（嘉永二）の船入札では、七月二十九日に「入札受取初メ」、八月二日までに「相揃ひ」、寄札二五〇六枚を売りさばいている。そして八月二日に二〇〇石船と小船二五艘を、八月四日に六五〇石船を同じく小船とも二六艘を開札している。(23) 近隣地域に需要地を求めながら、そこでの生産地の族生という事態に直面するなかで、再び船市・船入札がめざされたことになる。

こうして造船業にとって、とくに近隣地域からの集客・販売の手段として船市は一貫して存在しつづけていたことになろう。それは正規の販売ルート、特定の顧客から注文を取り販売するのとは全く別の販売方法で、不特定の客に即金で売りつけるものだった。しかも恒常的に開催されるものではなく、あくまでイレギュラーなものだった。しかし正規のルートが落ち込んだとき、もしくは新たにルートを開拓しようとするとき取り組まれるものだったように思われる。その意味では副次的なものではありながら、潜在的にはいつでも開催が目論まれるものだったといえよう。

そしてこれを逆にいえば、それを開催すれば人が集まるだけの環境が瀬戸内海地域には普遍的に存在したことになるはずである。たとえば表56では「入札取次之者」へ口銭を支払っていたが、各地で入札＝富鬮が開催されれば、入札者を組織する「取次」が存在したことがうかがえる。その具体的なあり方については全く未詳だが、(補注2) 入札＝富鬮を支えるネットワークが瀬戸内海一帯に形成されており、それに依存することで倉橋島の船入札も開催されたものであろう。

おわりに

以上、造船業を素材に、その販売を維持・回復する手段として船市が潜在的に存在しつづけたことを述べた。ここでの事例に即していえば、特定の顧客を対象にした「貸懸ケ造リ」などと呼ばれる代銀後払いの方法とは異なり、不特定多数を相手にした即金払いの販売方法であって、それ自体は副次的、かつ例外的な販売方法に過ぎなかったように思える。それでもそれが、新しい需要を掘り起こそうとするとき、あるいは販売を回復しようとするとき積極的に取り組まれるものだったことは確認できたはずである。

最後に、そこから敷衍される今後の課題の二、三について触れておきたい。

第一は近世の船の「市場」をめぐってのものである。述べたように不特定多数相手の船市はそのものでは存立できなかった。いいかえれば、船の販売が特定の顧客との関係や、あるいは「人寄」のさまざまな手段と結びついて初めて成り立つものだったことが浮き彫りになる。いわば経済的な関係だけで船＝商品の取引を考えることはできないのであって、それを成り立たせている諸関係をそのものとして明らかにしてゆく必要があろう。

第二に、それが瀬戸内海地域の地域特性という論点と密接に関わっていることである。別稿で、近世の職人の問題を考える場合、職人や職人組織だけに視野を限定するのではなく、資材の調達から需要者との関係に至る生産の全過程のなかで位置付けを考えるべきだと主張したことがある(24)。その場合、資材の調達において流通機構との関係が意味を持つであろうことは容易に想像しうることだが、顧客の獲得がここでみたような市と結びついていたことは、瀬戸内海地域に独特なものだったのではないだろうか。同様な事例を蓄積することを通して、造船に限らずさまざまな産業が市と関連しながら発展するという、この地域に固有なあり方を明らかにできるように思う。

第三に、そうであればなおさら問題となる市の性格そのものを明らかにすることである。もちろんこれについては、冒頭にあげたように神田由築によって検討が進められている。ただし類似の市や入札が形を変えて瀬戸内海沿岸部では広汎に開催されていたとなれば、それら相互の関係も問題とすべきだろう。個々の市の内容はもちろんだが、瀬戸内海地域全体を見渡したうえで、市・入札・富鬮などを支えた社会関係の分析が一層進められる必要がある。造船業も実はそうして形成された社会関係のなかに埋め込まれて存立していたことも予想されるのである。

この地域の分業構造の特質を考える手がかりとして、こうした問題に引続き注目してゆきたいと思う。

註(1)　広島県立文書館複製資料P一九―一A一〇「入札一件諸書付控」。
(2)　篠宮雄二「廻船建造における職人と地域内分業」斎藤善之編『新しい近世史三　市場と民間社会』新人物往来社、一九九六年。
(3)　田村洋幸「近世倉橋島の造船業」芸備地方史研究会『広島県今と昔の産業』一九五八年、一色征忠「近世倉橋島造船業の展開と船大工職人」『芸備地方史研究』七七、一九六九年、『広島県史　近世一・二』一九八一・八四年。また最近では『倉橋町史　通史編』二〇〇一年、山口徹編『街道の日本史　四二　瀬戸内諸島と海の道』吉川弘文館、二〇〇一年でも触れられている。
(4)　神田由築『近世の芸能興行と地域社会』東京大学出版会、一九九九年。
(5)　拙稿「近世の山口町と市」『瀬戸内海地域史研究』第七輯、一九九九年。
(6)　註2に同じ。
(7)　広島県文書館複製資料P一九―一A九「諸書付」。
(8)　註7に同じ。
(9)　『倉橋町史　資料編Ⅲ』一九九七年、二七〇頁。
(10)　広島県文書館複製資料P一九―一A九「安芸郡倉橋島諸書付万覚書」。

(11) 広島県文書館複製資料P一九―一A一〇「安芸郡倉橋島板材木船作事覚書」『倉橋町史　資料編Ⅲ』二七二頁。
(12) 『倉橋町史　資料編Ⅲ』二七一頁。
(13) 註11史料。
(14) やや後年のものだが、一七八〇年（安永九）の「諸職人書出し帖」をみると（『倉橋町史　資料編Ⅲ』二二九～二四四頁）、「板材木売」五名、「小材木引売」六名がみえ、また棟梁が三六名ある。これら棟梁は合わせて二八七名の大工をそれぞれ弟子として抱えていた。
(15) 註11史料。
(16) 『倉橋町史　資料編Ⅲ』二七三頁。
(17) 『倉橋町史　資料編Ⅲ』二七〇頁。
(18) 『倉橋町史　資料編Ⅲ』三六〇～三七一頁。
(19) ここでは一点だけ、先に問題にした資材の安価な確保という課題について触れておきたい。
この問題について、一八二二年（文政五）に船大工が賃銀の値上げを棟梁に求めて起こした出入の事例を参照しておく（広島県文書館複製資料P一九―一A八「本浦船大工共棟梁共作料渡之儀ニ付願出筋双方聞約メ御窺申上一件」）。この出入は、①新造作には客から二・六匁を受けとって、大工への支払いは二・二匁、②のぼせ解作事は二・八匁取って二・二匁支払い、③浮作事・汐之間作事は三匁に二・二匁、④夜汐には一・二匁の支払いというように、棟梁が「口銭多分取」っている、大坂・兵庫から下関まで「棟梁へはね口銭」は二分と決まっているのに不当であるとして、作料の値上げを訴えたものだった。これに対する棟梁の反論のなかに、つぎのように当時の倉橋島の造船のあり方をうかがえる箇所がある。

a棟梁共聞約仕候処、浮作□・汐之間と申［　］一ケ年ニ一両度稀々ニ御座候、作料［　］ツ、遣し申候、夜汐ハ半作料壱匁弐分ツ、遣し申候、のぼせ解作事并新造作ハ弐匁弐分遣し申候、其中ニ而のぼせ解作事之分近年至而数多御座候、脇々ゟハ能キ客と申立候得□世上一統取［　］仕、客方功者ニ而方角により候而ハ板材木・釘鎹等迄持参いたし候ニ付、大工作料［　］棟梁之設ケニ相成、小内ニ而ハ作［　］多人数入込居、長逗留仕候ニ付、夫々［　］方酒肴風呂等迄見込ゟハ入用多分懸リ、多クハ［　］

作事ニ御座候而、棟梁共手元手詰メニ相成候義も御座候

b当所近来のぼせ作事多く、客人へハ当所棟梁中間ゟ轆轤・大縄等［　　　］持参合力いたし合候故、上方ゟハもの入無之と申［　　　］呼寄せ候へ共、実ハ当時世上一統ニ日雇男女召遣候もの迄賃銀多分ニ相成、右のぼせ方［　　　］先年ハ容易く附候処、近年は日雇賃も［　　　］相□不申而ハ骨折之事故参候もの無数、其上酒食□給へさせ候程之事ニ而中々棟梁手元も難渋仕、客人ゟ受負作事銀□客方ゟ直切リ、仮令［　　　］之分半方現銀ニ払、残リハ両三度払之約束ニ而相調候而、其掛方約メニ参候へハ、時ニ寄船戻リ合せ不申、又ハ一ケ年□弐ケ年ニハ相成易ク、度々仕立船□罷出候へハ［　　　］入多迷惑仕候へ共、家業ニ御座候ニ付取約メ仕居申候、夫等之処大工共ハ作料取退キニ而何とも存不申

破損が甚だしく意味がとりにくいのが残念だが、うかがえることは、船大工がいっていた①〜④の種類のなかで「のぼせ解作事」が増加していたということである。これは浜に船を引き上げて解体し、作り直す解船のことをいっているのであろう。この場合には轆轤・大縄などの道具を用意し、また多くの大工や日用を雇用する必要があったのに対して、新材木の購入はそれほど必要なかったはずである。aの後半で客の方が材木や釘・鎹を用意することが多いといっているのが、それが「のぼせ解作事」の場合をいっているのか、それとも「新造作」のことをいっているのかよくわからないが、必要な資材を客が用意する場合が多いのだったら、なおさら新材木の安価な購入に棟梁が苦心しなくてもよかったことになる。

近世後期において倉橋島の「船大工層の自立化」がみられることは従来から注目されてきた（註3一色論文）。しかしここであげた事例に即するならば、棟梁の経営において資材の確保が二次的な問題となり、それにかわって船の解体やそれによって生じる資材を運搬、確保するために船大工の安価な使役が中心的な問題になってきたからこそ、それとの対立も深刻化したともみなせるのではないか。いいかえれば一八世紀半ばに倉橋島が苦しんだ資材の安価な確保という課題は、近世後期にかけては解船の定着という技術革新のおかげて、事実上克服されることになったと想定できないだろうか。もちろんこうした出入史料ではなく、経営内容に即した史料によって分析されるべき事柄であり、この見通しについて考えることは今後の課題とせざるをえない。

(20)　山口県文書館佐藤家文書一七「演舌」。

(21)(22) 阿知須町公民館中原家文書一五二「諸控」。
(23) 広島県文書館複製資料P一九一一A九「覚書」。
(24) 拙稿「近世瀬戸内地域における石材業の展開と石工」『社会経済史学』六五―六、二〇〇〇年（本書第七章）。
(補注1) 牛窓の造船業が九州、とくに日向の材木産地と結びついていたことは、『牛窓町史　通史編』二〇〇一年が詳しく触れるところである（近世第三章第三節）。

(補注2) 入札興行の実態については、山下聡一「萩藩における富鬮興行――新地の「成立」と興行――」(『年報都市史研究一〇』二〇〇二年）を参照。

あとがき

大阪で生まれ岡山で育ち、大学は東京で過ごしたものの就職したのは山口と、考えてみればこれまで瀬戸内海をぐるっと半周してきたことになる。その意味で瀬戸内海地域は紛れもなく故郷になるはずの場所である。しかしそんな筆者に故郷やあるいは拠るべき地域があると本当にいえるのか。せいぜいあるのは、東京との距離でしか意味を計れなくなっている、地方という言葉のいいかえだけではないか。そんな思いに襲われるのは、山口県北部の小さな港町に生まれ育った話好きな義父のもとを訪れるたびにである。地縁と血縁で彩られた様々な日常のできごとを聞いていると、独特な言い回しともあいまって、義父のなかには地域が実のある世界として存在し、そこでの暮らしが血肉となっているのだなあ、と感じる。たしかに亡くなった父がほろ酔い気分でいつもしていたのも、故郷だった兵庫県の山奥の小さな村でのやはり些細なできごとの数々にほかならなかった。

他方、最近でこそやや間遠になってはいるが、一時は大学の研究室よりも頻繁に通っていた山口県文書館は、全国で最初にできた文書館というだけあって、開かれた利用しやすい雰囲気からなっている。そのこともあってか、いつ訪れても史料を熱心に読む市民や学生で閲覧室は一杯である。必ずしも十分な予算措置がなされてはいないようだが、その条件の下でもスタッフは実に熱心に、また丁寧に対応してくれる。おそらく地域文化はこういうところで確実に育ち、継承されているのだろう。こうした場に身を置いてみると、研究を通して地域を「発見」することができるし、喪失感を嘆くばかりでなく、むしろそれに努めることが責務であるとさえ思えてくる。

漠然とそんな思いを抱く筆者にとって、「地域差は固有の絶対的な意味を帯びてくる」、「過去を生きた人々だけではなくて、今の社会に生きている普通の人々の存在をも大事にするような視座」といった身分的周縁論のなかで語られる言葉は、励ましという以上に、襟を正して地に足を付けた研究をしろ、と発破をかけられた気にさせられるものである。折しも『日本史研究』に掲載した小論を目にされた溪水社の木村さんから、これまでの論考をまとめてみませんか、とお声を掛けていただいたのが去年の夏のことだった。これまで牛歩のごとく進めてきた近世の労働史研究に、身分的周縁論という観点から発展の糸口が見えてこないか、その考えを整理するためのいい機会かも知れないと、お誘いに乗ったのが本書刊行の直接のきっかけとなる。

ところがいざ作業を始めてみると、一つのものにまとめるのは容易ではなく、そのつど半ば思いつき的なものしか書いてこなかった「研究」のレベルを痛感させられることになった。結局およそ半数はあらたに書き下ろすことで論文集の体裁を整えるのが精一杯のことだった。これまでの成果をまとめるというよりも、長い論文を新しく一本書いたというのが率直なところであって、研究に意味をみいだせるのもまだまだ先のこととといわざるをえない。それでも仄かではあるが方向性だけはみえてきた気がして、その点には今回の作業に感謝している。

二〇〇三年一〇月　　森下　徹

なお刊行にあたっては、二〇〇三年度日本学術振興会科学研究費補助金（研究成果公開促進費）の交付を受けた。

初出一覧

序　章　「身分的周縁論の系譜と方法」『部落問題研究』一六一輯、二〇〇二年八月を改稿。

第一編

第一章　新稿。

第二章　「中間」塚田孝編『シリーズ近世の身分的周縁三　職人・親方・仲間』吉川弘文館、二〇〇〇年。

第三章　新稿。

第四章　「武家奉公人の徴発と雇用労働――東谷智氏の論考に接して――」『日本史研究』四七九号、二〇〇二年七月。

補　論　新稿。

第二編

第五章　新稿。

第六章　「藩権力と職人組織」『歴史学研究』六七七号、一九九五年十月を改稿。

第七章　「近世瀬戸内地域における造船業の展開と石工」『社会経済史学』六五巻六号、二〇〇〇年三月。

補　論　「福田新田開発と瀬戸内の石工」『倉敷の歴史』一三号、二〇〇三年三月。

第八章　「瀬戸内海地域の造船業と市」『瀬戸内海地域史研究』九輯、二〇〇二年八月。

マ行

ナ行

ハ行

索　引

〈著者略歴〉

森下　徹（もりした　とおる）

1963年　大阪府に生まれる
1986年　東京大学文学部国史学科卒業
現在　　山口大学教育学部助教授

主要著書　『日本近世雇用労働史の研究』東京大学出版会、1995年

近世瀬戸内海地域の労働社会

2004年２月25日　発　行

著　者　森　下　　徹
発行所　株式会社 溪水社
広島市中区小町1-4（〒730-0041）
電　話（082）246-7909
ＦＡＸ（082）246-7876
E-mail: info@keisui.co.jp

ISBN4-87440-801-X　C3021
平成15年度科学研究費補助金（研究成果公開促進費）学術図書